第三部分 国际贸易相关专题

第 11 章
劳动力和资本的国际流动 ………………………………… 239
11.1 国际生产要素流动的简单模型 ………………………… 240
11.2 国际贸易和国际生产要素流动的关系 ………………… 247
11.3 国际直接投资和国际贸易 ……………………………… 249
11.4 讨论和总结 ……………………………………………… 251
专栏 11.1 国际移民 ………………………………………… 252

第 12 章
生产和服务的国际外包 …………………………………… 260
12.1 国际外包的简单模型 …………………………………… 261
12.2 国际外包和工资差距扩大化趋势 ……………………… 264
12.3 企业的国际外包决策 …………………………………… 269
12.4 国际服务外包 …………………………………………… 271
12.5 讨论和总结 ……………………………………………… 274
专栏 12.1 印度的服务外包 ………………………………… 275

第 13 章
国际贸易和宏观经济 ……………………………………… 283
13.1 国际收支中的贸易余额 ………………………………… 284
13.2 贸易余额的决定因素 …………………………………… 286
13.3 宏观经济的内外平衡 …………………………………… 288
13.4 贸易不平衡的政策应对 ………………………………… 290
13.5 讨论和总结 ……………………………………………… 292
专栏 13.1 中国宏观经济的外部不平衡 …………………… 293

第14章

国际贸易和经济发展 ·················· 301

14.1 国际贸易的动态分析 ·················· 302

14.2 国际贸易和经济增长 ·················· 306

14.3 国际贸易和经济发展 ·················· 313

14.4 讨论和总结 ·················· 318

专栏14.1 关于贸易条件的争论 ·················· 319

专栏14.2 关于东亚经济奇迹的争论 ·················· 322

后 记 ·················· 329

Contents

Preface ·· 1

Part I Theories of International Trade

Chapter 1   The Ricardian Model ·· 11

1.1 Framework of the Ricardian Model ························· 11

1.2 Autarky Equilibrium ·· 13

1.3 Free Trade Equilibrium ·· 19

1.4 Absolute Advantage and Comparative Advantage ············ 24

1.5 Conclusion and Discussion ······································ 25

Column 1.1   Ricardo and the Corn Laws ························· 27

Appendix 1.1   Algebra of the Ricardian Model ···················· 33

Chapter 2 The Specific Factors Model ········ 35
- 2.1 Framework of the Specific Factors Model ········ 36
- 2.2 Autarky Equilibrium ········ 40
- 2.3 Trade Equilibrium ········ 42
- 2.4 Conclusion and Discussion ········ 44
- Column 2.1 Historical Origins of the Specific Factors Model ········ 45
- Appendix 2.1 Algebra of the Specific Factors Model ········ 51

Chapter 3 The Heckscher-Ohlin Model (I) ········ 52
- 3.1 Framework of the Heckscher-Ohlin Model ········ 53
- 3.2 Autarky Equilibrium ········ 56
- 3.3 Free Trade Equilibrium ········ 62
- 3.4 Trade Patterns and Income Distribution ········ 64
- 3.5 Conclusion and Discussion ········ 67
- Column 3.1 The Birth of the Heckscher-Ohlin Theory ········ 68
- Appendix 3.1 Algebra of the Heckscher-Ohlin Model ········ 76

Chapter 4 The Heckscher-Ohlin Model (II) ········ 79
- 4.1 The HO Model of a Small Open Economy ········ 80
- 4.2 The HO Model of an Integrated World Economy ········ 84
- 4.3 The HO Model of a Multi-Cone World Economy ········ 87
- 4.4 Conclusion and Discussion ········ 89
- Column 4.1 Paul Samuelson's Contributions to the Heckscher-Ohlin Theory ········ 91
- Column 4.2 Germany's Manufacturing Exports ········ 93

Chapter 5 Trade Models of Imperfect Competition ········ 101
- 5.1 A Simplified Model ········ 102
- 5.2 The Krugman Model ········ 106

5.3　The Melitz Model ·· 113

5.4　Conclusion and Discussion ···································· 115

Column 5.1　Paul Krugman and the New Trade Theory ·········· 116

Chapter 6　Empirical Testing of Trade Theories ················ 123

6.1　Empirical Testing of the Ricardian Model ················ 124

6.2　Empirical Testing of the Heckscher-Ohlin Model ········· 125

6.3　Empirical Testing of Trade Models of Imperfect Competition ·· 131

6.4　The Gravity Model of International Trade and Its Applications ·· 133

6.5　Conclusion and Discussion ···································· 135

Column 6.1　Testing of the Comparative Advantage Theory: Japan's Opening to International Trade in the 1860s ·· 137

Part II　Policies of International Trade

Chapter 7　Traditional Trade Policy Instruments ················ 147

7.1　Import Tariffs ·· 148

7.2　Import Quotas ·· 153

7.3　Export Subsidies ·· 155

7.4　Conclusion and Discussion ···································· 158

Column 7.1　U.S. Tariffs on Steel ································ 159

Column 7.2　The Multi-Fibre Arrangement ···················· 161

Column 7.3　Export Subsidies on Agricultural Goods ·········· 162

Chapter 8　New Trade Policy Instruments ························ 170

8.1　Voluntary Export Restraints ···································· 171

8.2　Antidumping ·· 174

8.3　Other Trade Policy Instruments ································ 177

        8.4   Conclusion and Discussion 180
        Column 8.1   U.S.-Japan Trade Disputes in Automobiles 181
        Column 8.2   Antidumping by the U.S. on Crawfish Imported
                      from China 183
        Column 8.3   Product Safety and Trade Protection 185

Chapter 9   Debates on Trade Policies 192
        9.1   The Optimum Tariff Argument 193
        9.2   The Infant Industry Argument 197
        9.3   The Strategic Trade Policy Argument 199
        9.4   Political Economy of Trade Policy 202
        9.5   Conclusion and Discussion 204
        Column 9.1   Battle in Seattle 205

Chapter 10   Global and Regional Trade Agreements 213
        10.1   Global Trade Agreements 214
        10.2   Regional Trade Agreements 216
        10.3   Regional Free Trade and Global Free Trade 222
        10.4   Conclusion and Discussion 224
        Column 10.1   The Doha Round 225
        Column 10.2   NAFTA 227
        Column 10.3   The European Union 229

Part III   Topics Related to International Trade

Chapter 11   International Movement of Labor and Capital 239
        11.1   A Simple Model of International Factor Movement 240
        11.2   Relationship between International Trade and International
                Factor Movement 247
        11.3   International Direct Investment and International
                Trade 249

11.4　Conclusion and Discussion ······ 251
Column 11.1　International Migration ······ 252

Chapter 12　International Outsourcing of Production and Services ······ 260
12.1　A Simple Model of International Outsourcing ······ 261
12.2　International Outsourcing and the Trend of Rising Wage Inequality ······ 264
12.3　International Outsourcing Decisions of Firms ······ 269
12.4　International Outsourcing of Services ······ 271
12.5　Conclusion and Discussion ······ 274
Column 12.1　Outsourcing of Services to India ······ 275

Chapter 13　International Trade and the Macroeconomy ······ 283
13.1　International Trade and Balance of Payments ······ 284
13.2　Determinants of Trade Balance ······ 286
13.3　Internal and External Balances of the Macroeconomy ······ 288
13.4　Policy Responses to Trade Imbalance ······ 290
13.5　Conclusion and Discussion ······ 292
Column 13.1　External Imbalance of the Chinese Economy ······ 293

Chapter 14　International Trade and Economic Development ······ 301
14.1　Dynamic Analysis of International Trade ······ 302
14.2　International Trade and Economic Growth ······ 306
14.3　International Trade and Economic Development ······ 313
14.4　Conclusion and Discussion ······ 318
Column 14.1　Historical Debates on the Terms of Trade ······ 319
Column 14.2　Debates on the East Asian Economic Miracles ······ 322

Postscript ······ 329

导　言

　　本书是为大学生写的国际贸易学教材。国际贸易学归属国际经济学。标准的国际经济学教材包括两大部分：国际贸易学和国际金融学。国际贸易学是对国家之间商品和服务交换关系的系统表述。对于一个生活在经济全球化世界中的人而言，国际贸易不是什么陌生的词汇。但是如果没有系统地学习过国际贸易这门课，那么他(她)对国际贸易的理解会是肤浅的，而且很可能是错误的。经过三十多年的改革开放历程，国际贸易已经深入到每个中国人的生活之中。作为这个伟大时代的一名中国大学生，无论他(她)的专业是否与国际贸易相关，如果缺乏对于国际贸易的基本理解，那都将会是一个缺憾。

　　关于国际贸易的教科书有很多，为什么要读这本教材呢？对于学过经济学原理的同学而言，可以试着用经济学来分析和回答这个问题。你会说，这首先要看市场供求。如果这本教科书有独特的价值，那么它就会拥有它的读者市场。如果你的经济学知识不限于供求关系,那么你也许还会说,市场是不完全的,信息是不对称的,所以哪本教科书被大量使用不完全取决于它的内在价值。也许它是由"看得见的手"所指定的,也许它拥有"名家"或"舶来品"的光环,也许它的先发优势已经构筑了进入壁垒。用经济学来分析教科书市场,看来是个很有趣的课题呢!

作为本书的作者,我对现有国际贸易教材的任何评论必然免不了主观偏见。所以在这篇导言中我将避免此类比较性的评论,而是努力将本书的特点介绍给读者。我先从本书的立意谈起,因为在我看来,一本书的立意就是这本书的"魂"。教科书也不例外。

教科书是已有知识中精华的沉淀。知识是由一代代学者创造而积累起来的。2008年诺贝尔经济学奖获得者保罗·克鲁格曼指出:"关于国际经济学,入门课程能教给学生的最重要的知识,就是基本的东西并没有改变。"① 在撰写这本书时,我遵循的第一条原则就是将国际贸易这门学科中最基本的东西讲解清楚。在全球化和互联网的时代,对于国际贸易"流行"着许许多多的观点,它们被克鲁格曼称为"流行的国际主义"。对于一个大学生来说,如果他(她)在学习了国际贸易这门课程之后能够分辨出流行的观点中哪些是有道理的,哪些看似有理但实际上是站不住脚的,那么这门课程就取得了成功。

一个学生对某门学科思维方式的掌握程度,我称之为"修养"。记住概念和定理不是学习的目的;学习的目的是提高在所学课程上的修养,这种修养能够提升一个人的素质和判断力。克鲁格曼指出:"大学生需要懂得哪些贸易知识呢?他们需要知道'流行的国际主义'是无稽之谈,他们更需要知道它为什么是无稽之谈。"② 我在撰写本书时遵循的第二个原则,就是将重要的理论结论一步一步地推导出来,让学生知道这个结论是怎么得出来的,它成立的前提条件是什么。培养学生对于国际贸易问题的思维能力,教会他们如何抓住复杂的现象中最

---

① 这是克鲁格曼撰写的短文"大学生应该懂得哪些贸易知识?"中的一句话。引自克鲁格曼著,张兆杰等译,《流行的国际主义》,中国人民大学出版社2000年版,第131页。
② 同上书,第130页。

重要的元素并据此做出进一步的推理和判断,这是国际贸易教学中最重要的部分。

如此说来,这本教材是不是会用到很多数学?对于一本教材而言,内容再好,但读者啃不动,那么它的价值(至少是它的市场价值)也就归零了。我在撰写本书时尽量采用初学者较容易理解的叙述方式,用图形和例子来作为推导的工具。但是任何知识的获得都不是轻而易举的。对于初学者而言,在阅读这本教科书时需要花一定的时间和精力来咀嚼。因为这本书希望教给读者思考国际贸易问题的方法,所以需要读者对它所讲解的推导过程充分消化,而不是仅仅去记住结论。作为写给大学生的入门级教材,本书的推导方法不采用数学模型,而是将模型的要点用图形和数字例子表达出来。我希望达到的效果是将整个推导过程的关键环节用初学者能够理解的方式呈现出来。对于数学基础较好的读者,在阅读了正文中采用图形和数字例子的推导后,可以从附录中读到相关的代数推导。

本书划分为三大部分。第一部分讲解国际贸易学的基础理论。国际贸易涉及不同的国家、不同的产业和不同的企业,所以理解一个现实中的国际贸易现象首先要认识到它是各种力量相互作用的结果。正如克鲁格曼所言:"国际经济学从本质上讲是一般均衡的问题,商人粗浅的见识根本就不能为它提供什么信息。"[①]我的理解是,克鲁格曼并没有贬低商人的意思(他是否真有这个意思我不得而知),而是想告诉大学生们,国际经济学能够深化他们的认识,赋予他们常人不具备的洞察力。这种洞察力是由几代国际经济学者创立和发展起来的。本书的第一部分讲解的正是这些国际经济学者思想的精华,包括李嘉图模型(第1章)、特定要素模型(第2章)、赫克歇尔-欧林模型(第3章和第4章)和不完全竞争贸易模型(第5章)。对于初学者而言,这些名称也许会让人望而却步。我还是建议先走进去看看。每个模型实际上就是一幅浓缩的画卷。现实世界因为各种因素的交织而让人看不清楚,但在浓缩并简化了的模型世界中,你就会看清楚原来看不清楚

---

① 《流行的国际主义》,第190页。

的许多东西,并惊叹于模型构造者的智慧。在现代经济学中,国际贸易模型可以称得上是"选美冠军",常常被冠以"优雅"之名。但是美妙的画卷是否映射出了真实世界?对于贸易理论的实证检验(第6章)回答的正是这个问题。

第一部分在讲解国际贸易学的基础理论时,将最新的思想发展融入进去,主要有以下三个方面。第一,赫克歇尔-欧林模型是传统贸易理论的基石。近年的研究无论在形式上(例如采用一体经济的表述方式)还是在内容上(例如从单域模型向多域模型的拓展)都使这个模型得到了发展。因此本书用两章分别讲解标准的赫克歇尔-欧林模型(第3章)和它的变形与拓展(第4章)。第二,在20世纪80年代由克鲁格曼等学者开创的"新贸易理论"早已成为每一本国际贸易教材的重要部分,它分析了不完全竞争市场中的贸易现象。进入21世纪后国际贸易理论的一个新进展是考虑企业的特质对国际贸易的影响,其代表性研究是马克·梅勒兹于2003年发表的论文。[①] 考虑到这一理论尚未完全成型,所以本书没有用单独的一章来介绍它。然而这一理论对于认识当今的国际贸易现象提供了新的视角。考虑到它和"新贸易理论"的传承关系,本书在第5章第3节对梅勒兹模型的要点作了讲解。第三,贸易理论的实证研究在最近三十多年获得了很多成果。由于实证检验涉及不同理论模型的比较,因此先学习理论再了解有关实证检验的结果,这样效果会比较好。本书在第一部分的最后一章(第6章)统一讲解前五章所讨论的理论模型和实际数据的吻合程度。

本书的第二部分讲解贸易政策。我们首先介绍进口关税、进口配额和出口补贴这三种传统的贸易政策工具(第7章),然后介绍自愿出口限额、反倾销以及其他的新型贸易政策工具(第8章)。在介绍这些贸易政策工具时,我们采用供求图形作为分析方法。这种方法较为直观,初学者容易接受。关于贸易政策存在很多争论。作为大学生应该对自由贸易政策和贸易保护主义政策的理论基础有一定的了解和评

---

① Melitz, Marc J. (2003), "The Impact of Trade on Intraindustry Reallocations and Aggregate Industry Productivity," *Econometrica*, 71, 1695—1725.

判。本书第9章首先讲解贸易保护主义政策的三个重要理论,即最优关税理论、幼稚产业保护理论和战略性贸易政策理论。从国民福利的角度,这些理论表明自由贸易政策不一定是最优政策。我们讲解的重点是阐明每个理论的内在逻辑,特别是它成立的前提条件。在此之后,本书引导学生理解:贸易保护政策考虑的不是国民福利问题,而是利益和政治问题。所以在讲解了贸易保护主义政策的国民福利理论之后,本书接着讲解贸易政策的政治经济学理论(第9章第4节)。20世纪90年代以后关于贸易政策的政治决定产生了一些新的理论成果,对此本书作了简要的介绍。第二部分的最后一章(第10章)讨论全球和区域的贸易协定。在经济区域化和全球化的今天,一个国家的贸易政策不再由这个国家单独决定,同时也取决于区域和全球贸易协定的相关约束。第10章讲解了关于全球和区域贸易协定的若干理论问题和主要的法规原则。

  国际贸易学的研究对象是国家之间商品和服务的交换关系。由于国际贸易不是一个独立的经济现象,它和其他一些经济现象之间有很强的相关性,因此对于国际贸易问题的讨论会延伸到若干相关领域。本书的第三部分讲解与国际贸易密切相关的四个专题。第一,生产要素的国际流动(第11章)。在分析国际贸易问题时,研究者往往假设生产要素在国家之间不具有流动性。虽然这样的分析方法有助于识别国际贸易的单独效应,但是却抽象掉了国际贸易和国际生产要素流动之间的相互联系。从罗伯特·蒙代尔1957年的经典论文开始,国际贸易学一直将国际生产要素流动作为一个研究对象,探讨它和国际贸易之间的替代性和互补性。随着跨国公司直接投资活动的蓬勃发展,讨论跨国公司在国际贸易中的作用成为国际贸易理论的重要部分,对此本书也作了讲解(第11章第3节)。第二,生产和服务的国际外包(第12章)。从20世纪80年代开始,随着运输和通信成本的降低以及国际贸易和投资壁垒的下降,生产过程的国际分割成为全球经济的一个新特征,由此使得商品和服务的离岸外包成为国际经济活动中的新现象。从表面上看,离岸外包只是增加了中间商品贸易;但在更深的层次上,它是跨国公司在全球进行资源配置的产物。对国际外包活动的分析已经成为国际贸易学的重要研究领域,无论在理论上还是在实证上都在近年产生了新的成果,因此本书对生产和服务的国际外包用单独的一章来讲解和讨论。第三,国际贸易的宏观经济分析(第13章)。从学科划分的角度看,本章的内容应该划归国际经济学的第二部分,即国际金融学的部分。在这本教科书中之所以加入这一章,是为了让学生明确地认识到国际贸易中的宏观经济问题(例如贸易不平衡问题)的重要性,以避免学生将对国际贸易的认识局限在实体经济和微观层面上。第四,国际贸易与经济发展的关系(第14章)。国际贸易的基础理论大都采用静态模型,但国际贸易学者常常借用经济增长和经济发展理论中的动态模型对国际贸易的动态问题进行分析。由于国际贸易在世界各国实现经济增长和经济发展中扮演着日益重要的角色,对国际贸易的动态分析已经成为国际贸易学的重要组成部分。经济增长理论属于宏观经济学,而经济发展理论属于发展经济学。本书第14章的讲解所采用的方法是在简要介绍经济增长和经济发展理论的基础上对国际贸易的作用作一些推导和解说。

这本教材希望教会学生如何去思考和分析国际贸易活动所带来的种种问题。为了实现这个教学目标,无论是老师还是学生,首先要扎实地学透国际贸易学的概念和原理,掌握最基本的分析方法。国际贸易问题具有很强的现实性。现实问题层出不穷,有时确实需要创造新的理论才能理解和把握它们。但是在很多时候,新的现象往往是历史现象的变型。国际贸易的经典理论和基本分析方法仍然是认识当今世界国际贸易现象的钥匙。国际贸易在中国过去三十多年的改革开放进程中起了重要的作用。中国和印度等新兴市场国家为当今的国际贸易注入了新的元素,但这并不意味着国际贸易学的现有理论和方法对中国和印度这些新兴市场国家缺乏适用性。国际贸易理论的发展有其内在的逻辑。本书的一些章节(例如第12章关于生产和服务的国际外包的讨论)正是在国际贸易学者研究了当今世界国际贸易的新现象后所发展出来的新理论。本书除了正文之外另有22个专栏。这些专栏为读者提供了相关的理论背景、历史事件、典型案例和热点讨论。本书每章附有一定的练习与思考题可供读者自测学习效果。每章附有进一步阅读的建议和参考文献。

我希望以上的介绍帮助你了解了这本教科书的结构和特点。对于我这个作者而言,如果本书能够为你开启理解国际贸易问题之门,那将是对我的最大褒奖。

第一部分
国际贸易理论基础

INTERNATIONAL TRADE

第1章 李嘉图模型

第2章 特定要素模型

第3章 赫克歇尔–欧林模型(上)

第4章 赫克歇尔–欧林模型(下)

第5章 不完全竞争贸易模型

第6章 贸易理论的实证检验

第1章
李嘉图模型

本章介绍英国经济学家大卫·李嘉图(David Ricardo)的贸易理论。在18世纪末19世纪初的英国,围绕着是否实施贸易保护主义的《谷物法》存在激烈的争论(参见专栏1.1)。在这场争论中,李嘉图运用他的一套理论论证了自由贸易必定促进国民福利这一观点。这套理论的精髓被表述为李嘉图模型。

国际贸易是个复杂的现象,涉及几百个国家和地区、成千上万种产品,以及许多种类的生产要素。搞懂复杂现象的唯一方法是将它在不同层面上加以分解,将每个层面搞清楚,从而提升对整个现象的认识。李嘉图模型将复杂的国际贸易世界简化在以下的框架中:

1.1 李嘉图模型的框架

模型框架

2 个国家：中国、美国

2 种商品：服装、饮料

1 种生产要素：劳动力

想象一下这个模型世界：地球上只有中国和美国两个国家。中国人和美国人穿同样的服装，喝同样的饮料。服装和饮料只要投入劳动力就可以制造出来。现在请你回答：中国人是自己制造服装和饮料自己用好呢，还是和美国人互通有无好呢？为什么？

你应该会提出两个问题：第一，哪国的人更会制造服装，哪国的人更会制造饮料？第二，中国有多少劳动力，美国有多少劳动力？下面是有关的数据。

模型数据

中国有 1 000 个工人，美国有 200 个工人[①]

中国生产 1 套服装需要 2 个工人，美国生产 1 套服装需要 1 个工人

中国生产 1 箱饮料需要 5 个工人，美国生产 1 箱饮料需要 0.5 个工人

仔细看一看这些数字，中国和美国有哪些不同？第一，中国工人的总人数比美国多。第二，中国工人在生产服装和生产饮料上的能力都比美国工人低。

上面数据中标出的是单位产品的劳动力需要量，而它的倒数就是劳动生产率。例如，中国生产每套服装的劳动力需要量为 2 个工人，它的倒数 1/2 就是中国每个工人生产的服装数量，也就是中国在服装生产上的劳动生产率。

[①] 这里假设中国有 1 000 个工人，美国有 200 个工人是为了方便叙述。我们可以用百万人作为单位，这样 1 000 百万个工人就是 10 亿工人。学完本章后你会明白，李嘉图模型的基本结论和劳动力的绝对数量无关。

劳动生产率

	中国	美国
服装(套/人)	1/2	1
饮料(箱/人)	1/5	2

为什么中国工人的劳动生产率比美国工人低？这里我们暂时不去讨论其中的原因,而只是假定我们观察到的数据就是这样。给定这些数据,你认为中国应该和美国开展贸易吗？站在美国的立场上,你认为美国人愿意和中国人开展贸易吗？请思考和讨论下面的两个观点。

观点思考

【观点1】 中国的劳动生产率低于美国。如果中国开放对美国的贸易,我们处于弱势的民族工业将遇到严重威胁。虽然中国的劳动生产率低于美国,但我们能够生产自己需要的服装和饮料,实现自给自足。我们应该做的是找出中国劳动生产率落后于美国的原因,想办法让中国的劳动生产率赶上和超过美国。在实现了这个目标以后我们可以开放贸易。到时你们美国人是不是愿意开放呢？

【观点2】 作为一个美国人,我认为没有必要对中国开放。中国人多,因而劳动力便宜,工资较低。对中国开放贸易会使大量便宜的中国服装和饮料涌入美国市场。我们的劳动生产率确实较高,但中国商品的低价优势足以抵消我们的劳动生产率优势。贸易开放会使美国的制造业面临严重的威胁。

在回答上面的问题时,你是不是能够做出逻辑清晰的表述呢？如果你觉得有困难,那么下面的推导会帮助你。模型的作用就是让我们看清楚某个结论是怎样一步一步地被推导出来的。现在让我们用图形来描述李嘉图模型。根据数据,中国有1 000个工人,2个中国工人能生产1套服装。

1.2 封闭经济均衡

所以如果全体中国工人都去生产服装,服装产量为500套。图1.1中的 C 点表示这种极端情况。根据数据,5个中国工人能生产1箱饮料。所以如果全体中国工人都去生产饮料,饮料产量为200箱。图1.1中的 D 点表示这种极端情况。如果将中国的1 000个工人一分为二,500个工人生产服装,500个工人生产饮料,那么产量将是250套服装和100箱饮料。图1.1中的 M 点表示这种中间情况。

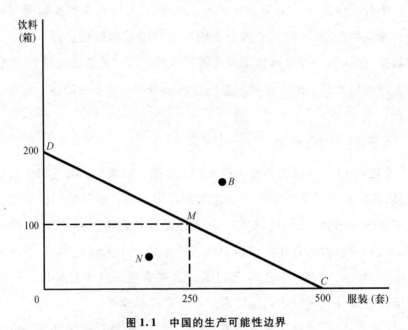

图1.1 中国的生产可能性边界

中国的劳动力还可以有其他无穷多种的组合分配在服装和饮料这两个生产活动中,要写下来就太多了。图1.1中的 CD 线将所有这些可能性全都包括了,这就是图形的优势。CD 线显示了在给定劳动力资源的情况下中国所能生产的服装和饮料的不同组合,这条线被称为生产可能性边界。如果中国的劳动力资源得到最有效的使用,中国的生产点就会落在生产可能性边界上。如果中国在生产中没有让劳动力资源得到最有效的使用(例如在改革开放前的计划经济下),那么中国的生产点会落在生产可能性边界和两条轴线之间的三角形内,例如 N 点。图1.1中的 B 点则是超越了中国当前的生产可能性。怎样才能达到 B 点?一种途径是通过不断提高中国工人的劳动生产率,在将来达到 B 点。那么在劳动力资源和劳动生产率既定的今天,中国能

不能达到 B 点呢?下面我们将证明,中国通过和美国的贸易,是可以超越生产可能性的约束而达到 B 点的。

用同样的方法,我们可以画出美国的生产可能性边界。美国有 200 个工人,1 个美国工人能生产 1 套服装,所以全体美国工人能生产 200 套服装。0.5 个美国工人能生产 1 箱饮料,所以全体美国工人能生产 400 箱饮料。图 1.2 显示美国的生产可能性边界。

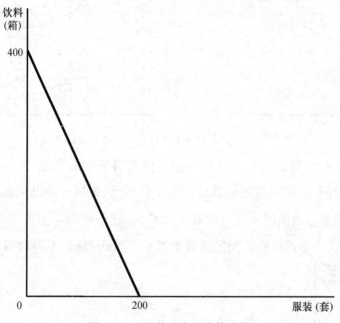

图 1.2 美国的生产可能性边界

封闭经济均衡

在封闭经济条件下,中国生产部门的供给能否满足中国老百姓的需求?供需相等的情况称为均衡。图 1.1 显示中国所有可能的生产点都落在 CD 这条直线上。哪一点是均衡点?这取决于中国老百姓的需求。不同消费者的需求偏好是不同的,但为了简化起见,我们假定所有人的需求偏好都相同。怎样描述这个需求偏好呢?可以问消费者:你有 9 套服装和 4 箱饮料,如果用饮料和你交换 1 套服装,给你多少饮料你才愿意?回答是 0.5 箱饮料。然后再问:现在你剩下 8 套服装,如果再用饮料换你 1 套服装,多少饮料你才愿意?因为只剩下 8 套服装了

(但有4.5箱饮料),所以你的要价会多于0.5箱饮料,经计算为0.6箱饮料(参见附录1.1)。这时你只剩下7套服装了(但有5.1箱饮料),再向你换1套服装你会要价0.9箱饮料。表1.1列出一系列消费者愿意交换的商品组合。

表1.1 消费者愿意交换的商品组合

服装(套)	饮料(箱)
9	4
8	4.5
7	5.1
6	6
5	7.2
4	9

表1.1告诉我们,消费者从(9,4),(8,4.5),(7,5.1),(6,6),(5,7.2)和(4,9)这些服装和饮料的组合中获得相同的满足度,经济学称之为"效用"。将这些组合画到图1.3中,我们得到一条凸向原点的曲线,U_1代表这条曲线所对应的效用水平。① 这条曲线称为无差异曲线,因为曲线上各点对应着相同的效用水平。以此类推,不同的效用水平

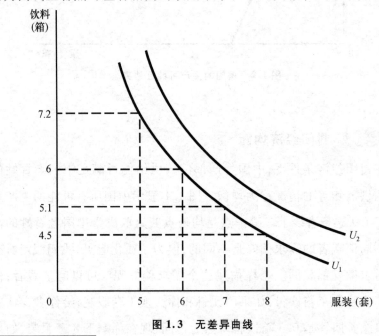

图1.3 无差异曲线

———
① 图1.3意在演示,没有按比例精确绘制。

对应着不同的无差异曲线,例如图1.3还显示了效用水平为U_2的无差异曲线。无差异曲线的位置越高,所代表的效用水平越高。

有了无差异曲线来代表消费者的需求,生产可能性边界来代表有效率的产品供给,我们可以对市场均衡作一个描述。中国的封闭经济均衡会是个什么样子?图1.4给出了答案:中国会生产250套服装和100箱饮料,均衡点是E点。为什么是E点?因为在这点上中国具有生产(250,100)这个产品组合的能力,同时中国的消费者也从这个产品组合中得到了可能得到的最大效用。中国的消费者当然希望得到高于E点的产品组合,例如图1.4中的B点。但这点是中国现有的生产能力所不能及的。

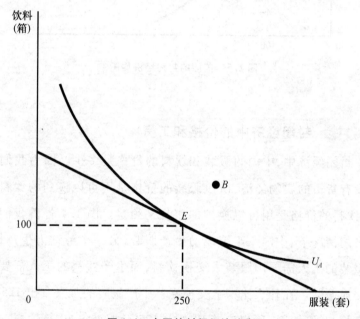

图1.4 中国的封闭经济均衡

同样道理我们可以在图1.5中找出美国的封闭经济均衡点E^*点。在封闭经济条件下,美国会生产(100,200)这个产品组合。美国消费者从这个产品组合中得到了可能得到的最高效用。

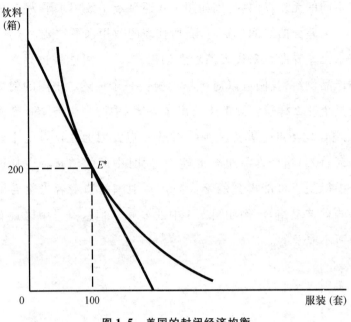

图1.5 美国的封闭经济均衡

封闭经济中的价格和工资

在封闭经济中,中国的服装和饮料的价格是多少?因为我们讨论的是没有货币的实物经济,所以服装的价格是用可以换到的饮料来衡量,而饮料的价格是用可以换到的服装来衡量。图1.4告诉我们在自给自足的情况下,中国一半劳动力生产服装,另一半劳动力生产饮料。生产服装的工人需要用服装去交换饮料,而生产饮料的工人需要用饮料去交换服装。在什么比率上交换呢?生产服装的工人拿出125套服装去交换50箱饮料,所以交换比率为125套服装 = 50箱饮料。这个交换比率对应的是以下两个价格:(1)中国服装价格 = 0.4箱饮料;(2)中国饮料价格 = 2.5套服装。

在封闭经济中,中国工人的工资是多少?在这个简单的模型世界里,产品生产只需要劳动力投入,所以出售产品所得完全归工人所有。在中国共有500个工人生产了250套服装,也就是说每个工人生产了0.5套服装。在市场上出售1套服装可换得0.4箱饮料,所以每个工人生产的价值相当于0.2箱饮料,这是生产服装的工人的工资。同样推理，在中国共有 500 个工人生产了 100 箱饮料，也就是每个工人生产了 0.2 箱饮料。在市场上出售 1 箱饮料可换得 2.5 套服装，所以每个工人生产的价值相当于 0.5 套服装，这是生产饮料工人的工资。所以中国工人的工资等于 0.5 套服装或 0.2 箱饮料。

用同样的方法可以计算出美国在封闭经济条件下的商品价格和工人工资。美国的服装价格为 2 箱饮料，美国的饮料价格为 0.5 套服装。在美国共有 100 个工人生产了 100 套服装，也就是说每个工人生产了 1 套服装。在市场上出售 1 套服装可换得 2 箱饮料，所以每个工人生产的价值相当于 2 箱饮料，这是生产服装的工人的工资。同样推理，在美国共有 100 个工人生产了 200 箱饮料，也就是每个工人生产了 2 箱饮料，其市场价值为 1 套服装，这是生产饮料工人的工资。所以美国工人的工资等于 1 套服装或 2 箱饮料。

比较一下中国和美国在封闭经济条件下的商品价格和工人工资，我们发现中国的服装比美国便宜（中国服装价格＝0.4 箱饮料，美国服装价格＝2 箱饮料），而中国的饮料比美国昂贵（中国饮料价格＝2.5 套服装，美国饮料价格＝0.5 套服装）。同时我们也发现中国工人的工资比美国工人的工资要低，无论是用服装来衡量（中国工资＝0.5 套服装，美国工资＝1 套服装）还是用饮料来衡量（中国工资＝0.2 箱饮料，美国工资＝2 箱饮料）。

现在让我们考虑中美相互开放贸易的情况。中美两国有没有相互开放贸易的动力呢？从前一节中两国商品价格的比较可以知道，美国消费者可以从中国买到更便宜的服装，而中国消费者可以从美国买到更便宜的饮料。所以两国的消费者都有参与国际贸易的动力。但从国家的角度看，贸易开放是不是会损害中国的饮料工业，或者美国的服装工业呢？

1.3 自由贸易均衡

要回答这些问题，我们需要推导出自由贸易均衡，用来和封闭经济均衡相比较。假定中美双方在贸易上完全开放。这时会发生什么？

美国消费者会购买中国的服装,因为中国的服装价格为0.4箱饮料,而美国的服装价格为2箱饮料。在需求增加的情况下,中国服装价格还会是0.4箱饮料吗?当然不会,中国服装的价格一定会上升到0.4箱饮料以上的水平。同样道理,因为美国的饮料价格为0.5套服装,而中国的饮料价格为2.5套服装,所以贸易开放后中国消费者会购买美国的饮料。在需求增加的情况下,美国饮料的价格一定会上升到0.5套服装以上的水平。

在自由贸易下,还会有人买美国生产的服装和中国生产的饮料吗?答案是:除非美国服装和中国服装卖同样价格,中国饮料和美国饮料卖同样价格。那么,如果美国服装和中国服装卖同样价格,美国服装业还能生存吗?如果中国饮料和美国饮料卖同样价格,中国饮料业还能生存吗?

要回答这个问题,想象你是一个中国工人,你在决定去哪个行业工作。我们虽然还不知道自由贸易条件下服装和饮料的比价,但知道这个比价肯定高于0.4箱饮料/1套服装。为了便于思考,先假定这个比价是1箱饮料/1套服装(在下面我们会解出这个比价)。我们知道中国工人生产服装的劳动生产率是0.5套,而生产饮料的劳动生产率是0.2箱。所以当比价为1箱饮料/1套服装时,你去服装行业工作会获得相当于0.5箱饮料的工资,而你去饮料行业工作只会获得0.2箱饮料的工资。所以你的决策很明确,去服装业工作。你的决策也是所有中国工人会做出的决策。因此在自由贸易条件下,中国饮料业将吸引不到任何工人。也就是说,在李嘉图模型中,自由贸易会消灭中国的饮料业。同样道理,自由贸易会消灭美国的服装业(请试着推导一下)。所以在李嘉图模型中,自由贸易将导致生产的完全专业化:中国专业化于服装的生产,而美国专业化于饮料的生产。[①] 图1.6中画出了中国和美国的生产可能性边界。在自由贸易条件下,中国的生产点是C点,美国的生产点是A点。

[①] 这个结论对于经济规模差距很大的两个国家并不适用。当这样两个国家开展自由贸易时,较大的国家从较小的国家所进口的那种商品的数量不够其消费,所以它还需要自己生产这种商品。也就是说,较大的国家不仅会生产它所出口的商品,也会生产它所进口的商品。

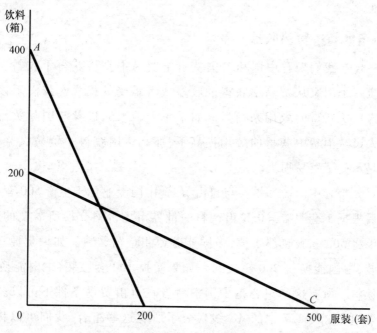

图 1.6 自由贸易下的生产专业化

■■■ 自由贸易均衡中的价格和工资

前面我们假定了自由贸易条件下的交换比价为 1 箱饮料/1 套服装，现在让我们来解出自由贸易均衡中服装和饮料的交换比价。从图 1.6 可以看到，在自由贸易条件下中国生产 500 套服装，美国生产 400 箱饮料，这样在世界市场上有 500 套服装和 400 箱饮料交换，所以交换比率会是 500 套服装 = 400 箱饮料。这个交换比率可以转化为下面两个价格：(1) 世界市场服装价格 = 0.8 箱饮料；(2) 世界市场饮料价格 = 1.25 套服装。

我们还可以推导出中国工人和美国工人在自由贸易条件下的工资。中国 1 000 个工人生产 500 套服装，在世界市场上的价值相当于 400 箱饮料。所以中国工人的工资等于 0.5 套服装或 0.4 箱饮料。美国 200 个工人生产 400 箱饮料，在世界市场上的价值相当于 500 套服装。所以美国工人的工资等于 2 箱饮料或 2.5 套服装。由此可见，在自由贸易条件下美国工人的工资是中国工人的 5 倍，无论是用服装来衡量，还是用饮料来衡量。

贸易收益

现在我们来看中国和美国从自由贸易中是否获得了收益。如何衡量一个国家从贸易中获得的收益或者承受的损失？我们用该国全体人民所获得的效用来衡量。如果一个国家通过参与国际贸易使全体人民从消费中获得的效用提高了，那么该国获得了贸易收益；反之则是承受了贸易损失。

先来看中国。如果参与自由贸易，中国专业化于生产500套服装，然后根据1套服装＝0.8箱饮料的世界市场价格交换所需要的饮料。如果将500套服装都卖掉，中国能获得400箱饮料。如果卖掉250套服装，中国能换得200箱饮料。如果卖掉100套服装，中国能换得80箱饮料。所有这些组合是中国消费者在自由贸易条件下可以获得的消费组合。图1.7中的AC线代表了所有这些组合，我们可以称之为消费可能性边界。

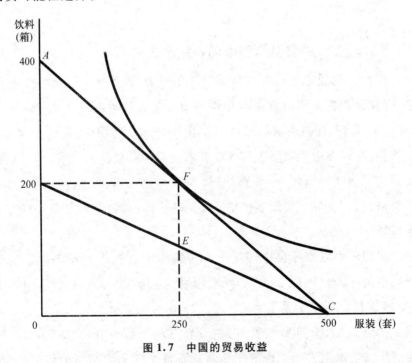

图1.7 中国的贸易收益

中国消费者会选择哪一点消费呢？答案是AC线上的F点。在F点上中国消费者享用250套服装和200箱饮料，获得可能达到的最大效用。和封闭经济均衡点 E 点相比,中国消费者在自由贸易条件下会生活得更好。从 E 点到 F 点所增加的消费者效用就是中国从自由贸易中所获得的贸易收益。请注意 F 点处在中国的生产可能性边界之上(就像图 1.1 中的 B 点)。中国现有的生产能力虽然达不到 F 点,但在贸易开放条件下,中国可以生产 C 点然后通过贸易来达到 F 点。国际贸易使一个国家可以通过两个途径来获得某种商品:自己生产这种商品,或者生产另一种商品来换取这种商品。这就好像一个国家掌握了两种生产方法,可以从中选取更有效的生产方法。国际贸易收益的源泉正在于此。

再来看美国。和中国的情况一样,美国也获得了国际贸易收益。如图 1.8 所示,美国生产 A 点然后通过贸易可以换取到 F 点的消费。美国消费者享用了 250 套服装(多于封闭经济条件下的 100 套服装)和 200 箱饮料(和封闭经济条件下一样多),获得了高于封闭经济下的效用。①

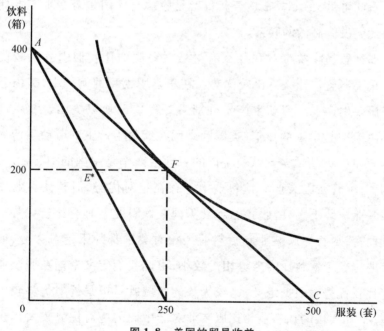

图 1.8 美国的贸易收益

---

① 图 1.7(图 1.8)显示中国(美国)在贸易开放后消费更多饮料(服装)和相同数量的服装(饮料),这个结果应该视为特例,它源于所假设的方程式(参见附录 1.1)。一般而言,一国在贸易开放后饮料和服装的消费既可能同时上升,也可能是饮料(服装)消费上升,服装(饮料)消费下降。贸易收益是指一国从消费的商品组合中得到的总效用上升,并不排除某些商品的消费量在贸易开放后下降这种可能性。

1.4 绝对优势和比较优势

为什么自由贸易为中美两国同时带来了贸易收益？贸易收益的获得和一个国家劳动生产率的高低有什么联系？为了准确回答这些问题，我们需要引进绝对优势和比较优势这两个概念。

在李嘉图模型中，绝对优势指一国的劳动生产率绝对水平高于另一国。美国生产1套服装只需要1个劳动力（劳动生产率为1套服装），而中国生产1套服装需要2个劳动力（劳动生产率为0.5套服装），所以美国在服装生产上对中国有绝对优势。美国生产1箱饮料需要0.5个劳动力（劳动生产率为2箱饮料），而中国生产1箱饮料需要5个劳动力（劳动生产率为0.2套服装），所以美国在饮料生产上对中国也有绝对优势。虽然美国在所有生产活动上对中国都具有绝对的劳动生产率优势，但李嘉图模型显示这并不妨碍中美两国同时从贸易开放中获益。由此可见，一个国家是否获得贸易收益与该国是否在生产上拥有绝对优势没有必然的联系。

那么贸易收益究竟和什么有必然联系呢？让我们引入比较优势这一重要概念。什么是比较优势？在李嘉图模型的例子中，美国和中国在服装生产上的劳动生产率分别为1和0.5，所以美国服装生产的劳动生产率是中国的2倍；美国和中国在饮料生产上的劳动生产率分别为2和0.2，所以美国饮料生产的劳动生产率是中国的10倍。对美国而言，尽管在服装业和饮料业上都存在绝对优势，但其饮料业比较于服装业优势更大，由此我们定义美国在饮料业上具有比较优势。对中国而言，尽管在服装业和饮料业上相对美国都处于绝对劣势，但其服装业比较于饮料业的劣势相对较小，由此我们定义中国在服装业上具有比较优势。根据定义，比较优势的领域既可以是绝对优势较大的领域（例如美国的饮料业相比服装业对于中国的绝对优势较大），也可以是绝对劣势较小的领域（例如中国的服装业相比饮料业对于美国的绝对劣势较小）。

比较优势和劣势的定义意味着，如果一个国家在某个方面有比较优势，那么这个国家在另一个方面一定有比较劣势。在我们的例子中，美国在饮料业上有比较优势,那么它在服装业上就必然有比较劣势。这和美国在这两方面都有绝对优势不矛盾。同理,中国在饮料业上有比较劣势,那么它在服装业上就必然有比较优势。这和中国在这两方面都处于绝对劣势不矛盾。

从李嘉图模型中我们推导出了自由贸易条件下的贸易类型:中国出口服装,进口饮料;美国出口饮料,进口服装。为什么中国出口服装?因为中国在服装生产上有比较优势。为什么美国出口饮料?因为美国在饮料生产上有比较优势。我们也推导出了中美两国都从自由贸易中获益的结论。为什么中美两国都能从贸易开放中获益?因为它们通过专业于各自的比较优势生产活动,能用最低成本获得所需要的商品,达到最大的消费者效用。由此可见,比较优势是贸易类型的决定者和贸易收益的源泉。国际贸易的类型和收益都取决于比较优势,这就是为什么比较优势这一概念如此重要的原因所在。

1.5 讨论和总结

在本章中我们用李嘉图模型推导出了两个劳动生产率不同的国家之间在开放贸易后的贸易类型和贸易收益。从这个简单的模型获得的结论靠得住吗?我们需要认识到,现实中的国际贸易现象就像一片森林,而李嘉图模型所描述的是这片森林中的一棵树。通过研究这棵树,我们得出了关于这片森林的一些结论。其中一些结论具有普遍性,适用于这片森林中的大部分树木。而另一些结论具有特殊性,只和这棵树有关,而不能类推到整片森林。要较完整地了解从这棵树所获结论的普遍性和特殊性,需要在研究了这片森林中其他树木后才能实现。在这里我们简单地讨论一下。

李嘉图模型的关注点是国家之间劳动生产率差异所导致的比较优势。为什么国家之间存在劳动生产率差异?李嘉图模型不回答这个问题。我们可以想到两个可能的原因。第一个可能的原因是技术差异,例如美国拥有更好的生产服装和饮料的技术。实际上对李嘉图模型的应用基本上是认同了这个原因,即技术差异导致的比较优势是李嘉图模型中国家之间贸易的原因。第二个可能的原因是与劳动力相配合的其他资源的丰裕程度。李嘉图模型中只有劳动力这一种生产要素，而实际观察到的国与国之间在劳动生产率上的差异是和各国在资本和土地等资源上的丰裕程度的差异密切相关的。例如美国工人比中国工人劳动生产率高的原因可能是因为美国工人有更多的机器来配合他们的工作。有关资源丰裕程度导致的比较优势将是后面几章的关注点。

李嘉图模型假设 2 个国家和 2 种商品，是为了更清晰地揭示劳动生产率差异对国际贸易的作用。多恩布什、费希尔和萨缪尔森（Dornbusch, Fischer and Samuelson, 1977）将李嘉图模型推广到了多于 2 种商品的情形。简而言之，两个国家（例如中国和美国）的 n 种商品可以根据它们的相对劳动生产率从高到低排序。在自由贸易均衡中，中国将专业化于中国拥有比较优势的 m 种产品（$m<n$），而美国将专业化于美国拥有比较优势的 $(n-m)$ 种产品。李嘉图模型也可以推广到多个国家多种商品的更复杂的情形。

需要指出的是，将简单模型复杂化如果得不到新的结论，那么这种复杂化除了证明简单模型的结论具有一般性之外意义不大。由李嘉图模型所揭示的比较优势和国际贸易之间的关系在逻辑上是强大的，因而具有持久的生命力。当然李嘉图模型的短处也很明显。由于在李嘉图模型中工人、企业家和消费者为同一个（群）人，因此该模型中没有任何收入分配问题。一个国家获得贸易收益意味着每个人都从贸易开放中获得好处，这使李嘉图模型不能用来分析国际贸易所造成的赢家和输家以及由此引出的政策问题。此外李嘉图模型是一个静态模型，各国的比较优势是既定的，因而它不能分析比较优势的动态变化。虽然李嘉图模型的逻辑是强大的，但它回避了一个关键的问题，即劳动生产率的差异从何而来。在学习国际贸易学的征途上，李嘉图模型只是为我们开了一个头。然而这是坚实的第一步，由此我们可以继续向国际贸易学这片广袤森林的深处进发。

专栏 1.1
李嘉图和英国的《谷物法》

大卫·李嘉图(David Ricardo, 1772—1823)出生于英国伦敦一个富裕的犹太移民家庭,父亲是一位证券经纪人。李嘉图14岁时便跟随父亲进入伦敦证券交易所从事证券交易。在27岁时的一次乡村度假中,李嘉图阅读了亚当·斯密的《国富论》,这是他第一次接触经济学,从此对经济学产生了浓厚的兴趣。1814年,迈入中年的李嘉图决定结束为自己带来巨大财富的证券交易生涯,全身心地投入到经济研究之中。

在18世纪末19世纪初,随着人口的增加和工业化的发展,英国由粮食出口国转变为粮食进口国。英法战争期间,由于拿破仑对英国实施了封锁政策,英国的粮食进口一度中断,并险些为此输掉战争。1815年战争刚刚结束,在粮食问题上高度敏感的英国便颁布了《谷物法》,规定小麦价格低于每夸脱80先令时不得进口,目的是通过保护国内农业来加强粮食安全。《谷物法》实施之后英国谷价高涨,地租猛增,地主贵族成为主要受益者,而工厂企业主却难以压低工资,利润受到侵蚀。当时英国社会激烈地辩论《谷物法》的存废,李嘉图也参与其中,他的许多经济观点正是在这场辩论中形成的。

围绕着《谷物法》存在两种主要观点,一种观点从国家安全与稳定的角度出发,认为英国必须对农业实施适度保护,这种观点的代表人物是马尔萨斯,即我们所熟悉的人口理论的提出者。马尔萨斯认为安全比财富更重要,一个国家如果将农产品的供应寄托在外国身上,遇到战争或其他紧急情况时处境就会很危险。另一种观点主张废除《谷物法》,实行自由贸易,这种观点的代表人物是李嘉图。在1815年发表的"论低价谷物对资本利润的影响"一文中,李嘉图指出国家繁荣的保障是能够获得丰厚的利润,而《谷物法》限制了谷物的自由进口,导致谷价上涨;谷价上涨又会刺激工资上涨,缩小利润空间,进而影响国家繁荣。为了解决谷价上涨与利润率下降之间的矛盾,只有采取自由贸易政策,让外国的粮食可以顺利地进入存在粮食缺口的英国以平抑谷价,才能确保利润增长和国家繁荣。

在1817年出版的《政治经济学及赋税原理》一书中,李嘉图进一步从理论上论证了废除《谷物法》实行自由贸易的好处。李嘉图写道:如果由于更好地安排劳动力资源,使各国都生产与其位置、气候和其他自然或人为条件相适应的商品,并以之与其他国家的商品相交换,它所带来的福利增进和我们享受到的由利润率提高而得到的福利增进是完全一样的。如果我们不自己种植谷物,不自己制造劳动者所用的衣服和其他生活必需品,而发现一个新市场可以用更低廉的价格取得这些商品的供应,那么工资就会下降,利润就会随之提高。对外贸易不仅能够增加一定收入下所能购买的商品的数量和种类,而且能够促进资本的积累。[①]

李嘉图进一步指出在自由贸易的制度下,各国必然把它的资本和劳动力用在最有利于本国的用途上。而这种对个体利益的追求能很好地和整体福利结合在一起,它一方面促进了资源的优化配置,另一方面增加了生产总量,使贸易双方都能得到好处。李嘉图以英国和葡萄牙为例说明了为什么国际贸易能给双方带来双赢的结果。假设英国生产1单位葡萄酒所需劳动人数为120人/年,生产1单位布匹为100人/年;而葡萄牙生产1单位葡萄酒所需劳动人数为80人/年,生产1单位布匹为90人/年。在这种情况下,葡萄牙应该专门生产它具有比较成本优势的葡萄酒,英国应该专门生产它具有比较成本优势的布匹,如此分工对双方都是最有利的。葡萄牙用葡萄酒可以换到更多的布匹,而英国用布匹可以换到更多的葡萄酒,由此两国的福利水平都获得了提高。在这个例子中葡萄牙生产葡萄酒和布匹所需劳动人数均少于英国,它在两种产品的生产上都具有绝对优势。按照亚当·斯密的绝对优势理论,两国之间不会有国际分工和贸易。然而李嘉图却证明即使一国在所有产品的生产上都具有绝对优势或劣势,也能从国际贸易中获益。这一理论后来被称为比较优势理论,

---

[①] 参见大卫·李嘉图著,郭大力、王亚南译,《政治经济学及赋税原理》,商务印书馆1962年版,第99—105页。

它突破了亚当·斯密绝对优势理论的局限,为自由贸易政策提供了理论基础。

围绕《谷物法》的争论持续了多年,1846年英国终于废除了《谷物法》,这场论战以李嘉图的胜利而告终。有意思的是,尽管李嘉图与马尔萨斯在诸多经济问题上都是论敌,但两人却是终生的好友。

本章提要

1. 李嘉图模型是一个劳动力作为唯一生产要素的静态模型。在李嘉图模型中,国家之间发生贸易的原因在于它们在所从事的生产活动中的劳动生产率存在差异。

2. 李嘉图模型揭示了国际贸易类型取决于比较优势,而不是绝对优势。比较优势既可以出自绝对优势较大的生产领域,也可以出自绝对劣势较小的生产领域。在自由贸易条件下,一个国家会出口具有比较优势的商品,进口具有比较劣势的商品。

3. 基于比较优势的国际贸易给参加贸易的每个国家都带来贸易收益。一个国家可以自己生产某种商品,也可以生产其他商品来交换这种商品。通过贸易来获得具有比较劣势的商品比自己生产这种商品更有效率,可以使全体国民获得更多的消费效用,这正是贸易收益的源泉。

4. 李嘉图模型表明,一个国家是否从国际贸易中获益和它的劳动生产率高低无关,和它的工资水平高低也无关。发展中国家因为劳动生产率低于发达国家而选择闭关自守,只会导致贸易收益的损失和国民福利的下降。同样,发达国家因为害怕发展中国家的低工资优势而实施贸易保护,结果也会导致贸易收益的损失和国民福利的下降。

5. 在李嘉图模型中,贸易开放会导致生产完全专业化于比较优势产业,而比较劣势产业会被淘汰。这个结论源于李嘉图模型的单一生产要素假定,不具有普遍性。可以确定的是,贸易开放会使比较优势产业得到扩张,同时使比较劣势产业得到缩减。

6. 在李嘉图模型中,国家之间的劳动生产率差异是给定的,因此该模型所描述的是静态比较优势,而不涉及比较优势的动态变化。李嘉图模型的单一生产要素假定使得该模型不能用来分析贸易开放的收入分配效应以及由此引出的政策问题。

进一步阅读

本章讨论的李嘉图模型具有 $1 \times 2 \times 2$ 的结构,也就是一种生产要素,两种商品和两个国家。Dornbusch、Fischer 和 Samuelson(1977)将李嘉图模型拓展到了许多种商品的情形。在本科教材中,Krugman 和 Obstfeld(2003)对多种商品的李嘉图模型作了介绍(该书 2008 年出了第 8 版,现有的中文译本翻译于 2003 年出版的英文第 6 版)。李嘉图模型专注于劳动生产率在国家之间的差异,而要素生产率的差异可以发生在多种生产要素上。例如 Davis(1995)将要素生产率差异引入到多种生产要素模型中来解释产业内贸易发生的原因。Eaton 和 Kortum(2002)构建了多个国家多个商品的李嘉图模型,Alvarez 和 Lucas(2007)在此基础上建立了动态的李嘉图模型。以上这些论文可供国际贸易专业的研究生作阅读参考。

参考文献

Alvarez, Fernando and Robert E. Lucas, Jr. (2007), "General Equilibrium Analysis of the Eaton-Kortum Model of International Trade," *Journal of Monetary Economics*, 54(6), 1726—1768.

Davis, Donald R. (1995), "Intraindustry Trade: A Heckscher-Ohlin-Ricardo Approach," *Journal of International Economics*, 39, 201—226.

Dornbusch, Rudiger, Stanley Fischer and Paul A. Samuelson (1977), "Comparative Advantage, Trade and Payments in a Ricardian Model with a Continuum of Goods," *American Economic Review*, 67, 823—839.

Eaton, Jonathan and Samuel Kortum (2002), "Technology, Geography, and Trade," *Econometrica*, 70, 1741—1779.

Krugman, Paul R. and Maurice Obstfeld (2003), *International Economics: Theory and Policy*, 6th edition, Pearson Education. (中译本)海闻等译,《国际经济学:理论与政策》(第六版),中国人民大学出版社 2006 年版。

练习与思考

一、概念题

1. 生产可能性边界
2. 无差异曲线
3. 贸易收益
4. 贸易类型
5. 绝对优势和比较优势

二、判断题

1. 李嘉图模型表明每个国家中的每个人都从自由贸易中获益。
2. 李嘉图模型否定了绝对优势作为贸易基础的理论。
3. 在李嘉图模型中,国际贸易的产生是由于国家之间劳动力数量的差异。
4. 如果一个国家在所有产品上都具有绝对劣势,那么它就不会愿意参加国际贸易。
5. 比较优势理论只能应用于两个国家,而不能应用于多个国家参与贸易的情形。

三、选择题

1. 李嘉图模型说明
   A. 国家之间的工资差别是国际贸易的原因
   B. 贸易最终会导致不完全专业化生产
   C. 贸易来源于劳动生产率的相对差异
   D. 具备绝对优势的国家可以从贸易中获利更多

2. 根据比较优势理论,一国从贸易中获益的条件是
   A. 以较低的机会成本进口商品而不是在国内生产
   B. 能够实现出口顺差

C. 比贸易伙伴国生产能力更强

D. 拥有劳动生产率的优势

3. 一国从封闭经济转向自由贸易时，

A. 该国会出口价格相对外国较高的产品

B. 该国的出口商品相对于进口商品的价格会下降

C. 该国的生产可能性曲线会外移

D. 该国的消费者效用会增加

四、简答题

1. 为什么当一国的劳动生产率处于绝对劣势时，仍然能够通过贸易获益？

2. 在李嘉图模型中，自由贸易均衡中本国两种产品的价格和工资如何决定？

3. 绝对优势和比较优势之间有什么联系？有什么区别？

五、综合题

1. 本国拥有100单位劳动力，能够生产苹果和香蕉两种产品。每一单位劳动力能够生产2个苹果，或生产3个香蕉。

（a）画出本国的生产可能性边界，标注两条坐标轴并计算截距。

（b）本国生产苹果的机会成本是多少（用香蕉数量来表示）？

（c）在一个自给自足的市场上达到均衡时，用香蕉来表示的苹果的价格是多少？

2. 本国如上题所述。外国拥有40单位劳动力，其劳动生产率为2个苹果和10个香蕉。

（a）画出外国的生产可能性边界，标注两条坐标轴并计算截距。

（b）外国生产苹果的机会成本是多少（用香蕉数量来表示）？

（c）如果外国居民既喜欢吃苹果又喜欢吃香蕉，在自给自足的情况下，外国市场上的苹果价格是否会是6个香蕉？为什么？

3. 假如本国和外国开展自由贸易。

（a）说明自由贸易均衡下两国的贸易类型，指出本国和外国分别出口何种产品。

(b) 下面哪个数值会是自由贸易均衡下苹果的相对价格？

A. 2　　　　B. 1　　　　C. 0.2

(c) 根据(b)的答案，画出自由贸易时本国居民的预算约束线(消费可能性边界)，说明本国居民如何从贸易中获益。

(d) 根据(b)的答案，画出自由贸易时外国居民的预算约束线(消费可能性边界)，说明外国居民如何从贸易中获益。

4. 假设本国有200单位劳动力(而不是100单位劳动力)，但是他们的劳动生产率只有前面所假设的一半。画出此时本国的生产可能性边界。你对第3题的回答有何变化？

附录1.1
李嘉图模型的代数推导

在这个附录中我们给出正文所用例子的有关计算。

中国的封闭经济均衡

根据正文中给定的数据，中国的生产可能性边界为 $Y = 200 - 0.4X$，这里 X 和 Y 分别代表服装和饮料在中国的产量。设中国消费者的效用函数为 $U = 0.5\ln C_X + 0.5\ln C_Y$，这里 C_X 和 C_Y 分别代表服装和饮料在中国的消费量。这个效用函数是柯布-道格拉斯函数的对数变形，系数0.5意味着消费者会将一半收入花在 X(饮料)上，另一半花在 Y(服装)上。[①] 在封闭经济均衡中，$C_X = X$，$C_Y = Y$。

对效用函数求导数可得到无差异曲线的斜率(绝对值)为 C_Y/C_X。均衡时无差异曲线和生产可能性边界相切，所以 $C_Y/C_X = 0.4$，因而 $Y = 0.4X$。将此式代入 $Y = 200 - 0.4X$ 可求得 $X = C_X = 250$，$Y = C_Y = 100$。

美国的封闭经济均衡

根据正文中给定的数据，美国的生产可能性边界为 $Y^* = 400 - 2X^*$。这里 X^* 和 Y^* 分别代表服装和饮料在美国的产量。设美国消费

---

① 正文中表1.1中的数字可以从这个效用函数中解出。

者的效用函数为 $U^* = 0.5\ln C_X^* + 0.5\ln C_Y^*$，这里 C_X^* 和 C_Y^* 分别代表服装和饮料在美国的消费量。对此效用函数求导可得到无差异曲线的斜率(绝对值)为 C_X^*/C_Y^*。均衡时无差异曲线和生产可能性边界相切，所以 $C_Y^*/C_X^* = 2$。在封闭经济均衡中，$C_X^* = X^*$，$C_Y^* = Y^*$，所以 $X^* = 2Y^*$。将此式代入 $Y^* = 400 - 2X^*$ 可求得 $X^* = C_X^* = 100$，$Y^* = C_Y^* = 200$。

自由贸易均衡

自由贸易条件下中国和美国的消费可能性边界均为 $C_Y^F = 400 - 0.8 C_X^F$，这里 C_X^F 和 C_Y^F 分别代表服装和饮料在中国或美国的消费量(两个国家对某个商品的消费量是相同的)。均衡时无差异曲线和消费可能性边界相切，所以 $C_Y^F/C_X^F = 0.8$。将此式代入 $C_Y^F = 400 - 0.8 C_X^F$ 可求得 $C_X^F = 250$，$C_Y^F = 200$。

第 2 章 特定要素模型

前一章的李嘉图模型揭示了基于比较优势的国际贸易会给所有贸易国带来贸易收益。如果贸易开放如此美妙,那么为什么有这么多反对贸易自由化的声音呢?李嘉图模型没有办法解释这个现象。在李嘉图模型中只有劳动力一个生产要素,贸易收益全部变成工人增加的工资,所有人都从贸易开放中获益,因此不会有人反对贸易开放。李嘉图模型不能应用于讨论国际贸易对收入分配的影响,是其最大的不足。

从李嘉图模型的起源来看,李嘉图的理论恰恰是在反对英国实施贸易保护主义的《谷物法》时发展出来的。《谷物法》的实施会使土地所有者获益,资本所有者受损。李嘉图是站在资本所有者的立场上反对《谷物法》的。但从政治角度出发,李嘉图在为资本所有者的利益辩护时,强调的是整个国家会获得的贸易收益。特定要素模型将李嘉图理论背后的利益冲突还原了出来,它揭示了贸易开放必然会造成赢家和输家,贸易收益在分配上是极其不均的。由于这个模型的思想是从李嘉图那里发展而来,而最早阐述这个思想的经济学家之一是美国经济学家雅各布·维纳(Jacob Viner),因此特定要素模型又被称为李嘉图-维纳模型(参见专栏2.1)。在20世纪70年代,美国经济学家保罗·萨缪尔森(Paul A. Samnelson)和罗纳德·琼斯(Ronald W. Jones)所写的论文复兴了特定要素模型在国际贸易学中的地位。

2.1 特定要素模型的框架

回想一下李嘉图模型的框架:2个国家,2种商品,1种生产要素(劳动力)。特定要素模型的框架是:2个国家,2种商品,3种生产要素。沿用我们上一章的例子,模型中的2个国家为中国和美国,2种商品为服装和饮料。与李嘉图模型不同的是,特定要素模型假定:

- 服装生产需要投入2种生产要素:服装工人和资本
- 饮料生产需要投入2种生产要素:饮料工人和资本

在这个模型中,资本可以在两个生产部门间自由流动,称为流动要素。服装工人只在服装业工作,称为服装业的特定要素。饮料工人只在饮料业工作,称为饮料业的特定要素。特定要素模型所关注的是:一旦某类工人(或其他要素)特定于某类行业而不能转行时,他们会受到贸易开放怎样的影响。这里我们假设服装工人在短期内不能转行到饮料业工作,而饮料工人在短期内也不能转行到服装业工作。特定要素模型是一个短期的静态模型。

生产函数

假设中国的1 000个工人中,625个是服装工人,375个是饮料工人。假设中国的资本总量为100个单位(例如100台机器)。由于工人特定于各自的生产部门,因此在这个模型中不存在劳动力配置问题。我们需要求解的是,100单位的资本怎样在两个行业之间配置。

假设配置到服装业的资本为 K_X,饮料业的资本为 K_Y。投入 625 个服装工人和 K_X 单位的资本可以生产出 X 套服装,这个关系式可以写成如下的服装生产函数:

$$X = F(K_X, 625) \tag{2.1}$$

在这个服装生产函数中,产量 X 和资本投入量 K_X 之间呈怎样的关系呢?首先,资本投入量 K_X 越高,服装总产量 X 越高。其次,随着资本投入量的递增,服装产量的增量(边际产量)将逐步变小。图 2.1 描绘了服装产量和资本投入量的关系。在饮料业,投入 375 个饮料工人和 K_Y 单位的资本可以生产出 Y 箱饮料,这个关系式可以写成如下的饮料生产函数:

$$Y = G(K_Y, 375) \tag{2.2}$$

饮料产量和资本投入量的关系类似图 2.1 所显示的形态,我们不再另图描绘。

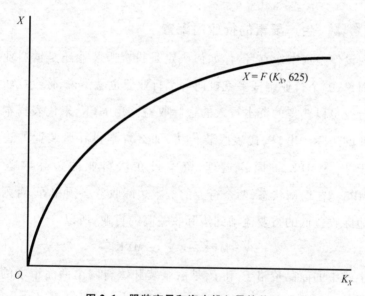

图 2.1　服装产量和资本投入量的关系

表 2.1 列出服装和饮料这两个行业的资本投入量、总产量和边际产出的数据(这些数据是根据附录 2.1 中所设定的生产函数计算所得)。我们看到,当服装业资本投入量从 1 增加到 2 时,服装产量增加 23.7;当服装业资本投入量从 2 增加到 3 时,服装产量增加 15.9;而当服装业资本投入量从 3 增加到 4 时,服装产量增加 12.3。这个规律在

经济学上称为边际产出递减规律。

表 2.1 资本投入量、总产量和边际产出

服装业资本投入量	服装总产量	服装业资本的边际产出	饮料业资本投入量	饮料总产量	饮料业资本的边际产出
1	125.0	125.0	1	4.4	4.4
2	148.7	23.7	2	7.4	3.0
3	164.5	15.9	3	10.0	2.6
4	176.8	12.3	4	12.4	2.4
5	186.9	10.1	5	14.7	2.3
6	195.6	8.7	6	16.9	2.2
7	203.3	7.7	7	18.9	2.1
8	210.2	6.9	8	20.9	2.0
9	216.5	6.3	9	22.9	1.9
10	222.3	5.8	10	24.7	1.9

生产要素的行业间配置

假设你是资本所有者,你如何决定是投资服装业还是饮料业?答案很简单,哪个行业赚钱多就投向哪个行业。也就是说,你会比较从这两个行业可以获得的资本投入的边际收益。用 MPK_X 来代表资本投在服装业的边际产出,P_X 代表服装价格,那么资本投在服装业的边际收益等于 $P_X \cdot MPK_X$。同样道理,资本投在饮料业的边际收益等于 $P_Y \cdot MPK_Y$。在均衡状态,两个行业的资本边际收益必须相等,否则资本会从边际收益低的行业流动到边际收益高的行业,所以,

$$P_X \cdot MPK_X = P_Y \cdot MPK_Y \tag{2.3}$$

上式中的商品价格 P_X 和 P_Y 是由服装和饮料两个商品市场的均衡所决定的。假定中国这两个商品市场均衡的结果是:$P_X = 0.4, P_Y = 1$。这样我们就可以计算出对应于各个资本投入量的每个行业的资本边际收益(参见附录2.1)。表 2.2 显示,如果中国 100 个单位资本中的 15 单位投入服装业,85 单位投入饮料业,那么服装业的资本边际收益为 1.64,而饮料业的资本边际收益为 1.09,因此就会有资本从饮料业转移出来投向服装业以追逐更高的收益。当投入到服装业的资本增

加到20而投入到饮料业的资本减少到80时,服装业的资本边际收益变为1.32,饮料业的资本边际收益变为1.10,此时还会有资本从饮料业转移出来投向服装业。只有当投入到服装业的资本增加到25而投入到饮料业的资本减少到75时,服装业和饮料业的资本边际收益都是1.12,资本才停止在这两个行业之间流动,达到均衡状态。

表2.2 资本投入量、边际产出和边际收益

服装业资本投入量	服装业资本的边际产出	服装业资本的边际收益	饮料业资本投入量	饮料业资本的边际产出	饮料业资本的边际收益
15	4.10	1.64	85	1.09	1.09
20	3.30	1.32	80	1.10	1.10
25	2.80	1.12	75	1.12	1.12
30	2.44	0.98	70	1.14	1.14
35	2.17	0.87	65	1.16	1.16

我们可以用图形来描绘这个均衡。在图2.2中我们画出 $P_X \cdot \text{MPK}_X$ 和 $P_Y \cdot \text{MPK}_Y$ 两条曲线。服装行业的资本边际收益曲线($P_X \cdot \text{MPK}_X$)以 O_X 为原点,饮料行业的资本边际收益曲线($P_Y \cdot \text{MPK}_Y$)以 O_Y 为原点,两个原点之间的水平距离等于100,即中国的资本总量。这两条曲线的交点满足 $P_X \cdot \text{MPK}_X = P_Y \cdot \text{MPK}_Y$ 这个等式,该点在横轴上的对应点给出了资本总量在服装业和饮料业之间的配置,而该点在

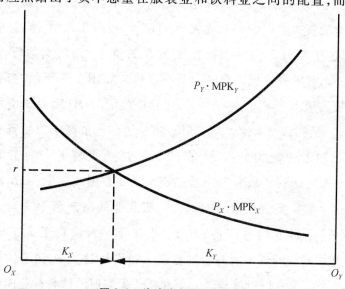

图2.2 资本在行业间的配置

纵轴上的对应点给出了市场均衡时的资本收益率 r。

2.2 封闭经济均衡

在封闭经济状态下,服装供给量等于服装需求量,饮料供给量等于饮料需求量。服装市场的供求均衡决定均衡价格 P_X,饮料市场的供求均衡决定均衡价格 P_Y。由于商品市场均衡对于本章的主题并不重要,我们略去对它的推导,而假定推导的结果是: $P_X = 0.4, P_Y = 1$。

▮▮▮▮ 收入分配

我们关心的是收入分配。在上面描述的模型中有三个群体:服装工人,饮料工人,资本所有者。封闭经济的服装产值为 $P_X X$,饮料产值为 $P_Y Y$,所以整个经济的总产值等于 $P_X X + P_Y Y$。这个总产值是如何在三个群体之间分配的呢?

我们先来分析服装业的总收入 $P_X X$ 是如何在服装工人和投资者之间分配的。图 2.3 描绘的是,在服装业劳动力投入量 $L_X = 625$ 给定的条件下,资本投入量变化所对应的边际收益变化的各种情况。图 2.3 显示,给定市场均衡资本收益率 r,投入服装业的资本量为 K_X,所以服装业的资本所有者的总收入等于 rK_X。在图 2.3 中,rK_X 对应的是 $rO_X K_X E$ 这个长方形。对于投在服装业的资本而言,其边际产值为 $P_X \cdot \mathrm{MPK}_X$,它随资本投入量的上升而下降。如图 2.3 所示,当服装业的资本投入量小于 K_X 时,所产生的边际产值 $P_X \cdot \mathrm{MPK}_X$ 高于资本的市场报酬 r。是什么因素使 $P_X \cdot \mathrm{MPK}_X > r$?边际产值高于市场资本报酬的部分归功于劳动力的投入,它的总额正是服装工人的工资总额 $(w_X L_X)$,这里 w_X 代表服装工人的工资水平。在图 2.3 中,$w_X L_X$ 对应的是 ArE 这个形状类似三角形的部分。服装业的总产值 $P_X X = w_X L_X + rK_X$。同样,饮料业的总产值 $(P_Y Y)$ 可以分解为饮料工人工资总额 $(w_Y L_Y)$ 和饮料业的资本所有者的总收入 (rK_Y),这里 w_Y 代表饮料工人的工资水平。读者可以试着画一下和图 2.3 类似的饮料行业内的收入分配的示意图。

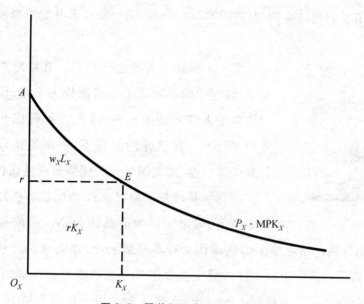

图 2.3　服装行业内的收入分配

在图 2.4 中,我们画出了封闭经济条件下服装工人、饮料工人和资本所有者的收入状况。图 2.4 中的长方形 $O_X O_Y R r$ 衡量了资本所有者的总收入 rK,三角区域 ArE 衡量了服装工人的工资总额,另一个三角区域 BRE 衡量了饮料工人的工资总额。在特定要素模型中,一个国家内部的收入分配由图 2.4 中的这三个部分直观明确地表示了出来。在

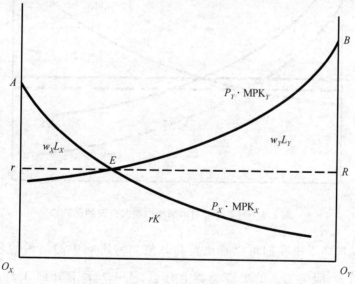

图 2.4　封闭经济均衡时的收入分配

下一节我们用这个模型讨论国际贸易对一国内部收入分配的影响。

2.3 国际贸易均衡

前一节描述了封闭经济均衡。在特定要素模型中,假定中国的服装工人资源较为丰裕,而美国的饮料工人资源较为丰裕,除此之外两国在其他方面都相同。在这样的假设下,中国的比较优势行业是服装业,而美国的比较优势行业是饮料业。

国际贸易改变了商品之间的比价。在封闭经济条件下,假定中国的商品比价是 1 件衣服交换 0.4 瓶饮料。给定中国的比较优势行业是服装业,那么贸易开放后中国的商品比价一定是 1 件衣服交换多于 0.4 瓶的饮料。也就是说,贸易开放会使服装价格在中国上升,即 P_X 上升。由于服装价格 P_X 上升,投入到服装业的资本的边际收益 $P_X \cdot \mathrm{MPK}_X$ 随之上升,表现为图 2.5 中的 $P_X \cdot \mathrm{MPK}_X$ 线上移。贸易开放使中国经济的均衡点从 E_0 移到 E_1。

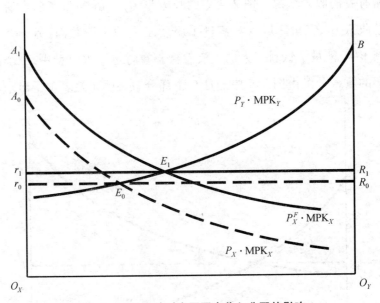

图 2.5 贸易开放对中国国内收入分配的影响

从图 2.5 中我们可以看出贸易开放如何影响中国国内的收入分配。首先,服装工人的工资总额上升了,从 $A_0 E_0 r_0$ 上升到 $A_1 E_1 r_1$。其次,饮料工人的工资总额下降了,从 $B E_0 R_0$ 下降到 $B E_1 R_1$。最后,用饮料来度量的资本总收入上升了,从 $O_X O_Y R_0 r_0$ 上升到 $O_X O_Y R_1 r_1$。但因为服装的价格上升了,所以用服装来度量的资本总收入有可能下降了。

根据我们的假定,美国在饮料行业上拥有比较优势,所以在贸易开放后,美国会出口饮料,进口服装。美国的饮料价格在贸易开放前后会如何变化?由于来自中国的需求,饮料价格在贸易开放后会上升。由于饮料价格上升,投入到美国饮料业的资本的边际收益随之上升,在图2.6中表现为 $P_Y^* \cdot \mathrm{MPK}_Y$ 线的上移。从图2.6中我们发现,贸易开放会提高美国饮料工人的收入,减少美国服装工人的收入,而对美国资本所有者的收入有不确定的影响。图2.6显示用服装度量的资本收入上升了,但因为饮料的价格在贸易开放后上升了,所以用饮料度量的资本收入在贸易开放后有可能下降了,因此贸易开放对美国资本所有者收入的影响是不确定的。①

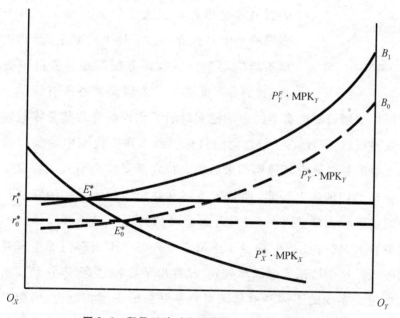

图2.6 贸易开放对美国国内收入分配的影响

通过上面关于贸易开放对中国和美国国内收入分配影响的分析,我们得出一个重要的结论:在特定要素模型中,贸易开放会增加出口

---

① 在图2.5和图2.6中我们分别移动了一条曲线。更一般而言,图中两条曲线都会移动,因为两个商品的价格在贸易开放后都会发生变化。由于起决定作用的是商品的相对价格,因此我们推得的结论不受影响。

行业中特定要素的收入,减少进口行业中特定要素的收入,而对流动要素的收入的影响是不确定的。在我们的例子中,中国出口服装,进口饮料,特定要素模型预测贸易开放会使中国服装工人获益,饮料工人受损。相反,美国出口饮料,进口服装,特定要素模型预测贸易开放会使美国饮料工人获益,服装工人受损。这个结论帮助我们理解为什么出口行业通常会拥护贸易开放,而与进口品竞争的行业通常会反对贸易开放。在研究贸易政策制定的政治过程时,特定要素模型有着广泛的应用。

2.4 讨论和总结

本章所讨论的特定要素模型对于国际贸易所带来的国内收入分配问题作了明确的回答。在前一章所讨论的李嘉图模型中,国际贸易带来的贸易收益体现在工人工资的增加上。由于李嘉图模型中只有劳动力一种生产要素,因此该模型不能应用于分析收入分配问题。值得一提的是,我们并不能要求一个模型回答所有问题。李嘉图模型用最简捷有效的理论框架揭示了比较优势和贸易收益这两个重要概念,完成了它所设定的目标。而李嘉图模型中抽象掉的其他重要问题应该由其他模型来回答。特定要素模型引入了特定于不同生产部门的生产要素,明确了不同利益集团的收入和国际贸易之间的联系。该模型表明,贸易开放会增加特定于出口部门的生产要素的收入,同时会减少特定于进口竞争产品的生产部门的生产要素的收入。这个结论看似简单直观,没有出乎意料之处,但它和现实生活中所观察到的不同利益集团对贸易开放的态度相吻合,因而对于分析贸易政策的政治决定具有很强的应用价值,这在以后的有关章节中会讨论到。

专栏 2.1
特定要素模型的理论渊源

　　特定要素模型的思想是从李嘉图那里发展而来的,而最早阐述这个思想的经济学家之一是雅各布·维纳,所以特定要素模型又被称为李嘉图-维纳模型。在1817年出版的《政治经济学及赋税原理》一书中,李嘉图不仅阐述了比较优势理论的思想,还着重分析了级差地租理论。他认为人们首先会去耕种比较肥沃、地理位置较好的土地,但由于人口的增长,对农产品的需求会越来越大,当肥沃土地数量有限,其产出不能满足需求时,人们就会耕种次优和劣等地。等量劳动力和资本的投入在不同级别土地上的产出不同。李嘉图认为农产品价格是由劣等地上的劳动生产率决定的,这样拥有肥沃土地的资本家就会获得超额利润。但在完全竞争情况下,资本家只能获得平均利润,这样超额利润就会以地租的形式成为地主的收入,这就是级差地租的第一种形态。级差地租的第二种形态是在边际报酬递减规律下发生的。由于土地数量固定,劳动力和资本投入的增加导致边际产出下降,从而边际成本提高。农产品市场的完全竞争使农产品的价格等于边际成本,因而农产品的价格会随着边际生产成本的增加而上涨。在同一块土地上,由于农产品价格由最后一单位产出所投入的劳动力和资本决定,而之前投入的劳动力和资本的生产率都比最后投入的要高,这样也会带来超额利润,而这部分也会转化为地租。李嘉图认为是农作物的高价格造成了高额地租,而不是相反。

　　雅各布·维纳(Jacob Viner,1892—1970)出生于加拿大蒙特利尔,父母都是罗马尼亚移民。1922年维纳获得哈佛大学博士学位,其后任职于芝加哥大学和普林斯顿大学。他的研究领域涉及经济学的方方面面,特别是在经济思想史和国际贸易理论上很有建树。由于在经济学上的突出贡献,维纳在1962年被美国经济协会授予弗朗西斯·沃克尔奖。在李嘉图理论的基础上,维纳把农业部门边际报酬递减的规律一般化,推广到了所有部门,他在"成本曲线和供给曲线"

一文中指出:在边际报酬递减的情况下,厂商的边际成本曲线向上倾斜,平均成本曲线呈 U 型,两者相交于平均成本曲线的最低点。在完全竞争市场中,长期均衡要求市场价格、厂商的边际成本和平均成本都相等。如果市场需求增加,这会带来产品价格上涨和产量的增加,厂商的边际成本也随着增加,但是此时平均成本就会低于边际成本。如果该产品的生产中有一种要素的数量是固定的,在其他要素价格不变的情况下,这种相对稀缺的要素价格就会上涨,直到平均成本又等于边际成本。

1971 年,保罗·萨缪尔森和罗纳德·琼斯在李嘉图和维纳的理论基础上建立了特定要素模型。他们假设经济中存在特定要素和流动要素,并在边际报酬递减的规律下分析了贸易类型和要素价格问题。萨缪尔森讨论了如果两国特定要素禀赋比例不同,就会造成两国相对价格的差异,从而带来贸易,而贸易的结果会使两国两种产品的相对价格相等,并相应提高丰裕要素的回报,降低稀缺要素的报酬。而琼斯分析了当商品价格不变时要素禀赋变化对要素价格的影响,以及禀赋不变时商品价格相对变化对要素价格的影响,并指出存在"放大效应",即商品价格上涨时,其所使用的特定要素价格会以更大的幅度上升;反之,当商品价格下降时,其特定要素价格的降幅也会更大。

由于特定要素模型假定经济部门中某些要素是不可流动的,因此被认为是一种短期模型。戈特弗里德·哈伯勒(Gottfried Haberler)在 1936 年的文章中已经提到特定要素模型的一些思想,那时他就区分了长期和短期,并指出在短期某些要素不可流动,其生产可能性边界会比长期更凹。在萨缪尔森和琼斯之后,一些学者对特定要素模型进行了发展,他们的注意力主要集中于分析短期均衡到长期均衡的动态调整过程,其中主要的代表人物有沃夫甘·梅尔(Wolfgang Mayer)、麦克尔·穆萨(Michael Mussa)和彼得·尼尔里(Peter J. Neary)。正是因为众多学者的研究和发展,特定要素模型自 20 世纪 70 年代兴起之后,越来越受到人们的关注,被认为是国际贸易理论最重要的模型之一。

> **本章提要**

1. 特定要素模型又称为李嘉图-维纳模型。和李嘉图模型的单一生产要素假设不同,特定要素模型包含多种生产要素,并且区分了用于所有生产部门的流动要素和只用于某个生产部门的特定要素。

2. 特定要素模型的最大用途是对国内收入分配问题的分析。这个模型清楚地显示了不同生产要素集团之间的收入分配。当一个国家开放贸易时,该国出口部门的特定要素会得益,而该国进口部门的特定要素会受损。由此推知一个国家出口部门的生产要素会倾向于支持贸易开放,而进口部门的生产要素会倾向于反对贸易开放。

3. 特定要素模型所揭示的贸易开放的收入分配效应和李嘉图模型所揭示的整体贸易收益是一致的。在特定要素模型中各国之间的贸易同样基于比较优势,贸易开放同样给每个国家带来整体的贸易收益。特定要素模型进一步揭示了一个国家所获得的贸易收益是如何在不同生产要素所有者之间分配的。因此该模型为分析贸易政策的政治决定提供了基础。

4. 特定要素模型是一个短期静态模型。在这个模型中,每个国家所拥有的各种生产要素的数量是给定的。该模型假定某些生产要素特定于某些生产部门,这个假定只在短期才成立。在长期中生产要素能够在部门之间流动,因此特定要素模型在长期是不适用的。

> **进一步阅读**

本章在介绍特定要素模型时专注于收入分配问题。对特定要素模型中的产品市场均衡、贸易类型和贸易收益的讨论在本章中略去了,而在 Krugman 和 Obstfeld(2003)的本科教材中有较详细的介绍。特定要素模型的经典论文是 Samuelson(1971)和 Jones(1971)。对于短期的特定要素模型和下面两章所要讨论的长期的 HO 模型之间的联系,Mussa(1974)和 Neary(1978)作了深入的分析。对于特定要素模型在贸易政策的政治决定方面的理论应用请参见 Grossman 和 Helpman

（2002）。以上这些论文可供国际贸易专业的研究生作阅读参考。

参考文献

Grossman, Gene M. and Elhanan Helpman (2002), *Interest Groups and Trade Policy*, Princeton University Press.

Jones, Ronald W. (1971), "A Three Factor Model in Theory, Trade, and History," in Bhagwati, Jones, Mundell and Vanek (eds.), *Trade, Balance of Payments and Growth*, North-Holland, Amsterdam.

Krugman, Paul R. and Maurice Obstfeld (2003), *International Economics: Theory and Policy*, 6th edition, Pearson Education. （中译本）海闻等译,《国际经济学:理论与政策》(第六版),中国人民大学出版社2006年版。

Mussa, Michael (1974), "Tariffs and the Distribution of Income: The Importance of Factor Specificity, Substitutability, and Intensity in the Short and Long Run," *Journal of Political Economy*, 82, 1191—1203.

Neary, J. Peter (1978), "Short-Run Capital Specificity and the Pure Theory of International Trade," *Economic Journal*, 88, 488—510.

Samuelson, Paul A. (1971), "Ohlin Was Right," *Swedish Journal of Economics*, 73, 365—384.

练习与思考

一、概念题

1. 特定要素和流动要素
2. 生产函数
3. 边际产出和边际收益
4. 边际产出递减律
5. 名义收入和实际收入

二、判断题

1. 李嘉图模型和特定要素模型都表明贸易开放使所有国家都获利。

2. 特定要素模型表明贸易会影响收入分配,使特定要素受损,流动要素获益。

3. 特定要素模型假设某一类生产要素只能投入到特定生产部门,是永久性不能流动的。

4. 特定要素模型中各国的比较优势是基于它们在两种商品生产时各自所用的特定要素在生产率上存在的差异。

5. 对于流动要素而言,参加贸易后以实物衡量的实际收入是增加的。

三、选择题

1. 在特定要素模型中,生产要素在行业间的配置如下:

A. 封闭经济时,所有要素都会流向边际收益高的部门

B. 封闭经济时,流动要素会实现部门间要素价格均等化

C. 开放经济时,进口部门的特定要素会流向出口部门

D. 开放经济时,出口部门的流动要素会流向进口部门

2. 特定要素模型假定

A. 特定要素在短期内不能在行业间流动

B. 发生贸易以后特定要素可以在行业间流动

C. 发生贸易以后流动要素可以在国际间流动

D. 特定要素在长期可以在国际间流动

3. 在什么情况下某种生产要素会变成特定的?

A. 当一个国家某个生产部门失去比较优势时

B. 在短期内某种生产要素缺乏流动性时

C. 在资本密集型的产业

D. 在劳动密集型的产业

四、简答题

1. 特定要素模型弥补了李嘉图模型的哪些不足?

2. 为什么说特定要素模型是一个短期静态模型?

3. 在封闭经济均衡中,为什么流动要素的边际收益必须相等?

4. 画图解释封闭经济均衡时国内总产出在三种生产要素之间的

分配。

5. 在特定要素模型中贸易开放会如何影响生产要素所有者的实际收入?

五、综合题

1. 假设本国有两个生产部门,生产食物的部门 F 以土地为特定要素,生产服装的部门 C 以劳动力为特定要素,两个部门都需要资本投入,并且资本能在部门间流动。

(a) 请画图描述封闭经济均衡。

(b) 说明封闭经济下本国的总产出是如何在要素所有者之间分配的。

2. 在第 1 题条件下,本国突然颁布了一项鼓励农业的政策,使得食物价格一下子上升了 10%。

(a) 请画出这种情况下食物和服装生产部门的资本要素边际收益曲线的变化。

(b) 这项政策对资本的部门间分配和资本边际收益有什么影响?

(c) 两个部门的产出会如何变化?

(d) 分析当商品相对价格发生变化时,各种要素所有者的实际收入将如何变化。

3. 本国情况如上题所述。现在考虑另一国家(外国),它在生产和消费各方面与本国相同,但是它的劳动力更为丰裕,从而相对于本国拥有生产服装的比较优势(即服装价格相对较低)。当允许本国与外国发生贸易时,

(a) 两国国内的两种商品价格会如何变化?贸易类型会是怎样?

(b) 画出本国在贸易开放后的国内均衡。

(c) 分析本国在贸易开放后各种生产要素所有者收入的变化。

附录 2.1
特定要素模型的代数推导

在这个附录中我们求解一个特定要素模型的例子。

中国的封闭经济均衡

假定中国服装工人的人数为 $L_X = 625$,饮料工人的人数为 $L_Y = 375$,中国的资本总量为 $K = 100$。假定服装生产函数为 $X = K_X^{\frac{1}{4}} L_X^{\frac{3}{4}}$,饮料生产函数为 $Y = K_Y^{\frac{3}{4}} L_Y^{\frac{1}{4}}$。将 $L_X = 625$ 和 $L_Y = 375$ 代入,我们得到 $X = 125 K_X^{\frac{1}{4}}$,$Y = 4.4 K_Y^{\frac{3}{4}}$。对生产函数求导得到资本的边际产出:$MPK_X = 31.25 K_X^{-\frac{3}{4}}$,$MPK_Y = 3.3 K_Y^{-\frac{1}{4}}$。①

假定封闭均衡时价格为 $P_X = 0.4$,$P_Y = 1$(引入效用函数后我们可以从商品市场的供求均衡式中解出商品价格,这里略去求解过程)。在均衡时资本边际收益在两个生产部门相等,$12.5 K_X^{-\frac{3}{4}} = 3.3 K_Y^{-\frac{1}{4}}$。从这个等式和 $K_X + K_Y = 100$ 可解出 $K_X = 25$,$K_Y = 75$。由此可求得其他变量的均衡值:服装产量 $X = 280$,饮料产量 $Y = 112$,资本收益率 $r = 1.12$,资本总收入 $rK = 112$,服装工人工资总收入 $w_X L_X = P_X X - r K_X = 84$,服装工人工资水平 $w_X = 0.13$,饮料工人工资总收入 $w_Y L_Y = P_Y Y - r K_Y = 28$,饮料工人工资水平 $w_Y = 0.07$,国民总收入 $= 224$。

中国的贸易均衡

假定中国在贸易开放后的均衡价格为 $P_X = 0.8$,$P_Y = 1$(饮料为度量衡)。从资本边际收益相等这个关系式得到 $25 K_X^{-\frac{3}{4}} = 3.3 K_Y^{-\frac{1}{4}}$。从这个等式和 $K_X + K_Y = 100$ 可解出 $K_X = 53.5$,$K_Y = 46.5$。由此可求得其他变量的均衡值:服装产量 $X = 338$,饮料产量 $Y = 78$,资本收益率 $r = 1.26$,资本总收入 $rK = 126$,服装工人工资总收入 $w_X L_X = P_X X - r K_X = 203$,服装工人工资水平 $w_X = 0.32$,饮料工人工资总收入 $w_Y L_Y = P_Y Y - r K_Y = 19.4$,饮料工人工资水平 $w_Y = 0.05$,国民总收入 $= 348$。和封闭经济相比,贸易开放后国民总收入上升了 124,这就是中国获得的贸易收益。

---

① 正文中表 2.1 和表 2.2 中的数据是从这些代数式中计算而得。

第3章
赫克歇尔-欧林模型（上）

前面两章我们学习了李嘉图模型和特定要素模型。李嘉图模型讨论的是基于劳动生产率国际差异的比较优势所引发的国际贸易。由于李嘉图模型中只有劳动力一个生产要素，因而它不能回答国际贸易如何影响收入分配这个世界贸易关系中的核心问题。特定要素模型引进了特定于出口部门和进口部门的生产要素，从而将特定要素的收入和国际贸易联系了起来，弥补了李嘉图模型不能解释国际贸易收入分配效应的缺陷。由于贸易开放提高了对一个国家出口商品的需求，同时降低了对这个国家生产的进口替代品的需求，因而使该国出口部门特定要素的收入得以提高，而使该国进口部门特定要素的收入下降。这个结论有助于我们理解现实世界中国际贸易对国内收入分配的影响。

特定要素模型关于生产要素特定于某个生产部门的假设在短期

内是有效的。但是任何生产要素在长期内总是可以在不同生产部门之间流动的,忽略这种流动性是特定要素模型的不足之处。本章我们讨论的赫克歇尔-欧林模型假定生产要素在不同生产部门之间可以自由流动。赫克歇尔-欧林模型是由瑞典经济学家赫克歇尔(Eli Heckscher)和欧林(Bertil Ohlin)建立起来的(参见专栏3.1)。从它诞生以来,赫克歇尔-欧林模型一直是国际贸易学中最主流的一个理论模型。虽然在20世纪80年代以后由于新国际贸易学的兴起,赫克歇尔-欧林模型的地位受到了一定的挑战,但时至今日它仍然是研究国际贸易现象的最有效的工具之一。由于赫克歇尔-欧林模型的内容较多,我们分两章来作讨论。

3.1 赫克歇尔-欧林模型的框架

为方便起见,我们在下文称赫克歇尔-欧林模型为HO模型。简单的HO模型假设2个国家,2种商品和2种生产要素,被称为2×2×2结构。沿用前面两章的例子,假定模型中的两个国家为中国和美国,两种商品为服装和饮料。回想一下在特定要素模型中有三种生产要素:服装工人、饮料工人和资本。因为特定要素模型关注的是短期,所以假设服装工人只能在服装业工作,饮料工人只能在饮料业工作。但在长期中,服装业的工人可以流动到饮料业,而饮料业的工人也可以流动到服装业。不同于特定要素模型,HO模型关注的是长期。在HO模型中,我们假定劳动力和资本两种生产要素。无论是劳动力还是资本都可以在不同生产部门之间自由流动,因而不存在什么特定要素。

▪▪▪ 行业的要素密度

尽管服装业和饮料业都使用劳动力和资本作为生产要素,但是它们对这两种生产要素的使用密度是不一样的。用 K_X 和 L_X 分别代表服装业使用的资本和劳动量,K_Y 和 L_Y 分别代表饮料业使用的资本和劳动量。我们对于这两个行业的生产要素使用密度做出如下的假定:

【假定1】 在所有相关的要素价格水平下,

$$\frac{K_X}{L_X} < \frac{K_Y}{L_Y}$$

根据假定1,服装的资本劳动比率低于饮料的资本劳动比率,所以我们称服装为劳动密集型产品,饮料为资本密集型产品。值得注意的是,假定1设有很强的前提条件,即$(K_X/L_X) < (K_Y/L_Y)$必须在所有相关的要素价格水平下成立。生产要素密度的选择是企业根据生产要素的价格来决定的。例如当劳动力相对便宜时,企业会选择用劳动来代替资本;反之亦然。图3.1的横轴表示工资(w)和资本收益率(r)的比率。随着(w/r)的上升,劳动力变得昂贵,所以无论是服装行业还是饮料行业都会采用节约劳动的生产方法,表现为(K_X/L_X)和(K_Y/L_Y)随着(w/r)的上升而提高,即(K_X/L_X)和(K_Y/L_Y)这两条线的斜率为正。图3.1中(K_X/L_X)和(K_Y/L_Y)这两条线在N点相交。当(w/r)的值落在N点的左边时,$(K_X/L_X) < (K_Y/L_Y)$,表明服装是劳动密集型产品而饮料是资本密集型产品;当(w/r)的值落在N点的右边时,$(K_X/L_X) >$

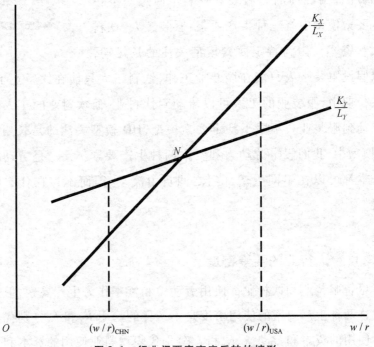

图3.1 行业间要素密度反转的情形

(K_Y/L_Y),表明服装是资本密集型产品而饮料是劳动密集型产品。这种情况被称为"要素密度反转"。用 CHN 代表中国,USA 代表美国,图 3.1 显示了以下这种可能性:在劳动力相对便宜的中国,服装是劳动密集型产品而饮料是资本密集型产品;而在劳动力相对昂贵的美国,服装是资本密集型产品而饮料是劳动密集型产品。

假定 1 排除了要素密度反转这种可能性。根据假定 1,在所有相关的要素价格范围内,即图 3.2 中的 (w_0/r_0) 和 (w_1/r_1) 之间,饮料的资本密集度总是高于服装的资本密集度,不存在要素密度反转的可能性。

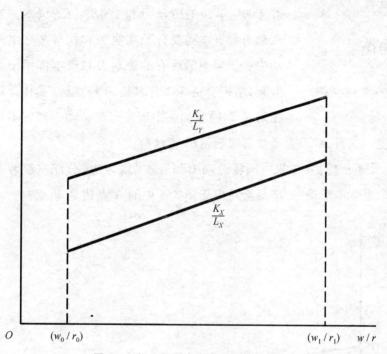

图 3.2 行业间要素密度不反转的假定

国家的要素丰裕度

假定 1 界定了两种商品之间生产要素密度的高低。HO 模型对于模型中两个国家的生产要素禀赋的丰裕程度也作了界定。用 CHN 代表中国,USA 代表美国,我们引入下面的假定:

【假定 2】 $\dfrac{K_{CHN}}{L_{CHN}} < \dfrac{K_{USA}}{L_{USA}}$

根据假定 2,中国是劳动力丰裕国,美国是资本丰裕国。请注意关于一个国家生产要素禀赋丰裕程度的定义是建立在相对丰裕程度之上的,而不是建立在绝对丰裕程度之上的。即使中国的资本绝对数量超过美国,但只要中国的人均资本低于美国,中国仍然是劳动力丰裕国而不是资本丰裕国。

3.2 封闭经济均衡

在讨论国际贸易之前,我们先来了解中国和美国的经济在封闭状态下会如何运行。假定中国有 1 000 单位的劳动力和 100 单位的资本。这些劳动力和资本需要分配在服装和饮料两个生产活动中。如果中国所有的劳动力和资本都用于生产服装,结果会是 562 套服装,0 箱饮料(具体计算参见附录 3.1)。如果中国所有的劳动力和资本都用于生产饮料,结果会是 0 套服装,178 箱饮料。

【想一想】 如果中国将劳动力和资本"均匀地"分配在服装和饮料两个生产活动中,产量会对应于图 3.3 中的 N 点还是 M 点?

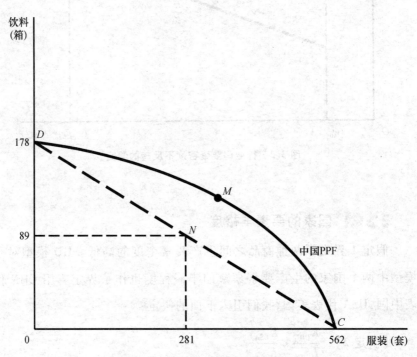

图 3.3 中国的生产可能性边界

■■■ 生产可能性边界

回想一下李嘉图模型。在李嘉图模型中,如果一半劳动力用于生产服装而另一半劳动力用于生产饮料,那么产量会对应于图 3.3 中的 N 点。在 HO 模型中,如果中国将 1 000 单位的劳动力和 100 单位的资本简单地对半分,一半劳动力和资本用于生产服装,另一半劳动力和资本用于生产饮料,那么服装和饮料的产量也会对应于图 3.3 中的 N 点。问题是,对于生产 281 套服装和 89 箱饮料,是不是一定需要投入 1 000 单位的劳动力和 100 单位的资本呢?

回答是否定的。当生产中使用两种要素时,它们之间可以有不同的搭配方式。例如 281 套服装可以用 500 单位的劳动力和 50 单位的资本生产出来,也可以用 593 单位的劳动力和 30 单位的资本生产出来。89 箱饮料可以用 500 单位的劳动力和 50 单位的资本生产出来,也可以用 400 单位的劳动力和 54 单位的资本生产出来(这些数据可以根据附录 3.1 的生产函数计算出来)。从这两组数据中可以知道,将 1 000 单位的劳动力和 100 单位的资本简单地对半分来生产 281 套服装和 89 箱饮料的做法是没有效率的,因为只要投入 593 + 400 = 993 单位的劳动力和 30 + 54 = 84 单位的资本就可以生产出 281 套服装和 89 箱饮料。后一种方法之所以更有效率,是因为它考虑了服装是劳动密集型产品,而饮料是资本密集型产品,因此在这两个生产活动中要素投入的边际收益会是不同的。通过对劳动和资本投入比例的选择,一个国家的要素资源可以得到最有效率的利用,其结果将是图 3.3 中的 M 点。同样推理,对于服装和饮料的其他产量组合,有效率的生产结果必然优于图 3.3 中 CD 这条直线上相应的各点。将所有有效率的生产点连接起来,就得到图 3.3 中 DMC 这条外凸的曲线。这条曲线表示中国在给定生产要素资源情况下可能获得的最大产量组合,因而称为中国的生产可能性边界(PPF)。同样我们可以画出美国的生产可能性边界,如图 3.4 所示。

【想一想】 为什么美国的生产可能性边界偏向饮料,而中国的生产可能性边界偏向服装?

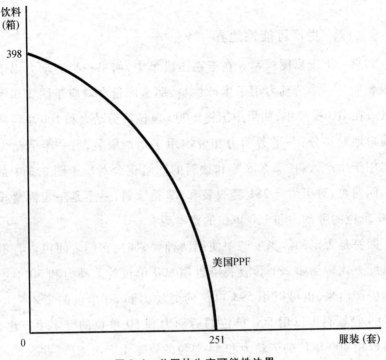

图 3.4　美国的生产可能性边界

封闭经济均衡

在自给自足的封闭经济中,消费量等于生产量。像在李嘉图模型中一样,我们用无差异曲线来表示消费者的偏好。在图 3.5 中,中国消费者的无差异曲线和中国的生产可能性边界相切在 A_{CHN} 点。这点就是中国的封闭经济均衡点。

同样道理,美国的封闭经济均衡点位于美国消费者的无差异曲线和美国的生产可能性边界的切点上,如图 3.6 中的 A_{USA} 点所示。

图 3.5 和图 3.6 不是随便画的。根据假定 2,中国是劳动力丰裕国,美国是资本丰裕国。根据假定 1,服装是劳动密集型产品,饮料是资本密集型产品。在这两个假定的条件下,中国的生产可能性边界会较美国的生产可能性边界扁平,中国的生产可能性边界会偏向服装,美国的生产可能性边界会偏向饮料。为了更好地比较中美两个国家的封闭经济均衡,我们将图 3.5 和图 3.6 叠加起来得到图 3.7。

图 3.7 显示在封闭经济均衡中,中国生产和消费 320 套服装和 101

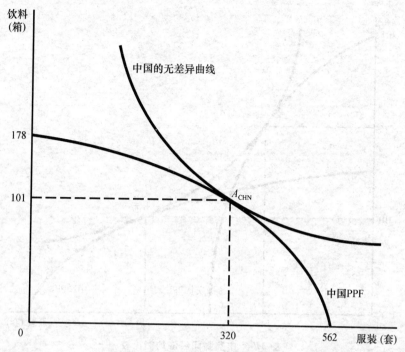

图 3.5 中国的封闭经济均衡

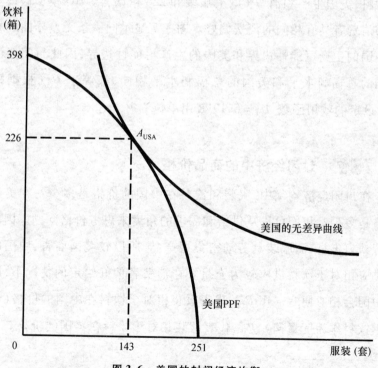

图 3.6 美国的封闭经济均衡

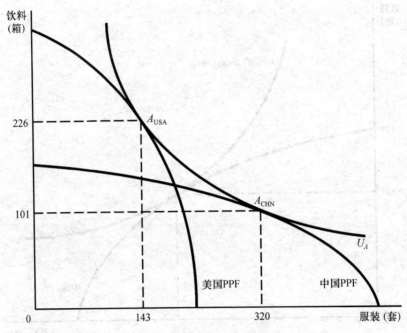

图 3.7 中美封闭经济均衡比较

箱饮料,美国生产和消费 143 套服装和 226 箱饮料。HO 模型假设全世界的消费者具有相同的消费偏好。图 3.7 显示同一条无差异曲线相切于中国的生产可能性边界和美国的生产可能性边界,因此封闭经济下中国的总福利水平和美国的总福利水平相同,都等于 U_A(根据附录 3.1 设定的效用函数,$U_A=5.19$ 效用单位)。①

▰▰▰ 封闭经济中的商品价格

在封闭经济均衡中,服装和饮料在中国的价格是多少?在美国的价格是多少?我们可以从供给和需求的角度来思考价格问题。因为中国劳动力丰裕,而服装是劳动密集型产品,所以较美国而言,中国的服装供应相对于饮料供应较为充足。在消费者偏好给定的情况下,服装在中国会相对便宜。用 P_{CHN} 代表服装相对于饮料在中国的价格(也就是用饮料作为度量衡),P_{USA} 代表服装相对于饮料在美国的价格。上面

---

① 封闭经济下中国的总福利水平和美国的总福利水平相同这个结果属于特例,是由附录 3.1 中假定的函数形式所决定的。这个特例便于图示,并不影响 HO 模型的结论。

推理的结论是:$P_{CHN} < P_{USA}$。

这个结论可以在图形上得到印证。如果我们在图 3.7 中的均衡点 A_{CHN} 画一条对于中国 PPF 的切线,它的斜率的绝对值就是服装在中国的相对价格 P_{CHN}。如果我们在图 3.7 中的均衡点 A_{USA} 画一条对于美国 PPF 的切线,它的斜率的绝对值就是服装在美国的相对价格 P_{USA}。中国的那条切线比美国的那条切线平坦,表明 $P_{CHN} < P_{USA}$。

▉▉▉ 比较优势的来源

因为市场是完全竞争的,所以商品价格反映的就是平均成本。$P_{CHN} < P_{USA}$ 表明中国生产服装的相对成本低于美国,所以中国拥有服装生产的比较成本优势。$P_{CHN} < P_{USA}$ 可以写成 $\frac{1}{P_{CHN}} > \frac{1}{P_{USA}}$,表明美国生产饮料的相对成本低于中国,所以美国拥有饮料生产的比较成本优势。

中美两国的比较优势从何而来?在李嘉图模型中比较优势源于相对较高的劳动生产率。在李嘉图模型的例子中,中国尽管在服装和饮料生产上的劳动生产率都低于美国,但在服装生产上的劳动生产率相对较高,所以中国在服装业上拥有比较优势。李嘉图模型没有说明为什么中国和美国的劳动生产率不同,但一般可认为是由于生产技术能力的不同导致了劳动生产率不同。HO 模型的聚焦点是国家之间资源禀赋的不同。在自然科学中如果 A 和 B 都会影响 Z,那么可以设计一个实验方法分离出 A 对 Z 的影响和 B 对 Z 的影响。在国际贸易中技术能力不同(A)和资源禀赋不同(B)都会影响比较成本优势(Z)。要搞清资源禀赋不同对比较成本优势的影响,就需要分离掉技术能力不同所造成的影响。所以 HO 模型假定中国和美国之间在技术能力上没有任何差别,两国的服装生产函数都是 $X = F(K_X, L_X)$,饮料生产函数都是 $Y = G(K_Y, L_Y)$。在建立经济理论时做出这样的假设来达到聚焦于所研究的对象是完全必要和合理的。需要认识到的是,每个国际贸易模型反映的是现实中国际贸易现象的一个侧面,所以我们不能将从一个模型中获得的结果和现实世界简单地画上等号。

由于 HO 模型假设各国拥有完全相同的技术,因而比较优势的唯一来源是各国在生产要素资源禀赋上的不同。中国丰裕的劳动力资源是中国比较优势的来源；美国丰裕的资本资源是美国比较优势的来源。

3.3 自由贸易均衡

在 HO 模型中，中国和美国之间有没有开放贸易的动力呢？回答是肯定的。因为中国服装的价格相对便宜，美国消费者希望从中国进口服装。同样，因为美国饮料的价格相对便宜，中国消费者希望从美国进口饮料。如果中美之间的贸易是完全自由的，那么在均衡时中国和美国的商品价格应该相等。用 P 代表自由贸易条件下服装相对于饮料的价格。这个价格应该比封闭均衡时中国服装的相对价格 P_{CHN} 高，而比封闭均衡时美国服装的相对价格 P_{USA} 低。因为贸易开放后中国服装的相对价格上升了，所以中国的生产资源会从饮料业向服装业转移。同样，因为贸易开放后美国饮料的相对价格上升了，所以美国的生产资源会从服装业向饮料业转移。生产资源的转移到什么时候会停下来？新的均衡点在哪里呢？

图 3.8 描绘了自由贸易均衡。我们先画出中国和美国的生产可能性边界，并在曲线上标出中国的封闭经济均衡点 A_{CHN} 和美国的封闭经济均衡点 A_{USA}。当中美两国展开自由贸易时，商品价格在两国间均等化。图 3.8 中有一条同时相切于两条生产可能性边界的直线 MN，它的斜率的绝对值就是自由贸易条件下服装相对于饮料的价格 P。中美两国在这个自由贸易价格的引导下决定各自的生产组合。中国的生产点在 E_{CHN}，美国的生产点在 E_{USA}。和封闭均衡时的生产点（A_{CHN} 和 A_{USA}）相比，我们发现贸易开放使中国增加服装的生产、减少饮料的生产，同时使美国增加饮料的生产、减少服装的生产。还记得李嘉图模型中自由贸易对各国生产类型的影响吗？在李嘉图模型中，自由贸易使中国只生产服装，美国只生产饮料，我们称之为生产的完全专业化。在 HO 模型中，自由贸易虽然使中国减少饮料生产，但并不消灭中国的饮料产业（图 3.8 中的 E_{CHN} 点）；同样，自由贸易虽然使美国减少服装生

产,但并不消灭美国的服装产业(图 3.8 中的 E_{USA} 点)。我们称这种情况为生产的不完全专业化。为什么李嘉图模型和 HO 模型关于生产专业化的结论有这样的差别呢？因为李嘉图模型中只有劳动力一种生产要素且劳动力的边际产出是相等的。由于贸易开放提升了出口商品的价格,劳动力在出口行业的边际收益要大于进口行业,因此劳动力所有者会一边倒地选择去出口行业工作,导致生产的完全专业化。而在 HO 模型中有劳动力和资本两种生产要素,劳动力的边际产出会随着与之配合的资本量的变化而变化。由于贸易开放提升了出口商品的价格,劳动力和资本会从进口行业向出口行业转移。但由于边际产出递减律的作用,进口行业所剩下的越来越少的生产资源的边际产出会越来越高。只要进口商品的价格不是太低,自由贸易条件下一个国家的进口替代品行业是可以生存下来的。在这点上,HO 模型克服了李嘉图模型中自由贸易条件下生产只能完全专业化这个与现实相悖的结论。

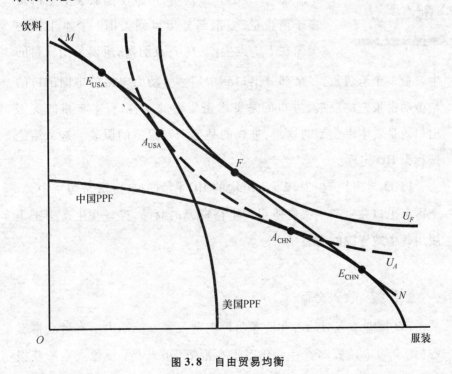

图 3.8 自由贸易均衡

回到图 3.8。在自由贸易条件下,中国生产 E_{CHN},但通过国际贸易可以消费 MN 线上的任意一点。哪一点呢？应该是使中国消费者总体效用水平达到最高的那一点。在图 3.8 中，和 MN 线相切的无差异曲线使中国消费者达到效用水平 U_F，而消费点是 F 点。因为 HO 模型假定全世界的消费者具有相同的消费偏好，所以中国和美国有着相同的无差异曲线群。自由贸易使两国拥有相同的消费可能性线 MN，所以两国在自由贸易下的均衡消费点都是 F。很明显，F 处在中美两国的生产可能性边界之外。无论是中国的消费者还是美国的消费者，在封闭经济条件下都不可能消费 F 这点。这表明，李嘉图模型中推导出的所有国家都从自由贸易中获益的结论，在 HO 模型中同样成立。

3.4 贸易类型和收入分配

贸易类型

HO 模型中两个国家的贸易类型有什么规律可循吗？图 3.8 告诉我们，劳动力丰裕的中国在 E_{CHN} 点生产，在 F 点消费，所以中国服装的生产量多于消费量，多余部分出口到美国。资本丰裕的美国在 E_{USA} 点生产，在 F 点消费，所以美国饮料的生产量多于消费量，多余部分出口到中国。劳动力丰裕的中国出口的是劳动密集型的服装，进口的是资本密集型的饮料；资本丰裕的美国出口的是资本密集型的饮料，进口的是劳动密集型的服装。这个结论被称为 HO 定理。

【HO 定理】 在 2×2×2 结构的 HO 模型的自由贸易均衡中，一个国家出口在生产中密集使用其丰裕资源的商品，进口在生产中密集使用其稀缺资源的商品。

收入分配

HO 模型中有劳动力和资本两种生产要素。劳动力所有者获得工资（用 w 表示），资本所有者获得资本报酬（用 r 表示单位资本所获报酬）。贸易开放如何影响劳动力和资本所有者之间的收入分配？这是一个非常重要的问题。美国经济学家斯图尔珀（Wolfgang Stolper）和萨缪尔森在1941年发表的一篇论文中回答了这个问题。他们的结论被称为斯图尔珀-萨缪尔森定理,简称SS定理。

【SS定理】 在$2\times2\times2$结构的HO模型中,贸易开放必定提高一个国家丰裕资源所有者的实际收入,同时必定降低一个国家稀缺资源所有者的实际收入。

SS定理是一个具有震撼力的结论。在国际贸易带给一个国家贸易收益的同时,SS定理告诉我们这个贸易收益不仅不会摊到这个国家每个人的头上,而且它的分配会非常不平均,以至于这个国家必定有一部分人在贸易开放后生活水平下降。SS定理明确无误地告诉我们谁会从贸易开放中得益,谁会因贸易开放而受损。中国的丰裕资源是劳动力,稀缺资源是资本。根据SS定理,在贸易开放后中国工人的实际工资会上升(也就是说中国工人的工资在贸易开放后能够买到更多的服装或饮料),而中国资本所有者的实际收入会下降。美国的情况刚好相反。美国的丰裕资源是资本,稀缺资源是劳动力。根据SS定理,贸易开放后美国工人的实际工资会下降,而美国资本所有者的实际收入会上升。

回想一下特定要素模型关于贸易开放对收入分配影响的结论。根据特定要素模型,贸易开放会使特定于中国出口行业的生产要素即服装工人的工资上升,使特定于中国进口行业的生产要素即饮料工人的工资下降,而对流动要素资本的收益有不确定的影响。在HO模型中,不存在特定的服装工人和饮料工人,因为在长期条件下工人可以在服装业和饮料业之间流动。SS定理清楚地表明,贸易开放对收入分配的影响和工人所在行业无关。无论是在服装业工作还是在饮料业工作,贸易开放都使中国的工人受益,而使美国的工人受损。同样,无论资本是投在服装业还是投在饮料业,贸易开放都使中国的资本所有者受损,而使美国的资本所有者受益。这个看似偏颇的结论在HO模型的假定之下是完全合乎逻辑的。至于这个结论是不是符合现实,那是实证问题,而不是理论逻辑问题。

现在让我们来阐述SS定理的理论逻辑。SS定理是关于实际收入的。什么是实际收入?就是名义收入可以购买到的实物量。如果名义

工资是 w，服装价格是 P_X，饮料价格是 P_Y，那么用服装衡量的实际工资等于 (w/P_X)，用饮料衡量的实际工资等于 (w/P_Y)。同理，如果名义资本收益率是 r，那么用服装衡量的实际资本收益率等于 (r/P_X)，用饮料衡量的实际资本收益率等于 (r/P_Y)。

市场均衡时工人在服装业获得的边际收入必然等于在饮料业获得的边际收入，否则就会有工人在这两个行业之间流动。用 MPL_X 代表服装业劳动的边际产出，MPL_Y 代表饮料业劳动的边际产出。劳动的边际收入就是劳动的边际产出的市场价值，而工人的工资就等于劳动的边际收入。上述关系可表示为 $w = P_X \cdot MPK_X = P_Y \cdot MPK_Y$。由此可见，用服装衡量的实际工资 (w/P_X) 等于服装业劳动的边际产出 MPL_X，而用饮料衡量的实际工资 (w/P_Y) 等于饮料业劳动的边际产出 MPL_Y。只要搞清楚贸易开放如何影响 MPL_X 和 MPL_Y，就可以推导出 SS 定理的结论了。

劳动的边际产出受什么因素影响？在技术既定的情况下，每个工人配备的资本（可理解为机器）越多，劳动的边际产出越高。用 k_X 代表服装业的资本劳动比率，也就是资本密集度。k_X 越高，MPL_X 越高。同理，k_Y 越高，MPL_Y 越高。所以，只要搞清楚贸易开放对 k_X 和 k_Y 的影响，就知道了贸易开放对 MPL_X 和 MPL_Y 的影响，从而可以推断出贸易开放对实际工资的影响（SS 定理）。

在我们的例子中，中国是劳动力丰裕的国家，美国是资本丰裕的国家。根据 HO 定理，自由贸易条件下中国出口劳动密集型的服装，美国出口资本密集型的饮料。贸易开放带来了美国消费者对中国服装的需求，因而服装在中国的价格 P_X 上升了，由此导致劳动力和资本从饮料业向服装业的流动。由于饮料业是资本密集型的，而服装业是劳动密集型的，要使服装业完全吸收饮料业流出的劳动力和资本，服装业的资本劳动比率 k_X 需要上升。这个结果是由劳动力市场上的工资的变化来实现的。因为服装业的扩张需要大量劳动力，而饮料业的缩小不能提供这么多的劳动力，所以劳动力价格（工资）必然上升。当劳动力价格相对于资本价格上升时，企业会选择资本替代劳动的生产工艺，这在服装业和饮料业都会发生，即 k_X 和 k_Y 都会上升。随着工人配备的资本上升,劳动的边际产出上升,即 MPL_x 和 MPL_y 上升。在完全竞争市场条件下,工人的实际工资就是劳动的边际产出,所以贸易开放后中国工人的实际工资会上升。

上述讨论揭示了 SS 定理背后的逻辑。贸易开放会使资源转移到一个国家的比较优势生产部门。如果这个国家的比较优势来源于丰裕的劳动力(如中国),那么贸易开放导致的资源重新配置会提高劳动力的边际产出率,从而使工人的实际工资得到提高。如果这个国家的比较优势来源于丰裕的资本(如美国),那么贸易开放导致的资源重新配置会提高资本的边际产出率,从而使资本的实际收益得到提高。资源的重新配置会使一个国家采用更密集使用稀缺资源的生产工艺,例如,中国会更密集地使用资本。这结论看似违背常理,其实是竞争市场的必然。因为贸易开放后中国扩张了劳动密集型部门,缩小了资本密集型部门,要使现有的资本(尽管是稀缺的)得到完全的利用,生产工艺必须更资本密集。由于边际产出递减律的作用,资本密集度的提高使资本的边际产出下降,从而中国资本的实际收益下降。在美国,贸易开放导致的资源重新配置使美国采用提高劳动密集度的生产工艺来吸收从服装业转移出来的劳动力,因此劳动的边际产出下降,从而美国工人的实际收入下降。

3.5 讨论和总结

本章讲述了 $2\times2\times2$ 结构的 HO 模型,又称标准的 HO 模型。HO 模型的着眼点是国家之间资源禀赋差异对国际贸易的影响。在 $2\times2\times2$ 结构的 HO 模型中,关于贸易类型的结论是 HO 定理,即在自由贸易条件下劳动丰裕国家出口劳动密集型产品,资本丰裕国家出口资本密集型产品。在这里比较优势落实到了资源成本的相对高低之上。和李嘉图模型一样,HO 模型也得出了贸易开放对所有国家都有益的结论。

HO 模型的一个重要结论是关于贸易开放对国内收入分配的影响,称为 SS 定理。这个定理表明贸易开放必然有赢家和输家,并且告诉我们谁会是赢家,谁会是输家。虽然前一章讨论的特定要素模型也推导出了关于收入分配的结论,但需要假设生产要素是特定在某个行业的;这个假设在短期是合适的,但在长期就变得不合适了。SS 定理的结论非常强,它告诉我们即使工人可以换工作,资本可以换行业,国际贸易也必然使某些人受损,这和整个国家从贸易中获益是不矛盾的。当国家从贸易中获益时,这个贸易收益并不是分摊给每个人。SS 定理告诉我们,贸易开放中赢家的获益在数量上会超过整个国家的贸易收益,因而在贸易开放后一部分人的实际生活水平必然下降,成为贸易开放的输家。同时 SS 定理告诉我们,贸易开放的赢家和输家和行业无关。在我们的例子中,无论美国工人在服装业工作还是在饮料业工作,根据 SS 定理他们都将成为贸易开放的输家。

理论是建立在假设之上的。HO 模型是建立在非常极端化的假设之上的。就像中文的"人"字极其抽象地反映了人的形象,HO 模型也是极其抽象地反映了国际贸易这个现象。当我们将 $2\times2\times2$ 结构的 HO 模型拓展为多个国家、多个产品和多种生产要素的 HO 模型后,关于贸易类型和收入分配的结论就不像 HO 定理和 SS 定理那么简单和清晰了。更何况 HO 模型还抽象掉了国家之间生产技术差异和消费偏好差异等重要方面。但就像"人"字告诉我们人类用两条腿直立行走从而给我们认识人类提供了一个有用的起点一样,HO 模型也为我们理解国际贸易现象提供了一个有用的起点。HO 模型能在多大程度上解释现实中的国际贸易现象是一个实证问题,会在第 6 章中论述。

专栏 3.1
赫克歇尔-欧林理论的诞生

伊莱·赫克歇尔(Eli Heckscher, 1879—1952)出生于瑞典斯德哥尔摩的一个犹太家庭。赫克歇尔的叔叔是当时瑞典著名的银行家,在经济和法律领域很有研究,还重建了斯德哥尔摩的股票交易所,所以其家族在当地十分有名。1897 年赫克歇尔进入乌普萨拉大学学习经济史并于1907年获得博士学位。毕业后他曾在斯德哥尔摩商学院教授政治经济学和统计学,并从事经济史的研究。无论是教学还是科研,赫克歇尔都投入饱满的热情,除了后来的赫克歇尔-欧林理论使其享有世界声誉外,他对重商主义和瑞典经济史也颇有研究。

伯蒂尔·欧林(Bertil Ohlin,1899—1979)出生于瑞典克里潘的一个富裕家庭。据说他从小就显现出经济学天赋,5岁时就会计算母亲所做蛋糕的成本。一次偶然的机会,欧林看到报纸上一篇关于从经济学视角分析世界大战的书评,而该书的作者正是赫克歇尔。于是欧林决定进入斯德哥尔摩商学院学习,师从赫克歇尔。1924年欧林获斯德哥尔摩大学经济学博士学位,毕业后先在哥本哈根大学任教,后来回到母校斯德哥尔摩大学。他不仅是瑞典著名的经济学家,也是著名的政治活动家,先后任瑞典国会议员和贸易部长等职。

瑞典拥有丰富的自然资源,特别是铁矿石、森林和水力,因此资源禀赋的作用为瑞典经济学家们所广泛关注。1919年,瑞典著名经济学家克努特·维克塞尔(Knut Wicksell)对赫克歇尔撰写的一本名为《瑞典生产问题》的书进行了评论,并对19世纪末大量瑞典人移民到北美的问题作了分析。维克塞尔指出:"假设铁矿石和木材的相对价格提高(相对于制成品),那么对矿主和地主们而言,出口这些产品就会变得有利可图,于是资源将主要被用于这些产品的生产,这时就需要对外移民或通过其他途径使人口减少。"正是受到维克塞尔的启发,赫克歇尔开始思考资源禀赋对国际贸易的影响,并在"对外贸易对收入分配的影响"一文中率先将生产要素禀赋的分析纳入国际贸易研究领域。该文从政策角度出发,阐述了国际贸易和关税对国内收入分配的影响。赫克歇尔认为,在各国生产技术相同的情况下,国家之间要素禀赋不同以及不同产品在生产过程中所使用的要素比例不一样是产生比较成本差异的前提。正是由于要素禀赋不同才造成了要素价格不同,从而带来商品价格的差异,这就是国际贸易发生的原因。他进一步指出,通过商品的贸易可以使各国要素的价格趋同,但如果各国进行专业化生产,那么这种趋同就不会发生。然而,当时赫克歇尔认为这些观点只是传统贸易理论与收入分配和要素价格理论的一种结合,他并没有意识到他的这些观点将会成为国际贸易理论的一个里程碑。

将赫克歇尔的理论思想发扬光大的正是他的学生欧林。由于1929年发生了世界历史上最严重的经济危机,贸易保护主义开始抬头。这对于国内市场狭小、对国外市场依赖很强的瑞典来说非常不利。在此背景下,欧林受赫克歇尔的启发并继承了他的思想,对国际贸易理论进行了深入的研究。欧林不仅对古典贸易理论中的要素不可跨国流动和劳动价值论进行了批判,而且运用瓦尔拉斯-卡塞尔的一般均衡理论对赫克歇尔的观点进行了系统的梳理。

古斯塔夫·卡塞尔(Gustav Cassel)是另一位对欧林影响很大的老师。卡塞尔和赫克歇尔虽然是同事,但两人对许多问题的看法对立,并经常抨击对方。作为他们共同的学生,欧林却与两位老师都保持了很好的关系,他从赫克歇尔那里学到了要素禀赋的思想,从卡塞尔那里学到了一般均衡分析的方法。当他试图将两位老师的观点进行融合时,却遭到了他们的共同反对。但欧林坚持了自己的研究并于1933年出版了《地区间贸易和国际贸易》。该书在一般均衡的框架下对要素禀赋理论进行了完整的论述,从完全竞争条件下的市场机制出发,分析了贸易产生的原因和贸易对要素价格及收入分配的影响。欧林在书中较赫克歇尔更明确地阐述了要素价格、要素所有者收入、商品需求和商品价格之间的关系,还放宽了关于要素国际流动性的假设,讨论了要素跨国流动特别是资本跨国流动对国际贸易的影响。欧林当时已经认识到如果要素在国家之间自由流动,那么各国要素价格将会趋同,这样要素流动就会代替商品流动,国际贸易将不会发生。同时欧林认为要素价格趋同只是一种趋势,并不会实际发生,因为运输费用、关税、规模经济和地理位置等因素会阻碍要素和商品的自由流动。欧林的这些重要观点富有启发性,在国际贸易学日后的发展中得到了论证和完善。

欧林对于其老师赫克歇尔关于资源禀赋和国际贸易关系的思想

作了系统的论述,特别是创造性地将一般均衡分析应用到了国际贸易理论的建设,并且讨论了国际资本流动对国际贸易的影响。鉴于欧林在国际贸易和国际资本流动理论方面所做出的开创性的贡献,他和詹姆斯·米德(James Meade)一起荣获了1977年的诺贝尔经济学奖。遗憾的是由于当时赫克歇尔已经过世,所以未能同获该奖项。

本章提要

1. 赫克歇尔-欧林模型的标准形式具有 $2 \times 2 \times 2$ 的结构,即2个国家、2种商品和2种生产要素。在这个模型中,两个国家拥有不同的资源禀赋丰裕度,两种商品具有不同的生产要素密集度。生产要素可以在不同生产部门之间自由流动。

2. 赫克歇尔-欧林模型关于贸易类型的结论被称为 HO 定理。该定理可表述为:在 $2 \times 2 \times 2$ 结构的 HO 模型的自由贸易均衡中,一个国家出口在生产中密集使用其丰裕资源的商品,进口在生产中密集使用其稀缺资源的商品。

3. 和李嘉图模型一样,赫克歇尔-欧林模型中,每个国家都会从贸易开放中获益。和李嘉图模型不同的是,一个国家所获得的贸易收益不会分摊到每个人头上。贸易开放必然使一部分人获益,另一部分人受损。

4. 赫克歇尔-欧林模型关于贸易开放对国内收入分配的作用的结论称为斯图尔珀-萨缪尔森定理(SS 定理)。该定理可表述为:在 $2 \times 2 \times 2$ 结构的 HO 模型中,贸易开放必定提高一个国家丰裕资源所有者的实际收入,同时必定降低一个国家稀缺资源所有者的实际收入。

5. 和特定要素模型不同,在赫克歇尔-欧林模型中,所有生产要素都能在不同生产部门之间自由流动。赫克歇尔-欧林模型是一个长期的静态模型。

进一步阅读

Findlay(1995)对赫克歇尔-欧林模型作了精准的阐述,这本书是他的欧林讲座演讲稿的结集。对赫克歇尔-欧林模型的数学推导请参阅 Jones(1965)。Ohlin(1933)包含了赫克歇尔-欧林模型的最早的理论思想,至今仍是一本富有启发的好书。

Samuelson(1948,1949)是关于赫克歇尔-欧林模型的经典论文。在斯图尔珀-萨缪尔森定理诞生五十周年之际出版了由 Deardorff 和 Stern(1994)主编的纪念文集,其中不但包括了 Stolper 和 Samuelson(1941)发表的原文以及其他相关的经典论文,而且包括了从巴格瓦蒂到克鲁格曼等国际贸易学大师对该定理的反思,非常值得一读。

参考文献

Deardorff, Alan and Robert M. Stern (1994), *The Stolper-Samuelson Theorem: A Golden Jubilee*, University of Michigan Press.

Findlay, Ronald (1995), *Factor Proportions, Trade, and Growth* (Ohlin Lectures), The MIT Press.

Jones, Ronald W. (1965), "The Structure of Simple General Equilibrium Models," *Journal of Political Economy*, 73, 557—572.

Ohlin, Bertil (1933), *Interregional and International Trade*, Harvard University Press.

Samuelson, Paul A. (1948), "International Trade and the Equalisation of Factor Prices," *Economic Journal*, 58, 163—184.

Samuelson, Paul A. (1949), "International Factor Price Equalisation Once Again," *Economic Journal*, 59, 181—196.

Stolper, Wolfgang F. and Paul A. Samuelson (1941), "Protection and Real Wages," *Review of Economic Studies*, 9, 58—73.

练习与思考

一、概念题

1. 国家的要素禀赋丰裕度
2. 行业的要素密集度
3. 行业间要素密度反转
4. 生产的不完全专业化
5. 赫克歇尔-欧林定理
6. 斯图尔珀-萨缪尔森定理

二、判断题

1. 在 HO 模型中，生产要素可以在不同部门间自由流动，并且生产要素最终在各个生产部门的使用密度会是相等的。

2. 一个国家的生产要素禀赋丰裕程度取决于这个国家的生产要素存量，所以一般而言大国通常是生产要素相对丰裕的国家。

3. 在 HO 模型中，各国的技术能力被假定为完全相同，比较优势完全来源于各国在资源禀赋上的差异。

4. 在 HO 模型的自由贸易均衡中，参与贸易的两个国家会实现完全专业化生产。

5. 根据 SS 定理，贸易开放会提高出口部门的丰裕要素所有者的实际收入，而降低进口部门的稀缺要素所有者的实际收入。

三、选择题

1. 以下哪个说法是错误的？

A. 李嘉图模型中国际贸易的产生是基于劳动生产率的国际差异

B. 特定要素模型假定了特定要素不能在部门间流动

C. HO 模型中国际贸易的产生是基于要素禀赋的国际差异

D. 李嘉图模型、特定要素模型和 HO 模型都解释了国际贸易造成的收入分配问题

2. HO 模型的基本假定不包括

A. 生产要素可以在部门间自由流动

B. 两个部门对两种要素的使用密度是不一样的

C. 两个国家的要素丰裕程度是不一样的

D. 两个国家的消费偏好是不一样的

3. 在 HO 模型中，

A. 生产可能性边界与李嘉图模型是相同的，都是直线

B. 存在两种生产要素并且分别是两个生产部门的特定要素

C. 拥有相对丰裕的劳动力的国家在劳动密集型产品上具有比较优势

D. 一国的比较优势取决于劳动生产率和资本丰裕度

4. 以下哪个说法是错误的？

A. 李嘉图模型中的贸易收益在国内的分配不均等

B. 特定要素模型和 HO 模型都表明国际贸易会使贸易双方获益

C. 特定要素模型说明国际贸易会影响特定要素所有者之间的收入分配

D. HO 模型说明国际贸易会影响不同要素所有者之间的收入分配

5. 在 HO 模型中，如果一个劳动力丰裕的国家与一个资本丰裕的国家进行自由贸易，

A. 两国生产部门中的资本劳动比率都会提高

B. 两国的工资相对于资本收益率都会下降

C. 劳动力丰裕国家的工资会提高，资本丰裕国家工资会下降

D. 劳动力丰裕国家的劳动密集型部门的工资会提高，资本密集型部门的工资会下降

四、简答题

1. 为什么 HO 模型中的生产可能性边界是外凸的？

2. 简述 HO 模型和李嘉图模型的联系与区别。

3. 简述 HO 模型和特定要素模型的联系与区别。

4. 在自由贸易均衡中，为什么李嘉图模型的结果是完全专业化生产，而 HO 模型的结果是不完全专业化？

5. 简要说明在 HO 模型的框架下，贸易开放对于实际工资的

影响。

6. 贸易开放以后,为什么劳动丰裕国的两个生产部门的资本劳动比率都提高了?

五、综合题

1. 假设一国拥有的资源总量为80单位的劳动力和100单位的资本,用以生产汽车和粮食两种产品。生产1单位汽车需要投入1单位劳动和2单位资本,生产1单位粮食需要投入4单位劳动和1单位资本。

(a) 两种产品密集使用的要素分别是什么?

(b) 如果这个国家的资源平均分配到两个生产部门,那么最终产出会是怎样?

(c) 该国是否可能生产出30单位汽车和12单位粮食,为什么?

2. 假设日本和澳大利亚都能生产电器和羊毛,并且两种产品都需要劳动和土地的投入;电器是劳动密集型产品,羊毛是土地密集型产品。澳大利亚相对于日本拥有更丰裕的土地资源。两国的消费偏好是相同的。

(a) 请在同一张图上画出两个国家的生产可能性边界和无差异曲线。

(b) 在封闭经济下,画出两国国内两种商品的相对价格线并说明哪一个较高,为什么?

(c) 如果两国开展自由贸易,在图上画出国际市场上两种商品的相对价格,并说明两国的生产和贸易类型。

3. 在上题给定的条件下,

(a) 自由贸易如何影响日本国内的要素所有者的实际收入?

(b) 自由贸易后,澳大利亚国内的资源从电器生产部门流向了羊毛生产部门。此时两个部门的土地劳动比率会如何变化?为什么会有这种变化?

(c) 澳大利亚国内资源的重新配置对于土地的边际产出有什么影响,为什么?边际产出的变化对要素所有者的实际收入有何影响?

附录 3.1
赫克歇尔-欧林模型的代数推导

在这个附录中我们求解一个 $2 \times 2 \times 2$ 结构的 HO 模型。假定服装的生产函数为 $X = K_X^{\frac{1}{4}} L_X^{\frac{3}{4}}$,饮料的生产函数为 $Y = K_Y^{\frac{3}{4}} L_Y^{\frac{1}{4}}$。这两个生产函数都是柯布-道格拉斯形式。在柯布-道格拉斯生产函数中,生产要素变量的指数等于该生产要素的收入份额,也反映出该要素在生产中的使用密度(这些结论在这里就不证明了)。以上两个生产函数式假设了服装为劳动密集型产品,饮料为资本密集型产品。HO 模型假定各国拥有相同的生产技术,所以上面两个生产函数式对于中国和美国是一样的。假定中国的劳动力总量为 $L = 1\,000$,资本总量为 $K = 100$。美国的劳动力总量为 $L^* = 200$,资本总量为 $K^* = 500$。根据这些数字,$K/L < K^*/L^*$,所以中国是劳动力丰裕国,美国是资本丰裕国。

中国的封闭经济均衡

对两个生产函数求偏导,我们获得劳动和资本边际产出的表示式:

$$\mathrm{MPK}_X = \frac{1}{4} K_X^{-\frac{3}{4}} L_X^{\frac{3}{4}} = \frac{1}{4} k_X^{-\frac{3}{4}}, \quad \mathrm{MPL}_X = \frac{3}{4} K_X^{\frac{1}{4}} L_X^{-\frac{1}{4}} = \frac{3}{4} k_X^{\frac{1}{4}}$$

$$\mathrm{MPK}_Y = \frac{3}{4} K_Y^{-\frac{1}{4}} L_Y^{\frac{1}{4}} = \frac{3}{4} k_Y^{-\frac{1}{4}}, \quad \mathrm{MPL}_Y = \frac{1}{4} K_Y^{\frac{3}{4}} L_Y^{-\frac{3}{4}} = \frac{1}{4} k_Y^{\frac{3}{4}}$$

用饮料作为度量衡,设饮料的价格等于 1。用 P 代表服装的价格,w 代表工资,r 代表资本收益率。在市场均衡时,$r = P \cdot \mathrm{MPK}_X = \mathrm{MPK}_Y$,$w = P \cdot \mathrm{MPL}_X = \mathrm{MPL}_Y$。替代后获得:

$$\frac{1}{4} k_X^{-\frac{3}{4}} P = \frac{3}{4} k_Y^{-\frac{1}{4}} \Longrightarrow P k_X^{-\frac{3}{4}} = 3 k_Y^{-\frac{1}{4}} \quad (\mathrm{A3.1})$$

$$\frac{3}{4} k_X^{\frac{1}{4}} P = \frac{1}{4} k_Y^{\frac{3}{4}} \Longrightarrow 3 P k_X^{\frac{1}{4}} = k_Y^{\frac{3}{4}} \quad (\mathrm{A3.2})$$

HO 模型假定充分就业,所以 $K_X + K_Y = K = 100$,$L_X + L_Y = L = 1\,000$。引入符号 $u = L_X/L$,这两个充分就业等式可合并写成

$$u k_X + (1-u) k_Y = \frac{1}{10} \quad (\mathrm{A3.3})$$

将式(A3.1)和式(A3.2)相除可得 $k_Y = 9 k_X$。代入式(A3.3)可

解出

$$k_X = \frac{1}{90-80u}, \quad k_Y = \frac{9}{90-80u} \quad (A3.4)$$

上式中的 u 反映出劳动力资源在两个生产部门的配置。可以看出，当服装业扩张时（即 u 上升），两个生产部门的资本密集度 k_X 和 k_Y 都会相应上升。

如何解出 u 呢？我们需要引入消费者需求。在均衡时生产部门的资源配置必须和消费者的需求相吻合。假定消费者的效用函数为 $U = \frac{1}{2}\ln C_X + \frac{1}{2}\ln C_Y$。这个效用函数意味着消费者花一半收入在服装上，另一半在饮料上。所以 $PC_X = C_Y$。在封闭经济均衡时 $C_X = X, C_Y = Y$。由此可得 $PX = Y$。因为 $X = K_X^{\frac{1}{4}}L_X^{\frac{3}{4}} = L_X k_X^{\frac{1}{4}}, Y = K_Y^{\frac{3}{4}}L_Y^{\frac{1}{4}} = L_Y k_Y^{\frac{3}{4}}$，所以 $PX = Y$ 可写成

$$PL_X k_X^{\frac{1}{4}} = L_Y k_Y^{\frac{3}{4}} \Rightarrow Puk_X^{\frac{1}{4}} = (1-u)k_Y^{\frac{3}{4}} \quad (A3.5)$$

从式（A3.1）得到 $P = 3k_X^{\frac{3}{4}}k_Y^{-\frac{1}{4}}$ 代入式（A3.5），我们得到：

$$3uk_X = (1-u)k_Y \quad (A3.6)$$

将式（A3.4）中的 k_X 和 k_Y 代入式（A3.6）可解得 $u = \frac{3}{4}$。代回式（A3.4）中解得 $k_X = \frac{1}{30}, k_Y = \frac{3}{10}$。由此我们可以解出：$L_X = 750, L_Y = 250, K_X = 25, K_Y = 75, P = 0.32, w = 0.10, r = 1.01, X = 320, Y = 101$，国民福利水平为 $U = 5.19$。同样我们可以解出美国在封闭经济均衡时的产量为 $X^* = 143, Y^* = 226$，国民福利水平为 $U^* = 5.19$。

自由贸易均衡

HO 模型的自由贸易均衡等同于全球一体化经济的状况。全球劳动力数量为 1 200，资本数量为 600。劳动力和资本的充分利用意味着

$$uk_X + (1-u)k_Y = \frac{1}{2} \quad (A3.7)$$

将式（A3.1）和式（A3.2）相除可得 $k_Y = 9k_X$。代入式（A3.7）可解出

$$k_X = \frac{1}{18-16u}, \quad k_Y = \frac{9}{18-16u} \quad (A3.8)$$

将式(A3.8)中的 k_X 和 k_Y 代入式(A3.6)可解得 $u = \dfrac{3}{4}$。代回式(A3.8)中解得 $k_X = \dfrac{1}{6}, k_Y = \dfrac{3}{2}$。由此我们可以解出：$L_X = 750, L_Y = 250$，$K_X = 125, K_Y = 375, P = 0.866, w = 0.339, r = 0.678, X = 479, Y = 339$。这些是世界经济的数值。

中国的劳动力总量为 1 000，资本总量为 100。在自由贸易均衡中，$w = 0.339, r = 0.678$，所以中国的国民收入总额约为 406.8。根据效用函数，收入的一半用于服装，另一半用于饮料。服装价格为 $P = 0.866$，所以 $C_X = 235$。饮料价格为 1，所以 $C_Y = 203$。由此可计算出中国的国民福利水平等于 $U_{\text{CHN}} = 5.39$。美国的劳动力总量为 200，资本总量为 500。在自由贸易均衡中，$w = 0.339, r = 0.678$，所以美国的国民收入总额约为 406.8。因为中美效用函数被假定为相同，所以计算出的美国的国民福利水平也等于 $U_{\text{USA}} = 5.39$。中美两国在自由贸易条件下获得的国民福利水平都高于其在封闭经济时获得的国民福利水平。

第 4 章
赫克歇尔-欧林模型（下）

前一章介绍了 $2\times2\times2$ 结构的 HO 模型，又称标准的 HO 模型。我们讨论了该模型的两个重要定理，即关于贸易类型的 HO 定理和关于收入分配的 SS 定理。由赫克歇尔和欧林所开创的贸易理论的核心是国家之间资源禀赋差异所带来的贸易联系。在应用赫克歇尔-欧林理论时，后来的国际贸易学家们发展出了多种不同类型的 HO 模型，我们称之为 HO 模型的变型。狭义而言，HO 模型指的是前一章所介绍的标准的 $2\times2\times2$ 结构的 HO 模型。广义而言，本章所介绍的 HO 模型的各种变型都属于赫克歇尔-欧林理论模型的范畴。

4.1 开放小国 HO 模型

在国际贸易理论中,大国指其国内的经济条件变化可以影响到世界市场商品价格的国家,而小国指其国内的经济条件变化对世界市场的商品价格没有影响的国家。在 $2\times 2\times 2$ 结构的 HO 模型中,两个国家都是大国。沿用前一章的例子,假定两个国家为中国和美国,两种商品为服装和饮料。在自由贸易均衡中,服装和饮料在两个国家的价格会是相同的。现在设想一下中国的国内经济条件发生某种变化,例如中国的资本量增加了。我们假定服装是劳动密集型产品,饮料是资本密集型产品。在现在的价格水平下,中国增加的资本量如何才能得到充分利用?答案是中国需要扩大资本密集型产品(饮料)的产量,同时减少劳动密集型产品(服装)的产量。这个结论称为罗布津斯基定理,我们会在本节中证明。由于中国是一个大国,它增加饮料的产量必然导致饮料进口量的减少,从而使世界市场上饮料的价格(用服装来度量的饮料价格)下降;与此同时,中国减少服装的产量必然导致服装出口量的减少,从而使世界市场上服装的价格(用饮料来衡量的服装价格)上升。从这个例子中我们看到,中国作为一个大国,其国内经济条件的变化会对世界市场上的商品价格产生影响。

现在让我们考虑一个小国,假定这个小国是越南。我们定义越南为小国并不是根据它的人口和国土面积,而是根据它对世界市场商品价格的影响能力。这里我们假定世界市场上服装价格为 P,饮料价格为 1,这两个价格是由全世界的商品供求关系所决定的。而对于越南这个小国来说,无论它的服装和饮料产量或消费量如何变化,都不会对服装和饮料的世界市场价格产生任何的影响。

当越南对世界市场完全开放时,服装和饮料在越南的价格等于它们的世界市场价格。越南的服装企业投入劳动力和资本来生产服装。越南生产服装的单位成本必须不高于服装的市场价格,否则生产企业会无利可图。在完全竞争均衡中,企业的经济利润等于零,所以服装的单位成本等于服装的市场价格。设 $C_x(w,r)$ 为服装的单位成本,它的高低取决于工资(w)和资本价格(r)。服装行业的零利润条件为

$$C_x(w,r) = P \tag{4.1}$$

同样道理，设 $C_y(w,r)$ 为饮料的单位成本。饮料行业的零利润条件为

$$C_y(w,r) = 1 \tag{4.2}$$

等式(4.2)右边为饮料的市场价格(以饮料来度量,1 单位饮料的价格为 1)。因为越南是一个开放小国,所以商品价格固定在世界市场价格上。这样,从(4.1)和(4.2)这两个等式可以解出工资(w)和资本价格(r)这两个未知变量。

上面的推导告诉我们,对于一个开放小国,生产要素的价格不是在国内生产要素市场上决定的,而是由世界市场的商品价格所决定的。这个结论是非常独特的。从微观经济学中我们学到,工资是劳动力市场上供给和需求达到均衡时的结果;当劳动力供给上升时,劳动力的边际收益下降,因而工资水平会随之下降。而从开放小国 HO 模型中我们学到,工资水平被固定在与世界市场的商品价格相适应的水平上,它不会随着劳动力供给的变化而变化。在这个开放小国,劳动力的边际收益不会随着劳动力供给的增加而下降,而是处于一个固定不变的水平上。同样,开放小国的资本价格也是固定在与世界市场的商品价格相适应的水平上,而不受资本供给变化的影响。

当工资和资本价格都处在固定水平之上时,服装行业和饮料行业的资本密集度(即资本劳动比率)也是固定的,因为资本和劳动之间的替代关系随着要素价格的固定而被固定了下来。假定服装行业的资本密集度固定在 1/4 的水平上,饮料行业的资本密集度固定在 3/4 的水平上。图 4.1 画出了这两个行业的资本密集度线。假定越南的劳动力禀赋等于 L,资本禀赋等于 K。在图 4.1 中,E 点是越南的生产要素禀赋点。从 E 点出发画两条与服装和饮料的资本密集度线相平行的直线(图中以虚线表示),交点 F 所对应的是服装行业所雇用的劳动量 L_x 和资本量 K_x,交点 G 所对应的是饮料行业所雇用的劳动量 L_y 和资本量 K_y。图 4.1 显示劳动力和资本这两种生产要素都得到了充分利用,$L_x + L_y = L, K_x + K_y = K$。

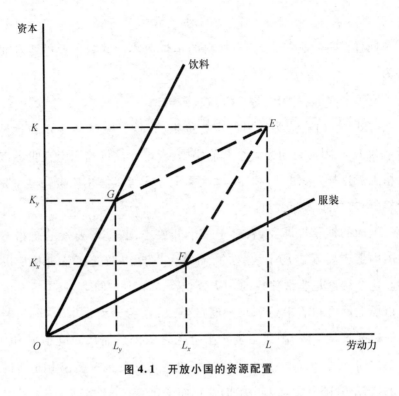

图 4.1 开放小国的资源配置

要素禀赋量和产量的关系

在开放小国 HO 模型中,生产要素禀赋量发生变化会对服装和饮料的产量产生怎样的影响?对于越南这样的开放小国来说,知道这个问题的答案非常重要。假定越南在其经济发展过程中,资本禀赋量在逐步提高。在图 4.2 中,E_0 为越南的初始生产要素禀赋点,对应 L 单位的劳动力和 K_0 单位的资本。假设越南的资本禀赋量从 K_0 提高到 K_1,新的生产要素禀赋点为 E_1。在图 4.2 中采用和图 4.1 中相同的画平行线的方法,我们找到服装业的初始均衡点 F_0 和新均衡点 F_1。F_0 对应的是服装业开始时雇用的劳动量和资本量,而 F_1 对应的是在越南拥有更多资本后服装业所雇用的劳动量和资本量。通过比较 F_0 和 F_1 我们发现,服装业所雇用的劳动量和资本量都减少了,因此在越南的资本丰裕度上升后,它的服装业(劳动密集型行业)会萎缩。图 4.2 中的 G_0 和 G_1 分别对应饮料业初始时间和在越南的资本丰裕度上升之后所雇用的劳动量和资本量。通过比较 G_0 和 G_1 我们发现,饮料业所雇用的劳动量和资本量都增加了,因此在越南的资本丰裕度上升后,它的饮料业(资本密集型行业)会扩大。我们从图4.2推导出的结论是HO模型的一个重要定理,现表述如下。①

【罗布津斯基定理】 在给定商品价格的条件下,一个国家某种生产要素禀赋量的增加,会导致该国密集使用该生产要素的行业的产量增加,而使该国密集使用另一种生产要素的行业的产量减少。

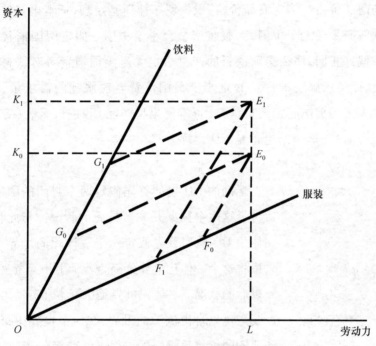

图4.2 要素禀赋量的变化对产量的影响

罗布津斯基定理的出人意料之处在于当一个国家的某种生产要素禀赋量增加时,它不会使该国的所有产业都扩张,而必然有一个产业会萎缩。在运用罗布津斯基定理时一定要牢记它的前提条件,即商品价格给定不变。在HO模型中,固定的商品价格意味着固定的生产要素价格,而固定的要素价格又意味着固定的行业生产要素密度。当两个行业的生产要素密集度固定时,要使增加的一种生产要素得到充分利用,必定需要密集使用这种生产要素的产业扩张;而该产业的扩

---

① 罗布津斯基定理的最初推导源于 Rybczynski, T. N. (1955), "Factor Endowments and Relative Commodity Prices," *Economica*, 22, 336—341。

张需要吸引另一种生产要素来匹配,由此导致两种生产要素都从另一个行业中转移出来,使另一个行业的产量下降。

罗布津斯基定理是 HO 定理成立的必要条件。在推导罗布津斯基定理时,我们所考虑的是一个开放小国(越南)在资本丰裕度不同的两个时点上的情况。在 2×2×2 结构的 HO 模型中,我们对罗布津斯基定理的运用如下:在自由贸易均衡中,中国和美国都面对同样的世界市场商品价格。给定商品价格,根据罗布津斯基定理,资本丰裕的美国的饮料产量会大于中国,而服装产量会小于中国。假定两国消费者的消费偏好相同,那么美国饮料的产量必定大于美国消费者对饮料的需求量,而美国服装的产量必定小于美国消费者对服装的需求量,因此资本丰裕的美国必定出口饮料(资本密集型产品)和进口服装(劳动密集型产品)。这个结论正是 HO 定理。

4.2 一体化 HO 模型

标准的 HO 模型首先假定两个封闭的国家,然后讨论这两个国家开放贸易后的状况。与此相反,一体化 HO 模型首先假定一个一体化的世界,然后讨论将这个一体化世界分割为若干个相互贸易的国家以后的状况。一体化世界是指资本和劳动力等生产要素可以自由流动的世界,在这个世界中每种生产要素的价格是唯一的。保罗·萨缪尔森曾用"天使寓言"来阐述一体化 HO 模型的含义:在很久以前,全世界是一个统一的经济体,各种生产要素被分配在一系列生产活动中,产品和生产要素都处在它们的均衡价格水平上。这时来了一个天使,将世界划分成不同的国家,将各种生产要素分给这些国家,每个国家只能用从天使处得到的生产要素来进行生产活动。萨缪尔森问:这个天使对世界经济造成了多大损害? 回答是:如果这个天使将全世界的生产要素相对均匀地分给不同的国家,并且允许这些国家之间开展商品贸易(但不允许生产要素的国际流动),那么这个天使的行为对世界经济没有造成任何损害。这个寓言的核心思想是:在一定的条件下,商品的自由贸易就可以带来世界经济的一体化,并不需要生产要素的国际流动。

在 $2\times2\times2$ 结构的 HO 模型中,商品的自由贸易能够带来生产要素价格在两个国家之间的均等化。这个结论是 HO 模型的重要定理之一,可以表述如下:

【要素价格均等化定理】 在 $2\times2\times2$ 结构的 HO 模型中,自由贸易使两个国家具有相同的生产要素价格。

要素价格均等化定理由萨缪尔森在数学上作了证明。因为要素价格在世界各国之间的巨大差异是不争的事实,所以萨缪尔森推导出的这个定理曾经遭到普遍的怀疑(参见专栏 4.1)。在 $2\times2\times2$ 结构的 HO 模型中证明要素价格均等化定理并不难。在前一节的开放小国 HO 模型中,我们列出了两个行业的零利润条件:$C_x(w,r)=P$ 和 $C_y(w,r)=1$。在 $2\times2\times2$ 结构的 HO 模型中,每个国家的行业都面临这样的两个零利润条件。当两个国家开展自由贸易时,商品价格实现了国际均等化。如果中国和美国在自由贸易均衡中都生产服装,那么中国服装的单位成本 $C_x(w,r)$ 和美国服装的单位成本 $C_x(w^*,r^*)$ 必须相等。这里 w 和 r 分别代表中国的工资和资本价格,w^* 和 r^* 分别代表美国的工资和资本价格。同样,如果中国和美国在自由贸易均衡中都生产饮料,那么中国饮料的单位成本 $C_y(w,r)$ 和美国饮料的单位成本 $C_y(w^*,r^*)$ 必须相等。① 要使 $C_x(w,r)=C_x(w^*,r^*)$ 和 $C_y(w,r)=C_y(w^*,r^*)$ 这两个等式同时满足,两国的生产要素价格必须相等,即 $w=w^*$,$r=r^*$。

一体化 HO 模型是建立在要素价格均等化定理成立的基础上的。当中国和美国开展自由贸易并因此实现要素价格均等化时,服装和饮料生产的资本密集度也就确定了。图 4.3 中 OX 表示中国服装生产的资本密集度(假定等于 1/4),OY 表示中国饮料生产的资本密集度(假定等于 3/4)。因为在要素价格均等化的情况下美国两个行业的资本密集度和中国两个行业的资本密集度相同,所以从美国的原点 O^* 画出的两条行业资本密集度线和从中国的原点 O 画出的两条行业资本密集度线相对称。图 4.3 中 OA 的长度等于全世界(中国和美国)的劳

---

① 由于 HO 模型假定两个国家的生产技术相同,因此它们的单位成本函数也相同。

动力总量，OB 的长度等于全世界的资本总量。

在标准的 HO 模型中，一个非常重要的假设是每个国家在开放贸易后仍然能够有竞争力地生产所有产品。在什么条件下这个假设能够成立呢？从图 4.3 中我们认识到，对于中国来说，只有当中国的要素禀赋点落在 OX 和 OY 之间的区域内，中国才会同时生产服装和饮料。对于美国来说，只有当美国的要素禀赋点落在 O^*X 和 O^*Y 之间的区域内，美国才会同时生产服装和饮料。在图 4.3 中，中国和美国的要素密集度边界构成一个菱形区域 OXO^*Y。只有当两国的要素禀赋点落在这个菱形区域中时（例如 E 点），两国才会同时生产服装和饮料，两国之间的生产要素价格才会均等化，世界经济的一体化才会实现。菱形区域 OXO^*Y 被称为要素价格均等化区域。因为一体化 HO 模型假定所有国家处于同一要素价格均等化区域中，它又被称为单域 HO 模型。在萨缪尔森的"天使寓言"中，如果这个天使对于世界生产要素禀赋在各国之间的划分不是很极端，也就是说要素禀赋划分点落在图 4.3 的菱形区域中，那么这个天使的行为并没有对世界经济造成任何损害。只要各国之间开展自由贸易，各国经济的运行结果和在一体化条件下世界经济的运行结果是完全一样的。

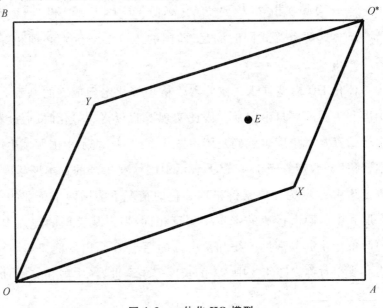

图 4.3 一体化 HO 模型

4.3 多域 HO 模型

标准的 HO 模型假定不同国家之间生产要素禀赋的相对丰裕程度差别不大,因而在自由贸易均衡中每个国家都会生产所有商品。图 4.4 画出了 X 和 Y 的单位价值等产量曲线。XX 代表生产单位价值的 X 所需要的劳动和资本投入量的组合。给定 X 的世界价格 P_x,它的单位价值为 $P_x x = 1$,这里 x 代表单位价值时 X 的数量。设 w 为工资,r 为资本价格,α_{lx} 为生产单位价值的 X 所需要的劳动投入量,α_{kx} 为生产单位价值的 X 所需要的资本投入量,则 $w\alpha_{lx} + r\alpha_{kx} = 1$。由此可见,劳动和资本投入量的组合 $(\alpha_{lx}, \alpha_{kx})$ 会随着该国工资和资本价格 (w, r) 的变化而变化。同理可知图 4.4 中 YY 代表生产单位价值的 Y 所需要的劳动和资本投入量的组合,该组合也会随着工资和资本价格的变化而变化。在标准的 HO 模型中,一个国家在自由贸易条件下不会完全专业化于某个产品的生产,而将生产所有产品(X 和 Y)。根据 SS 定理,世界市场上的商品价格决定了贸易开放国家的工资和资本价格水平。图 4.4 中和两条单位价值等产量线 XX 和 YY 同时相切的直线的斜率(绝对值)等于工资和资本价格的比率 w/r。给定这个比率,该国生产 X 和 Y 的技艺即生产过程中资本和劳动投入比率的选择也就确定了:生产 X 的资本劳动比率为 $k_x = \alpha_{kx}/\alpha_{lx}$,而生产 Y 的资本劳动比率为 k_y。从图 4.4 中可以看到,k_x 和 k_y 两条射线组成了一个锥形区域。标准的 HO 模型假定所有国家的资本丰裕度($k_c \equiv K_c/L_c$)都处在这个锥形区域中,因而被称为单域模型。

当不同国家之间生产要素禀赋的相对丰裕程度差别较大时,在自由贸易均衡中每个国家不会生产所有商品。假设世界上有三种商品,按资本密集度从低到高排列依次为 X、Y、Z。在图 4.5 中,由 k_x、k_y、k_y^* 和 k_z 这四条射线和两条轴线构成了五个区域,显示的是一个多域 HO 模型。在这个模型中,世界上的国家可以分成五组。资本丰裕度低于 k_x 的国家只生产 X,资本丰裕度在 k_x 和 k_y 之间的国家生产 X 和 Y,资本丰裕度在 k_y 和 k_y^* 之间的国家只生产 Y,资本丰裕度在 k_y^* 和 k_z 之间的国家生产 Y 和 Z,而资本丰裕度高于 k_z 的国家只生产 Z。特别值得注意的是,

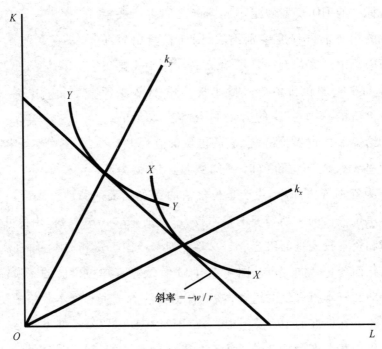

图 4.4 单域 HO 模型

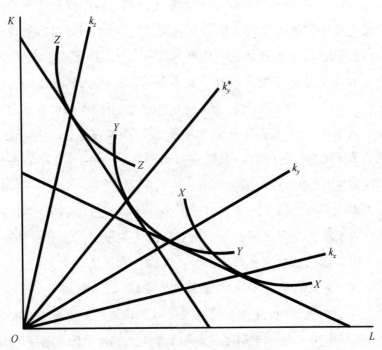

图 4.5 多域 HO 模型(三种商品)

同样是生产 Y,在低端区域采用的生产技艺是与低工资相适合的劳动密集型技艺 k_y,而在高端区域采用的生产技艺是与高工资相适合的资本密集型技艺 k_y^*。

当商品数量很多时,我们可以用连续型的多域 HO 模型来表述。图 4.6 中曲线上的每一点代表一种商品(更确切地说是代表资本密集度相同的所有商品)。每种商品都有一条单位价值等产量线,而图 4.6 中的曲线正是所有商品的单位价值等产量线的包络曲线。

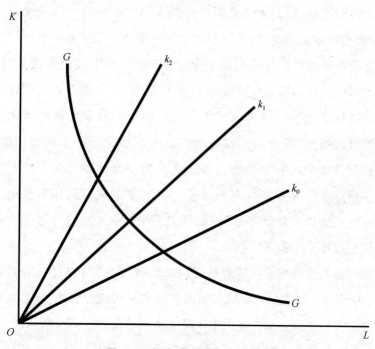

图 4.6 多域 HO 模型(连续型)

标准的 HO 模型包含四条定理。上一章介绍了关于贸易类型的 HO 定理和关于收入分配的 SS 定理,而本章介绍了关于生产结构的罗布津斯基定理和关于世界经济一体化的要素价格均等化定理。

罗布津斯基定理是 HO 定理成立的必要条件。该定理推导出在商品价格给定的情况下要素禀赋

4.4 讨论和总结

量变化如何影响两个生产部门的产量(即生产结构)。对于开放小国而言,国内商品价格取决于世界市场上的商品价格,所以罗布津斯基定理所揭示的是开放小国的资源配置状况。由于开放小国是国际贸易分析的重要对象,因此本章第1节单独讨论了开放小国HO模型。对于开放大国而言,在自由贸易均衡中所面临的是世界市场在自由贸易条件下的价格,罗布津斯基定理揭示了两个资源禀赋不同的开放大国之间的生产结构差异。在我们引入所有国家都具有相同的消费偏好这个假定之后,罗布津斯基定理所揭示的生产类型自然就映射出了HO定理所揭示的贸易类型。

要素价格均等化定理是赫克歇尔-欧林理论中最具争议的部分。现实世界中世界各国的生产要素价格差异很大,这使得人们很难接受要素价格均等化这个结论。虽然在逻辑推理上要素价格均等化定理是无懈可击的,但是这个定理的成立确实依赖于若干个极端的假设,特别是假设每个国家会生产世界上所有的商品。在什么条件下这个假设会成立呢?答案是只有当国家之间要素禀赋的差异不是很大时才能成立。这也正是萨缪尔森的"天使寓言"中天使的行为不会对世界经济造成影响的条件。

理解要素价格均等化定理最直观的模型是本章第2节所介绍的一体化HO模型。标准的HO模型从两个国家的封闭经济均衡出发,然后讨论自由贸易均衡。而一体化HO模型从一体化的世界经济出发,然后来看在什么条件下自由贸易能够导致世界的一体化。从这个新颖的角度我们得以理解要素价格均等化定理的深刻内涵:当国家之间开展贸易时,它们的经济得以更紧密地相互结合,因而它们的生产要素价格会变得更为接近。国际贸易是使得世界经济走向一体化的重要力量。

正如本章开始时所阐述的,赫克歇尔-欧林贸易理论的核心是国家之间资源禀赋差异所带来的贸易联系。在现实世界中我们所观察到的是发达国家专业化于相对高端的产品,而发展中国家专业化于相对低端的产品。例如德国的出口商品集中于资本和技术密集型的高端制造业,而中国的出口商品集中于劳动密集型的中低端制造业(参见专栏4.2)。标准的HO模型不能很好地解释这种类型的生产和贸易专业化，主要因为它穿上了要素价格均等化这件"紧身衣"。而多域HO模型抛弃了这件"紧身衣"，但保留了HO理论关于要素禀赋作用的核心思想。在一个多域HO模型中，由于德国和中国在要素禀赋上的差异性足够大，使得德国和中国的要素价格即使在自由贸易条件下也不会均等化，因而德国和中国处于两个不同的产品专业化区域。德国所生产的产品利用了德国的资源优势，这些产品的生产技术即使为中国所拥有，中国也没有资源成本的优势来生产它们。多域HO模型对于理解当今世界的国际贸易状况提供了有效的分析工具，也得到了实证研究的支持（见第6章）。

专栏4.1
萨缪尔森对赫克歇尔-欧林贸易理论的贡献

保罗·萨缪尔森（Paul A. Samuelson, 1915—）出生于美国印第安纳州的加里城，16岁时进入芝加哥大学攻读经济学，显示出极高的学术研究天赋，并与经济学结下了不解之缘。毕业后去哈佛大学继续深造，26岁取得博士学位，其博士论文"经济理论运作的重要性"获得了哈佛大学威尔斯奖。1940年，萨缪尔森进入麻省理工学院任教，其研究领域非常广泛，涵盖了福利经济学、线性规划、凯恩斯主义宏观经济学、国际贸易学和动态经济学等诸多方面，而且著作颇丰，其代表性的著作有《经济分析的基础》和《经济学》。萨缪尔森因此被称为经济学领域的最后一个通才。

当萨缪尔森还在哈佛大学的时候，当时美国国内掀起了一场关于保护主义和自由贸易的争论。很多公众理所当然地认为，对于劳动力稀缺的美国而言，自由贸易将会使美国工人面临其他国家廉价劳动力的竞争，所以其利益会受到损害。而在学术界对这一问题则争议很大。从理论上讲，自由贸易会使工人的名义工资相对于一些商品的价格下降，而相对于另一些商品的价格上升，所以实际工资的变化取决于工人的消费选择。而现实中消费选择的多样性使得这一问题无法得到一个明确的结论。这些争论和困惑引起了萨缪尔森和斯图尔珀的兴趣,他们开始对商品价格和要素报酬的关系进行了深入的研究,并于1941年合作发表了"贸易保护与实际工资"一文,用一般均衡分析法推导出了工资和商品价格的关系,证明了公众的担心是正确的;对于劳动力稀缺的美国来说,自由贸易确实会降低美国工人的实际工资,而对进口品征收关税,采取一定的保护措施,则会提高工人的实际工资。这个结论在学术界是首创,被称为斯图尔珀-萨缪尔森定理。

萨缪尔森进入麻省理工学院任教之后继续对商品价格和要素价格之间的关系进行研究。有一次他在讲授赫克歇尔-欧林理论时,有学生对欧林提出的商品贸易会使要素价格部分均等化的命题提出了疑问。在欧林的《地区间贸易和国际贸易》一书中并没有对这一命题给出充分的理论解释,这促使萨缪尔森对这个命题重新进行思考,并在20世纪40年代末和50年代初就此发表了多篇文章。萨缪尔森认为欧林只提到了商品不完全流动会导致要素价格不完全均等,但问题的关键是当商品完全自由流动时要素价格是否会均等。萨缪尔森用数学方法证明了当商品在国家之间完全自由流动时,如果各国之间的要素禀赋差异不是特别大,那么将会出现各国的要素价格完全均等化的情况,因此商品流动是要素流动的有效替代。为什么现实世界中要素价格没有均等呢?萨缪尔森给出了以下的解释:一是商品没有完全自由流动,如存在运输费用等。二是在各国所拥有的要素禀赋差异较大时会出现生产的完全专业化。尽管萨缪尔森所推导的要素价格均等化定理受到了很多学者的质疑,但该定理所揭示的商品价格和要素价格之间内在的逻辑关系是强而有力的。

由于萨缪尔森的一系列重要贡献,赫克歇尔-欧林贸易理论在二战以后长期占据了国际贸易学的主流地位,赫克歇尔-欧林模型也因此常常被称为赫克歇尔-欧林-萨缪尔森模型(HOS模型)。为了表彰萨缪尔森对包括国际贸易学在内的经济学理论的发展所做出的突出贡献,瑞典皇家科学院于1970年将第二届诺贝尔经济学奖授予了萨缪尔森,他也因此成为获得该奖的第一位美国经济学家。

专栏 4.2
德国的制造业出口

世界上最大的制造业产品出口国不是劳动力成本低廉的"世界工厂"中国,而是劳动力价格高昂的德国。2007 年,德国的商品出口额为 1.33 万亿美元,高于中国的 1.22 万亿美元(图 4.7)。德国在 2003 年取代美国成为全球商品出口第一大国之后,已经连续五年高居世界第一。与排名第二的中国以廉价劳动力取胜不同,德国是世界上劳动力成本最昂贵的国家之一。根据美国劳工部的统计,2006 年德国制造业工人的平均小时工资为 41.04 美元,而中国工人的平均小时工资为 0.67 美元,只有德国的 1/60(图 4.8)。有不少人担心,随着经济全球化的发展,发达国家的制造业会被拥有劳动力成本优势的国家如中国所取代。但是德国已经连续五年排名世界出口第一,德国的制胜之道是什么?

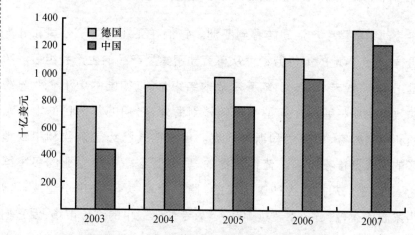

图 4.7　德国和中国的商品出口总额,2003—2007 年

资料来源:WTO, International Trade Statistics, 2004—2007。

德国是高福利国家,工会力量强大,劳动力的工资成本和非工资成本都很高昂。面对 20 世纪 70 至 80 年代的"亚洲四小龙"和 90 年代的东欧国家和中国的低成本竞争,德国企业一方面通过资本深化来提高劳动生产率,另一方面开始在全球范围内分配其生产活动以降低成本。从 20 世纪 80 年代开始,大众和西门子等德国大企业纷纷

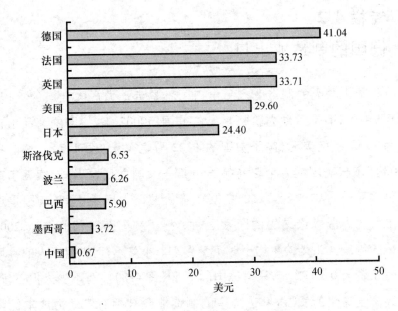

图 4.8　各国制造业平均小时工资，2006 年

资料来源：U. S. Department of Labor, Bureau of Labor Statistics, "International Comparisons of Hourly Compensation Costs in Manufacturing", January 25, 2008。

将劳动密集型生产活动转移到亚洲。它们在亚洲设立子公司和分支机构，利用当地的廉价劳动力从事劳动密集型产品的生产和组装。20世纪80年代末90年代初，随着冷战的结束，大批德国的中小企业纷纷仿效大企业将劳动密集型生产转移到海外，它们的首选目的地是东欧和中欧国家，如波兰和斯洛伐克。目前德国已经是东欧和中欧地区的最大直接投资者。值得一提的是，尽管这些中小企业的名字鲜为人知，它们却被称为德国出口的"隐形冠军"。这些中小企业通常为家族所有，雇员数不超过500人，只专注于很小的细分市场；但它们注重产品研发和升级，和跨国大公司一样在世界范围内寻找低成本解决方案。它们在各自的细分领域占领了全球市场，对德国出口总额的贡献达到40%以上。[①]

德国将劳动密集型产业和工序大量转移到了东欧和亚洲，但将资本密集型和技术密集型的研发、设计和关键部件生产等核心活动

---

① Sinn, Hans-Werner (2006), "The Pathological Export Boom and the Bazaar Effect: How to Solve the German Puzzle," CESIFO Working Paper No. 1708.

保留在国内。以保时捷的卡宴越野车为例,它的车身由斯洛伐克的工厂生产,但发动机来自保时捷设在德国斯图加特的工厂,而其在莱比锡的工厂负责车辆的装配和验收。这类高技术含量和高附加值的制造活动很难被中国等国家的生产所取代。与新兴市场经济国家相比,德国不仅是物质资本相对丰裕的国家,也是人力资本相对丰裕的国家,特别是高水准的技术工人。德国实行"双轨制"教育模式,职业教育与普通教育并重,既培养了高素质的科研人才,也培养了高水平的技术工人。越是高端的制造业,越需要高水平的技能型人才,而德国在这方面的雄厚人才储备一直以来都是德国在高端制造业长盛不衰的动力来源。

德国的大宗出口商品是汽车及配件、机械和化学制品,这三大类产品占其出口总额的46%(表4.1)。由于德国不仅把劳动密集型产

表 4.1　德国的进出口结构,2007 年

	占出口总额的百分比(%)	占进口总额的百分比(%)
机动车辆、挂车和半挂车	16.66	9.89
机械及设备	14.31	7.05
化学品和化学制品	13.17	11.71
基础金属制品	6.42	8.30
电子机械	5.03	4.15
医疗、光学和技术产品	4.11	2.87
电子元器件	3.81	5.53
食品和饮料	3.61	4.52
加工金属制品	3.33	2.39
橡胶和塑料制品	3.30	2.50
其他运输设备	3.20	3.37
办公设备和计算机	2.53	4.03
纸浆、纸和纸制品	1.87	1.83
家具及相关产品	1.80	2.18
焦炭、精制石油产品及核子燃料	1.69	2.08
其他非金属矿产品	1.23	0.96
纺织品	1.21	1.62
服装	1.03	2.34
木材及木制品(不包括家具)	0.72	0.67
农产品	0.62	2.42
原油和天然气	0.29	7.91
其他	6.27	8.79

资料来源:CEIC。

业转移到了低工资国家,而且把资本密集型产业中的劳动密集型工序也转移到了低工资国家,因此德国进口中很大部分是汽车、机械和化学产业所需的中间产品,这三大产业的进口占其进口总额的 29%(表 4.1)。根据统计,德国出口商每出口 1 欧元的商品,要用 0.53 欧元购买所需的进口中间产品。

世界制造业产品市场呈现这样一幅图景:中国等发展中国家的出口商品集中于劳动密集型的低端制造业,以价格和数量取胜;而德国等发达国家的出口商品集中于资本和技术密集型的高端制造业,以技术和质量取胜。面对新兴市场经济国家的低成本优势,德国的制造业通过专业化于制造业高端和采用全球化的生产模式继续保持着强大的竞争力。

本章提要

1. 赫克歇尔-欧林模型关于要素禀赋量和商品产量之间关系的结论被称为罗布津斯基定理。该定理可表述为:在给定商品价格的条件下,一个国家某种生产要素禀赋量的增加,会导致该国密集使用该生产要素的行业的产量增加,而使该国密集使用另一种生产要素的行业的产量减少。

2. 赫克歇尔-欧林模型关于自由贸易条件下各国生产要素价格水平的结论被称为要素价格均等化定理。该定理可表述为:在 $2 \times 2 \times 2$ 结构的 HO 模型中,自由贸易使两个国家具有相同的生产要素价格。

3. 开放小国的 HO 模型是标准的 HO 模型的一个特例。标准的 HO 模型假设两个开放大国,因而世界市场上的商品价格是由这两个国家的经济条件所共同决定的。对于一个处于 HO 模型世界的开放小国,它对世界市场上的商品价格没有任何影响力,因此在自由贸易条件下它的国内商品价格等于世界商品价格。开放小国 HO 模型的一个独特结论是:该国的生产要素价格不是由其国内生产要素市场上的供需关系所决定的,而是由世界商品价格所决定的。

4. 一体化 HO 模型是标准的 HO 模型的另一种表述形式。标准的 HO 模型显示自由贸易使各国的生产要素价格均等化,而一体化 HO 模型从要素价格均等化的一体化世界出发来讨论国际贸易的作用。一体化 HO 模型的结论是:只要各国之间开展自由贸易,那么各国经济的运行结果和在一体化条件下世界经济的运行结果是完全一样的。

5. 多域 HO 模型指世界各国处于多个不同的产品专业化区域的 HO 模型。标准的 HO 模型假设世界所有国家处于相同的产品专业化区域,即每个国家会生产所有种类的产品。多域 HO 模型假设世界各国的资源禀赋差异很大,因而各国会生产不同种类的产品。在多域 HO 模型中,要素价格均等化定理不再成立。

进一步阅读

关于赫克歇尔-欧林理论的权威介绍,请参见 Jones(2008)为《新帕尔格雷夫经济学大辞典》所撰写的条目"赫克歇尔-欧林贸易理论"。该条目涉及了本章和前一章所略去的一些赫克歇尔-欧林理论的内容,包括对 SS 定理和罗布津斯基定理中放大效应的讨论以及对高维 HO 模型的讨论。对于一体化 HO 模型的讲解请参阅 Krugman(1995)为《国际经济学手册》第三卷撰写的第 24 章的第 1 节,以及 Dixit 和 Norman(1980)的国际贸易学研究生教材。关于多域 HO 模型的讨论请参见 Schott(2003)。

参考文献

Dixit, Avinash K., and Victor Norman (1980), *Theory of International Trade*, Cambridge University Press.

Jones, Ronald W. (2008), "Heckscher-Ohlin Trade Theory," in N. Durlauf and Lawrence E. Blume (eds.), *The New Palgrave Dictionary of Economics*, 2nd edition, Palgrave Macmillan.

Krugman, Paul R. (1995), "Increasing Returns, Imperfect Competition and the Positive Theory of International Trade," in Gene M. Grossman and Kenneth Rogoff (eds.),

Handbook of International Economics, Vol. III, North Holland Elsevier Science.

Schott, Peter K. (2003), "One Size Fits All? Heckscher-Ohlin Specialization in Global Production," *American Economic Review*, 93, 686—708.

练习与思考

一、概念题

1. 贸易模型中的大国和小国
2. 罗布津斯基定理
3. 一体化 HO 模型
4. 要素价格均等化定理
5. 要素价格均等化区域
6. 多域 HO 模型

二、判断题

1. 赫克歇尔-欧林贸易理论的核心内容是国家之间资源禀赋差异所带来的贸易联系。
2. 当一个开放小国的某种生产要素的国内供给增加时,其价格会下降。
3. 当一国的某种生产要素的数量增加时,该国的所有产业都会扩张,只是扩张的程度不同。
4. 一体化 HO 模型的基本假设是生产要素可以在世界各国之间自由流动。
5. 只有生产要素在世界各国之间实现了自由流动,世界经济才能实现一体化。

三、选择题

1. 对于一个开放小国,以下哪种说法是错误的?
   A. 其国内商品价格是由世界市场价格所决定的
   B. 其国内商品产量的变化不会影响到世界市场价格
   C. 其要素价格是由国内要素市场上的供求关系所决定的
   D. 其国内生产部门的要素密集度会随着世界市场商品价格的变

化而变化

2. 当一个开放小国的某种生产要素的禀赋量发生变化时,以下哪种情况不会发生?

　　A. 该国的生产和贸易类型发生变化

　　B. 该国商品的均衡价格维持不变

　　C. 该国密集使用该生产要素的行业扩张,而另一个行业萎缩

　　D. 该国的国内要素价格发生变化

3. "天使寓言"告诉我们

　　A. 世界经济一体化必须要通过生产要素的国际自由流动才能实现

　　B. 生产要素禀赋量决定了每个国家从贸易中获益的多少

　　C. 通过自由贸易实现世界经济一体化的前提是各国的要素禀赋差别不是很大

　　D. 不论天使如何行为,只要各国展开自由贸易,世界经济就不会受到任何影响

四、简答题

1. 为什么开放小国中各个行业的要素密集度由世界市场的商品价格所决定?

2. 什么样的商品价格水平是罗布津斯基定理成立的前提?

3. 简述罗布津斯基定理和 HO 定理的联系。

4. "天使寓言"告诉了我们什么道理?

5. 为什么在标准的 HO 模型中商品价格的均等化会导致要素价格的均等化?

五、综合题

1. 萨缪尔森的"天使寓言"表明自由贸易能够导致世界经济一体化。可是现实生活中我们所观察到的现象却是各国的要素价格相差甚远。请讨论其中的原因。

2. 考虑一个标准的赫克歇尔-欧林模型。两个国家为本国和外国,两种产品为土豆和小麦,两种生产要素为劳动力和土地。两国的生

产技术相同,生产 1 单位土豆需要 10 小时的劳动力和 5 英亩的土地,生产 1 单位小麦需要 4 单位的劳动力和 8 英亩的土地。假设本国拥有 100 小时的劳动力和 80 英亩土地,而外国拥有 60 小时的劳动力和 40 英亩土地。

(a) 哪种产品是劳动密集型的?哪个国家是劳动力丰裕国?HO 模型所预测的贸易类型是怎样的?

(b) 画出两国的生产可能性边界。不需要标注确切数字,但需要画出每个国家的生产可能性边界的偏向。

(c) 如果两国的消费偏好相同,那么在自给自足的情况下,本国哪种产品相对外国更便宜些?

3. 假设上述两个国家开展自由贸易。

(a) 开放贸易对本国小麦的相对价格有何影响?

(b) 在自由贸易条件下,本国的工资和地租将如何变化?

(c) 自由贸易是否使两种生产要素的所有者都受益?为什么?

第 5 章
不完全竞争贸易模型

在前面几章所介绍的国际贸易模型中,国家之间生产成本的差异性,也就是所谓的比较成本优势和劣势,是国际贸易之所以发生的原因。这种生产成本上的差异可以源于各国之间生产技术上的差异(李嘉图模型),也可以源于资源禀赋上的差异(HO 模型和特定要素模型)。这就提出了一个问题:如果两个国家在生产技术和资源禀赋等方面完全一样,它们之间还会有贸易吗?换句话说,比较优势是国际贸易的唯一原因吗?虽然世界上找不出两个完全相同的国家,但是贸易数据表明在经济条件较相似的发达国家之间发生的贸易量要显著大于发达国家和发展中国家之间发生的贸易量。如何解释发达国家之间巨大的贸易量呢?

对这个问题的研究在 20 世纪 70 年代末取得了重大突破。以保罗·克鲁格曼为代表的国际贸易学家创建了一系列建立在不完全竞争的市场结构之上的贸易模型。这些贸易模型被统称为新贸易理论，以区别于以比较优势为核心概念的传统贸易理论。在本章中我们先用一个简化的模型来展示一下国际贸易为什么能够发生在两个完全相同（不存在比较优势）的国家之间，然后对克鲁格曼在1979年的经典论文中所建立的模型作一个讲解。在21世纪初以不完全竞争市场为框架的贸易模型又有了新的发展，其中梅勒兹在2003年发表的论文中所建立的模型被认为具有开拓性。本章第3节介绍梅勒兹模型。

5.1 简化模型

假定世界由两个完全相同的国家组成，称它们为 A 国和 B 国。假定世界上只有一种商品：汽车。在每个国家中有一半人喜欢红色汽车，另一半人喜欢蓝色汽车。红车和蓝车除了颜色之外没有任何差别，它们的生产成本是一样的。假设这两个国家的生产技术完全相同，生产要素禀赋也完全相同。请问这两个国家之间会发生贸易吗？

在传统的国际贸易模型中，这两个国家之间不会发生贸易，因为它们之间不存在比较优势和比较劣势。假设每个国家有 1000 人，每人购买 1 辆汽车。那么 A 国会制造 500 辆红车和 500 辆蓝车，B 国也会制造 500 辆红车和 500 辆蓝车。传统贸易模型的一个关键假设是规模报酬不变。也就是说，无论产量高低，每辆车的成本（也就是生产要素从每辆车所获得的报酬）是不变的。这个假设对于完全竞争市场是必需的。如果规模报酬可变，那么生产规模的大小会决定生产成本的高低，这就意味着大企业和小企业在竞争力上会不平等，市场就不再是完全竞争了。图 5.1 表示规模报酬不变的情况。在图 5.1 中，生产 500 辆汽车和生产 1000 辆汽车的平均成本相同，都是 1 个单位的资源。

这里有必要澄清两个概念：规模报酬不变和边际收益递减。边际收益递减指其他生产要素数量不变的情况下，由于某种生产要素投入量的增加所产生的增加的收益逐渐下降。规模报酬不变是指在所有生产要素数量同比例增加的情况下，总收益也同比例增加，从而生产要素的平均收益不随生产总成本的增加（及其由此导致的总产量的增

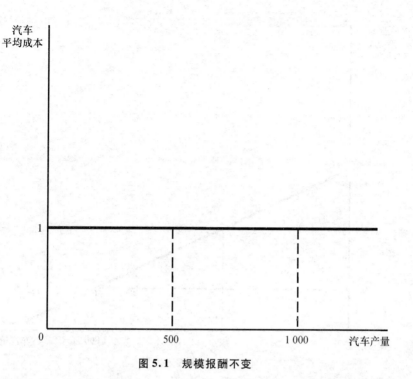

图 5.1 规模报酬不变

加)而增加。例如在图 5.1 中,汽车的平均成本,也就是生产要素的平均收益,不随汽车产量的变化而变化。

传统贸易理论假定规模报酬不变的生产技术。这个假定合乎现实吗?只要看一看许多行业中大企业的成本优势,答案就不言自明了。现代生产技术的特征是规模报酬递增,而不是规模报酬不变。所谓规模报酬递增指的是平均成本随着生产规模的扩大而下降,因而增加 1 单位的资源投入所产生的增加的价值(也就是投入资源的边际报酬)是逐渐提高的。图 5.2 表示规模报酬递增的情况。当生产规模为 500 辆汽车时,每辆汽车的生产成本为 1 单位的资源投入。当生产规模扩大为 1 000 辆汽车时,每辆汽车的生产成本减少为 0.4 单位的资源投入。规模报酬递增又称为规模经济。随着生产规模的扩大,生产要素(人员、原材料、机器等)可以进一步专业化来提高效率,这是规模经济产生的主要原因。

回到我们的简化模型。假定汽车生产技术具有规模报酬递增的属性。图 5.3 显示 A 国的生产可能性边界。当 A 国的 1 000 个工人中的一半生产红车,另一半生产蓝车时,产量是 500 辆红车和 500 辆蓝

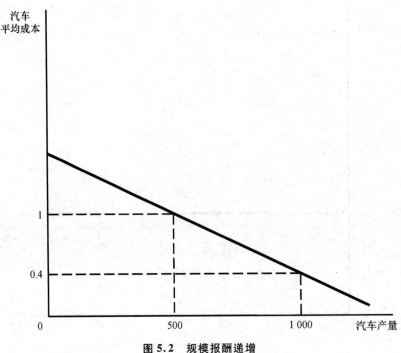

图 5.2 规模报酬递增

车,图 5.3 中的 M 点表示这种可能性。如果 A 国的 1 000 个工人都去生产红车,产量是多少?在规模报酬不变的情况下,产量会是 1 000 辆。然而在存在规模经济的情况下,产量肯定超过 1 000 辆。我们假定当所有工人都生产红车时,产量等于 2 000 辆,图 5.3 中的 C 点表示这种可能性。由于蓝车和红车的生产成本一样,所以当所有工人都去生产蓝车时,产量也等于 2 000 辆,图 5.3 中的 D 点表示这种可能性。把所有生产可能性点连接起来,我们得到 A 国的生产可能性边界 CD 线。因为 B 国和 A 国完全一样,CD 线也是 B 国的生产可能性边界。

在封闭经济条件下,M 点是均衡点。根据我们的假定,每个国家有一半人喜欢红车,一半人喜欢蓝车,所以消费者的无差异曲线(没有在图 5.3 中画出)和生产可能性边界相切在 M 点上。在 M 点每个国家生产 500 辆红车和 500 辆蓝车,每个人消费 1 辆汽车。红车和蓝车的比价为 1。

现在请回答:在这两个完全相同的国家之间会不会发生贸易?换句话说,是不是存在国际贸易收益?

答案是肯定的。设想一下如果 A 国只生产红车,产量会是 2 000

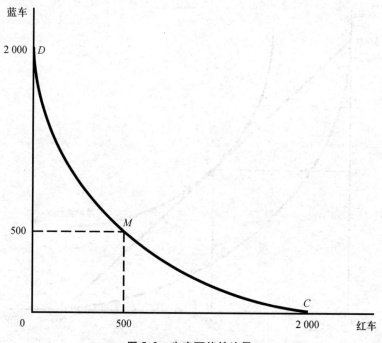

图 5.3 生产可能性边界

辆;B 国只生产蓝车,产量也是 2 000 辆。通过国际贸易 A 国的蓝车消费者可以用 1 000 辆红车从 B 国交换到 1 000 辆蓝车,而 B 国的红车消费者也从这个贸易中换得 1 000 辆红车。和封闭经济条件下每人只能消费 1 辆汽车相比,在国际贸易条件下每人能消费 2 辆汽车!这个增加的汽车消费量就是贸易收益。在图 5.4 中,连接 CD 的直线是贸易开放条件下的消费可能性线。和 CD 直线相切的无差异曲线代表国际贸易均衡中每个国家消费者所获得的效用水平。很显然,国际贸易提高了每个国家消费者的效用,带来了贸易收益。

为什么两个完全相同的国家之间会发生贸易,而且还会产生贸易收益呢?根本原因在于规模经济的存在。国际贸易打破了国与国之间的市场壁垒,为大规模生产创造了条件。我们的这个简化模型虽然简单,但却揭示了新贸易理论的重要贡献:国际贸易收益不仅可以来源于比较优势,而且可以来源于规模经济。

【想一想】 在国际贸易均衡中,A 国会生产红车,还是蓝车?

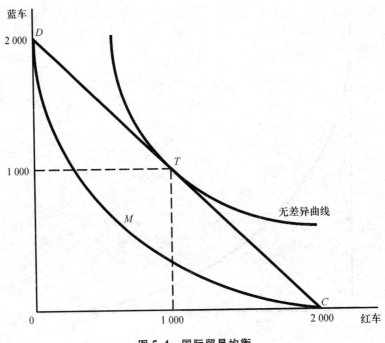

图 5.4 国际贸易均衡

5.2 克鲁格曼模型

前一节的简化模型揭示了在两个技术水平和资源禀赋完全相同的国家之间仍然会发生贸易,因为它们都可以从扩大的市场规模中获益。这个简化模型的局限在于,它没有直接反映出企业之间的竞争。假定每个国家有 10 个品牌的汽车企业。当两个国家相互开放市场后,如果两个国家的 20 个汽车企业都存在,那么每个企业的市场规模会和开放前一样,又何来规模经济效应呢?如果在开放后有些企业会生存,另一些企业会被淘汰,那么哪些企业会生存,哪些企业会被淘汰呢?在自由贸易均衡中,最后会有多少个汽车企业在经营呢?

本节介绍的克鲁格曼模型能够回答上述问题。回想一下,在李嘉图模型、特定要素模型和 HO 模型中我们没有见到企业,因为这些模型假定市场处于完全竞争状态。完全竞争市场的特征是:市场上有许多企业生产同质产品,生产中不存在规模经济或规模不经济,每个企业只是接受市场价格,而不能影响市场价格,因此讨论单个企业没有什么意义。但在现实经济中,商品有不同的品牌,某些企业拥有定价能力,企业之间存在竞争优势和劣势。这些现象表明市场是不完全的。我们需要理解的是,虽然现实世界显然处于不完全竞争状态,但这个现实本身并不能作为否定建立在完全竞争市场假定下的贸易模型的理由。经济学模型是用来帮助我们理解重要的经济关系的。就像地图上北京和上海被简化成两个圆点一样,我们不能因为在现实世界中北京和上海不是两个圆点而否定这张地图。关键在于这种简化是否影响到我们对问题本质的理解。在本章中我们讨论建立在不完全竞争市场上的贸易模型,并不是因为不完全竞争市场比完全竞争市场更符合现实,而是因为从不完全竞争贸易模型中可以推导出完全竞争贸易模型没有揭示的重要的国际贸易关系。

克鲁格曼模型假设市场处于垄断竞争状态。垄断竞争市场是各种类型的不完全竞争市场中最接近完全竞争市场的。和完全竞争市场一样,垄断竞争市场上也有许多企业,它们可以自由地进入和退出市场。和完全竞争市场不同的是,垄断竞争市场上的产品不是同质的而是具有差异性的。消费者对产品品种有不同的偏好;品种的数目是由市场决定的。

克鲁格曼模型的框架是:两个国家,一个行业,一种生产要素。假定两个国家是美国和欧盟,它们在技术水平和资源禀赋方面完全相同,这样就抽象掉了比较优势效应。假定生产要素是劳动力,产品是汽车,汽车是差异化产品。为了简便起见,假定所有品牌的汽车是对称的,也就是说它们虽然有差异性,但在需求和成本等方面是相同的。这个假定让我们不需要去关心每个汽车企业的情况,而只需要求出汽车的品种数目和平均价格。

■■■ 封闭经济均衡

我们先来讨论封闭经济均衡。因为这个模型中的两个国家相同,我们只需要解出一个国家的封闭经济均衡就可以了。假定汽车的品种数目为 n,汽车的平均成本为 AC。平均成本 AC 和产品种类 n 之间有怎样的关系呢?

对于一个封闭经济,市场总规模是给定的。当汽车种类较多时,每种汽车所分到的市场份额就较小。和前一节所描述的简化模型一样,我们假定汽车生产中存在规模经济。所以当每种汽车所分到的市场份额较小时,它的平均生产成本就较高。因此在平均成本 AC 和产品种类 n 之间存在着正相关的关系。品种越多,平均成本越高;品种越少,平均成本越低。图 5.5 的 CC 线画出了这个关系。

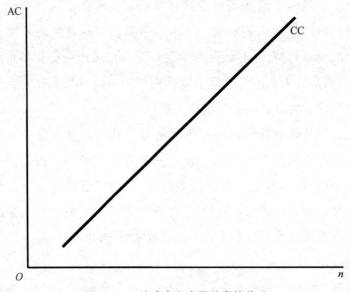

图 5.5　平均成本和产品种类的关系

图 5.5 是从生产成本角度考虑而获得的经济关系。现在我们再从市场角度来找出产品价格和产品种类之间的关系。虽然汽车有不同种类,但因为我们假定不同种类的汽车在需求方面具有对称性,所以它们的价格是一样的,只是喜欢它们的消费者不同而已。用 P 表示汽车价格。我们的问题是:价格 P 和种类 n 之间有怎样的关系呢?

假定每种汽车由一家企业生产。市场上汽车企业越多,它们之间的竞争就越激烈,结果汽车的价格就会越低。所以价格 P 和种类 n 之间存在着负相关的关系。图 5.6 的 PP 线画出了这个关系。

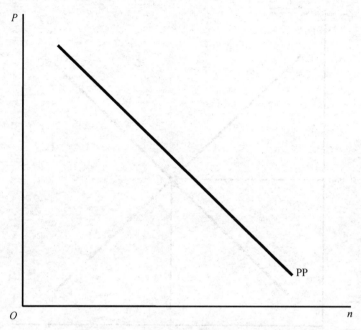

图 5.6 产品价格和产品种类的关系

图 5.5 和图 5.6 分别从成本和市场的角度推导出了两个经济关系。在这两张图中有三个变量：平均成本 AC，价格 P，产品种类 n。从两个经济关系中不能解出三个未知变量，所以需要找出第三个经济关系。我们知道在垄断竞争市场上，由于市场的进入和退出是自由的，因此企业的经济利润必然为零。这是因为当现有企业能赚取正经济利润时，就会有新企业进入这个行业；而当现有企业的经济利润为负时，它们中的一些企业就会退出这个行业。所以在市场均衡时经济利润为零，也就是说价格 P 等于平均成本 AC。运用 P = AC 这个经济关系，图 5.5 和图 5.6 可以合并为图 5.7。

图 5.7 中 CC 线和 PP 线的交点 E 是封闭经济的均衡点。为了便于讨论，我们假定均衡点 E 所对应的价格为 3 万美元，汽车种类为 10 种。因为在这个模型中的两个国家拥有相同的技术水平和资源禀赋，所以每个国家都生产 10 种汽车，每个国家的汽车价格都是 3 万美元。由于这两个国家都处于封闭经济，因此 A 国的 10 种汽车和 B 国的 10 种汽车可能不同。

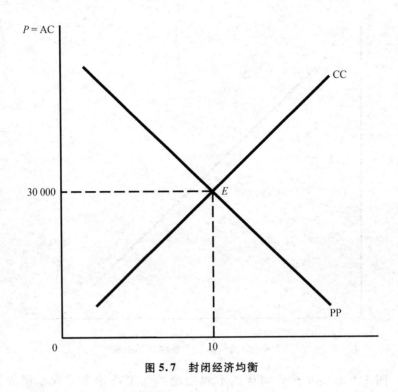

图 5.7　封闭经济均衡

自由贸易均衡

现在我们来讨论两个国家互相开放市场后会发生什么情况。在克鲁格曼模型中,当两个国家开展自由贸易时,对于一个汽车企业而言,它的潜在市场是开放前的两倍。在图 5.7 中,对于任何给定的产品种类 n,市场规模的扩大意味着每个种类的汽车的生产规模的扩大。因为存在规模经济,所以平均生产成本随着生产规模的扩大而降低,表现为 CC 线向下移动(图 5.8)。市场规模的扩大并不改变产品价格和产品种类之间的关系,所以 PP 线在贸易开放前后是一样的。

在图 5.8 中,E_0 是封闭经济均衡中每个国家的均衡点,E_1 是自由贸易均衡中整个世界(包括两个国家)的均衡点。为了便于讲解,我们在图 5.8 中标注了具体数字。图 5.8 告诉我们,贸易开放带来了两个结果。第一,汽车价格从 3 万美元下降到了 2 万美元。第二,对于每个国家的消费者而言,他们可选择的汽车种类从 10 个上升到了 16 个。这两个结果是贸易收益的具体体现。克鲁格曼模型显示,自由贸易不仅

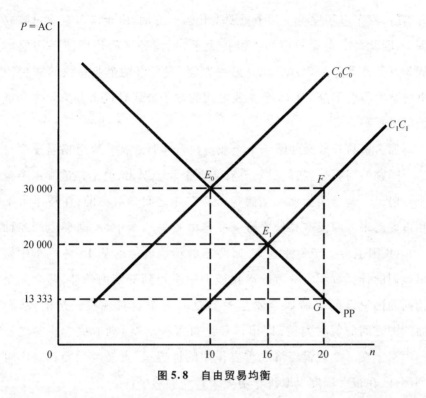

图 5.8　自由贸易均衡

能使消费者享受低价的好处,而且能使消费者享受更多品种选择的好处。

我们注意到,在贸易开放之前每个国家有 10 个汽车企业,两国共有 20 个汽车品种。图 5.8 显示,在贸易开放后世界市场上只会有 16 个汽车品种。为什么贸易开放后汽车品种的数量不是 20 个?哪 4 个汽车品种会遭到淘汰?

从图 5.8 中我们看到,如果贸易开放后汽车品种为 20 个,那么每个汽车品种的市场规模和开放前一样;此时的平均成本是 3 万美元。但是贸易开放后市场竞争大大加剧了,原来是 10 个企业之间的竞争,现在是 20 个企业之间的竞争。因为市场竞争的加剧,所以汽车价格下降。当市场上有 20 个企业时,PP 线告诉我们汽车的市场价格将降到 1.3 万美元左右。由于此时平均成本远远高于市场价格,因此汽车行业面临亏损。在这种情况下,一些汽车企业就会退出汽车行业。从图 5.8 中可以看到,只有当世界汽车市场上的企业数目降到 16 个时,汽车的平均成本和市场价格才会相等,市场才能达到均衡。在 4 个企业退出后,汽车市场发生了两个重要变化。一方面,由于汽车企业总数减少了,因此每个企业的市场份额扩大了;规模经济的作用使平均成本从3万美元下降到2万美元。另一方面,汽车市场企业总数的减少使市场竞争程度下降,而16个企业之间的竞争最终导致2万美元这个市场价格水平。

那么贸易开放会使哪4个企业退出汽车行业呢?克鲁格曼模型对这个问题的回答是:我们只知道有4个企业会退出,但不知道哪4个企业会退出。这是因为该模型假定所有企业之间是对称的,在技术水平和市场需求方面没有高低之分。在自由贸易均衡中,A国会生产8种汽车,B国也会生产8种汽车,而两国的消费者能够从16种汽车中做出他们的选择。和上一节的简化模型中所得到的结论一样,两个完全相同的国家之间之所以会发生贸易是因为企业对规模经济的追求。而两国之间的贸易类型(即出口和进口哪种车型)则取决于模型之外的因素。在一个规模经济起重要作用的世界里,贸易类型会具有不可预测性,在很大程度上取决于历史因素和偶然事件。

和李嘉图模型一样,克鲁格曼模型假定一种生产要素,因此不存在收入分配问题。在克鲁格曼模型中,贸易开放带来的贸易收益体现在商品价格的下降和商品品种的增加上,这些贸易开放的好处为所有公民所享受。虽然由于贸易开放有些企业会关闭,但那些继续经营的企业会扩大生产规模从而吸收那些关闭企业解雇的工人,因此工人不会面临失业的压力。相反,由于贸易开放导致商品价格下降,工人的实际工资会上升,而且还会从更多消费品种的选择中获得更高效用。

在克鲁格曼模型中,贸易发生在同一行业内,这类贸易被称为行业内贸易。在以比较优势为基础的贸易模型中,贸易发生在不同的行业之间,这类贸易被称为行业间贸易。一般而言,行业间贸易因为发生在技术和资源禀赋不同的国家之间,所以它带来的国家内部收入分配效应会比较强烈。而行业内贸易因为发生在技术和资源禀赋相类似的国家之间,所以它带来的国家内部收入分配效应会比较弱。在全球贸易中,大约1/4是行业内贸易,3/4是行业间贸易。

5.3 梅勒兹模型

克鲁格曼模型采用了如下的假设:所有企业是对称的,即它们在生产能力和产品需求等方面是相同的。克鲁格曼模型预测在贸易开放后,一些企业会退出市场,从而剩下的企业能够在较大的规模上生产,从规模经济中获益。贸易开放在这里产生了两个效应。第一,贸易开放使一些企业选择退出市场,我们称这个效应为选择效应。第二,贸易开放使继续留在市场中的企业扩大了生产规模,我们称这个效应为规模效应。在克鲁格曼模型中,贸易收益来自规模效应,而不是选择效应。然而实证研究发现,现实世界中的贸易开放所带来的生产效率的提高主要表现在选择效应上,即贸易开放使生产率较低的企业退出市场,从而提高一个国家的整体生产效率。实证研究发现贸易开放带来的规模效应是有限的,并不像克鲁格曼模型所描述和强调的那样。[①]

梅勒兹(Melitz,2003)构建了一个国际贸易模型,在这个模型中企业之间是不对称的,它们在生产率水平上存在差异性。假设这些企业生产同一行业的一种差异化产品。每个企业在进入该行业时需要先花费一笔固定成本 F_D,这也是该企业发现自己真实的生产率水平的必要途径。在得知自己真实的生产率水平之后,那些生产率高于 Q_D 的企业会在这个行业干下去,而那些生产率低于 Q_D 的企业会选择退出该行业。

对于那些想要出口产品到国外市场的企业,它们必须付出额外的固定成本,$F_X > F_D$。因为这个原因,只有那些生产率高于 Q_X 的企业才会选择出口。出口企业面临的生产率门槛 Q_X 要高于国内市场导向的企业所面临的生产率门槛 Q_D。图 5.9 展示了梅勒兹模型中企业根据自身的生产率水平高低而做出的是否生产和是否出口的决策。

在梅勒兹模型中,生产率门槛 Q_D 和 Q_X 的高低和贸易自由化程度

[①] 参见 Feenstra, Robert (2004), *Advanced International Trade: Theory and Evidence*, Worth Publisher,第五章。

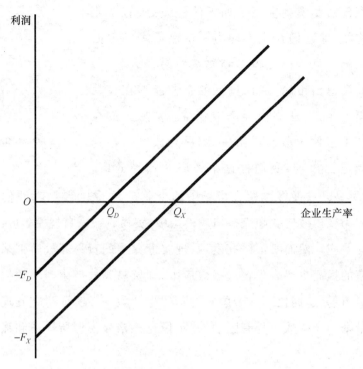

图 5.9 梅勒兹模型

密切相关。当国际贸易变得更自由时,梅勒兹模型预测 Q_X 会下降,而 Q_D 会上升。也就是说,更开放的国际贸易使出口变得更加有利可图,因而降低了从事出口业务的生产率门槛 Q_X。而出口企业数量的增多提高了该行业的竞争水平,因而提高了在这个行业从事生产和销售活动的生产率门槛(Q_D)。由于这个门槛的提高,该行业的平均生产率随着国际贸易开放度的提高而提高。梅勒兹模型的这个预测是之前的国际贸易模型所没有的,但它得到了实证的支持。

梅勒兹模型的一个重要特征在于行业的平均生产率是内生的,而不是像李嘉图模型中那样是外生的。赫克歇尔-欧林模型揭示了资源禀赋差异对贸易类型的作用,但假定国家之间没有生产率的差异;而在引入了行业生产率的内生性后,资源禀赋的差异会导致行业生产率的差异。所以从梅勒兹模型的角度进行思考,我们发现基于资源禀赋差异的比较优势和基于行业生产率差异的比较优势是相辅相成、不可分割的。正是因为梅勒兹模型的框架具有很强的包容性,可以将比较优势贸易模型和不完全竞争贸易模型的重要部分糅合在一起,而且比较充分地考虑到企业层次出口决策中诸如固定成本之类的重要变量，因此梅勒兹模型已经成为21世纪国际贸易学的一个重要的理论框架，对它的研究和应用可以说是方兴未艾。

5.4 讨论和总结

国际贸易为什么会发生？贸易收益源于何处？传统贸易理论给出的答案是比较优势。因为国家之间在技术水平和资源禀赋方面存在差异，国际贸易成为互通有无、互利互惠的途径。本章所介绍的新贸易理论揭示了国际贸易收益的另一个来源：规模经济。因为国际市场的规模大于国内市场的规模，所以参与国际贸易能够享受世界市场带来的规模经济。建立在规模经济之上的国际贸易不但能够给消费者带来价格较低的商品，而且带来了更多的品种选择。

在20世纪70年代新贸易理论诞生之前，经济学家对规模经济在国际贸易中的作用已有所认识，但是没有找到合适的分析工具将其理论化。因为规模经济的存在意味着市场竞争具有不完全性，而不完全竞争的形态多种多样，很难像单一的完全竞争市场那样为贸易模型提供一个统一的理论框架。在所有不完全竞争的市场结构中，垄断竞争的特征相对简单和明确。在张伯伦（Edward H. Chamberlin）出版《垄断竞争理论》（1933）四十多年之后，迪克希特和斯蒂格利茨（Dixit and Stiglitz, 1977）终于成功地将这一理论变成了数学模型。正是借助于迪克希特-斯蒂格利茨模型，克鲁格曼才得以完成他的新贸易理论的开山之作（参见专栏5.1）。或许有人会说，现代经济学的发展如此受制于数学模型显示了它的局限性。这样的批评者没有看到问题的另一面，那就是理论的建立和发展需要纪律约束。思想火花虽有价值，但它不具备理论所要求的严格性，因而只能是无源之水，无本之木。克鲁格曼模型的贡献正是在于它在国际贸易学历史上第一次严格地推导出了基于规模经济的国际贸易关系，为解释发达国家之间所发生的大量贸易提供了有力的理论基础。

进入21世纪后国际贸易理论又有了新的突破，其开拓性的模型为梅勒兹(2003)所建立。在克鲁格曼模型中企业被假设为具有相同特征,因此不能用于分析企业在国际和国内市场之间的选择。梅勒兹模型考虑了不同生产率水平的企业,由此推导出出口企业和国内市场导向型企业的不同特征。由于梅勒兹模型将国家的资源禀赋差异、市场的不完全性和企业的生产率差异有机地结合了起来,它为从企业、产业和国家层次研究国际贸易现象提供了有效的分析工具,因此被认为开创了国际贸易学理论的又一个新阶段。

专栏5.1
克鲁格曼和新贸易理论

保罗·克鲁格曼(Paul Krugman, 1953—)出生于美国一个中产阶级家庭,在纽约郊区长大。克鲁格曼于1977年获得麻省理工学院经济学博士学位,之后曾执教于耶鲁大学、麻省理工学院、斯坦福大学和普林斯顿大学等著名学府,其学术研究主要专注于国际贸易和国际金融等领域。克鲁格曼在经济学上的天赋是毋庸置疑的,他在24岁时构建了汇率危机的初步模型,在38岁时获得了美国经济学会为最杰出的青年经济学家所设立的克拉克奖。克鲁格曼因其在1994年预言了亚洲金融危机而广为人知。在学术界之外,克鲁格曼以《纽约时报》的专栏作家闻名。他以犀利的笔触剖析美国的经济问题,特别是猛力抨击乔治·W.布什总统的经济政策,是美国极富色彩的经济学家之一。[①]

克鲁格曼最早以其在新贸易理论上的研究成名。按照传统贸易理论,国际贸易只能发生在经济条件存在差异的国家之间,其带来的收入分配效应会造成不同生产要素所有者的利益冲突,而自由贸易区和关税同盟会建立在要素禀赋互补的国家之间。但二战以后发生的一些贸易新现象使人们对传统贸易理论提出了质疑,例如全球贸易的2/3以上发生在资源禀赋相似的发达国家之间,行业内贸易在国

---

① 参见吴志明,"克鲁格曼其人",转引于中国经济学教育科研网。

际贸易中占据了很大的比重,而资源禀赋相似的欧洲各国组建了欧洲共同市场。这些现象是传统贸易理论较难解释的。

张伯伦在1933年出版的《垄断竞争理论》一书中指出,产品的差异性使得每个生产者具有一定的垄断势力,但同时也要面临其他可替代商品的竞争,所以现实市场中既存在竞争因素又存在垄断因素。在短期,单个厂商以边际成本等于边际收益来决定产出,并获得超额收益,但在长期,超额利润会吸引新的厂商投资者进入,引发价格竞争,迫使原有厂商降低价格水平直至超额利润消失。在张伯伦的理论思想基础上,迪克希特和斯蒂格利茨于1977年发表了一篇论文,建立了一个垄断竞争市场的数学模型。在这个模型中,消费者所要求的需求多样化和企业对规模经济的追求之间存在冲突。企业为了实现规模经济倾向于扩大生产规模,减少产品种类,而消费者则要求产品种类多样化。国际贸易似乎可以解决这一矛盾:世界市场为各国的专业化大规模生产提供了条件,而各国之间互通有无则能满足消费者对产品多样化的需求。

克鲁格曼从迪克希特-斯蒂格利茨模型中获得了很大的启发。1978年,他在拜访他的教授多恩布什时表述了垄断竞争贸易模型的初步思想,得到了多恩布什的肯定。当年7月克鲁格曼在美国国家经济研究局暑期研讨会上演讲了他对这一模型的研究论文。克鲁格曼回忆道:"那是我生命中最美好的90分钟。"[①]克鲁格曼所建立的垄断竞争贸易模型表明:国家之间即使没有比较成本差异,规模经济也会引发贸易,而且每个人都可以从享受产品多样化和由成本降低带来的低价格中获得好处。虽然用规模经济来解释贸易现象由来已久,最早可以追溯到亚当·斯密的分工理论,但克鲁格曼是建立严格的垄断竞争贸易模型的第一人。由克鲁格曼所开创的不完全竞争市场贸易理论被称为"新贸易理论"。

在20世纪80年代克鲁格曼对不完全竞争市场贸易理论进行了完善、延伸和拓展,将以规模经济和产品差异为特征的新贸易理论与

---

① 参见 Paul Krugman, "Incidents from My Career", 转引于克鲁格曼的官方网站。

以比较优势为基础的传统贸易理论进行了融合。在融合后的贸易模型中,行业间贸易建立在比较优势之上,而行业内贸易则是建立在产品差异和规模经济之上。在 20 世纪 90 年代克鲁格曼将新贸易理论的概念和原理用于分析经济活动的地理和区位问题,开创了新地理经济学。克鲁格曼因其对国际贸易和经济区位理论的开创性贡献获得了 2008 年的诺贝尔经济学奖。

本章提要

1. 在不存在比较优势的情况下国际贸易也会发生并且带来贸易收益,其原因在于世界市场所提供的规模经济效应。

2. 以不完全竞争市场为特征的新贸易理论在 20 世纪 70 年代末诞生,克鲁格曼模型是该理论的标志性模型。在克鲁格曼模型中,对称型的企业之间展开垄断竞争。贸易开放使得消费者能够享受较低的价格和较多的品种选择。

3. 克鲁格曼模型中的国际贸易发生在行业内,这有别于建立在比较优势基础上发生在行业之间的国际贸易。前者称为行业内贸易,后者称为行业间贸易。一般而言,行业间贸易所导致的收入分配效应要强于行业内贸易所导致的收入分配效应。

4. 国际贸易理论在 21 世纪初有了新的突破,其标志是梅勒兹模型。该模型考虑了企业之间在生产率水平上的差异,内生化了企业在国内市场和国际市场之间的选择。梅勒兹模型将资源禀赋、规模经济、市场不完善性和企业的自我选择有机地结合了起来,为分析当今世界的国际贸易现象提供了新的理论工具。

进一步阅读

克鲁格曼模型的原型发表在 Krugman(1979)。本章对克鲁格曼模型的介绍参考了 Krugman 和 Obstfeld(2003)所著本科教材的第 6 章。

该教科书在第 6 章中还讨论了将规模经济和比较优势结合在一起的一个演示模型,有兴趣的读者可以一阅。对于新贸易理论的全面学习请参阅 Helpman 和 Krugman(1985),该书是两位新贸易理论开创者对该理论的总结,特别值得注意的是他们将新贸易理论和传统贸易理论统一在共同的框架下而成为互补的理论。需要指出的是,新贸易理论还包括建立在寡头垄断等不完全竞争市场结构之上的模型,这方面的内容请参阅 Brander(1995)在《国际经济学手册》第三卷中的综述文章。新贸易理论的一个重要拓展是新地理经济学,读者可参阅 Krugman(1991)所著《地理和贸易》。梅勒兹模型的原型发表在 Melitz(2003)。Baldwin(2005)讨论了梅勒兹模型的基本结构,并将由此文开创的理论称为"新新"贸易理论。Helpman(2006)对包括梅勒兹模型在内的将企业特征引入贸易模型的近期研究作了一个综述,更新的文献建议读者到美国国家经济研究局(NBER)的网站上查询最新发表的有关工作论文。

参考文献

Baldwin, Richard E. (2005), "Heterogeneous Firms and Trade: Testable and Untestable Properties of the Melitz Model," NBER Working Paper No.11471.

Brander, James A. (1995), "Strategic Trade Policy," in Gene M. Grossman and Kenneth Rogoff (eds.), *Handbook of International Economics*, Vol. III, North Holland Elsevier Science.

Helpman, Elhanan (2006), "Trade, FDI, and the Organization of Firms," *Journal of Economic Literature*, 154, 589—630.

Helpman, Elhanan and Paul R. Krugman (1985), *Market Structure and Foreign Trade: Increasing Returns, Imperfect Competition and the International Economy*, Cambridge, MA: MIT Press.

Krugman, Paul R. (1991), *Geography and Trade*, Cambridge, MA: MIT Press. (中译本)张兆杰译,《地理和贸易》,北京大学出版社和中国人民大学出版社 2000 年版。

Krugman, Paul R. (1979), "Increasing Returns, Monopolistic Competition, and International Trade," *Journal of International Economics*, 9, 469—480.

Krugman, Paul R. and Maurice Obstfeld (2003), *International Economics: Theory and Policy*, 6th edition, Pearson Education. (中译本) 海闻等译,《国际经济学:理论与政策》(第六版), 中国人民大学出版社 2006 年版。

Melitz, Marc J. (2003), "The Impact of Trade on Intraindustry Reallocations and Aggregate Industry Productivity," *Econometrica*, 71, 1695—1725.

练习与思考

一、概念题

1. 规模经济
2. 垄断竞争市场
3. 差异化产品
4. 行业间贸易和行业内贸易
5. 生产率门槛

二、判断题

1. 比较优势是国际贸易发生的唯一原因。
2. 基于规模经济的国际贸易类型是由各国的资源禀赋所决定的。
3. 在克鲁格曼模型中,贸易收益表现为消费者福利的增加,而生产者福利是减少的。
4. 克鲁格曼模型和梅勒兹模型都假设企业之间是对称的,没有差异性。
5. 在克鲁格曼模型中,贸易开放产生了规模效应和选择效应。

三、选择题

1. 国际贸易发生的原因可以是
   A. 比较优势
   B. 资源禀赋的差异
   C. 规模经济
   D. 以上都正确

2. 以下哪种说法是错误的?
   A. 不完全竞争市场上可以存在规模报酬递增
   B. 规模经济下的生产可能性边界是外凸的

C. 规模经济可以成为国际贸易的原因

D. 生产规模的大小决定了生产成本的高低

3. 在克鲁格曼模型中，

A. 由于假定只有一种生产要素，因而不存在收入分配问题

B. 由于产品是差异化的，因而产品的生产成本和需求是不同的

C. 从封闭经济到自由贸易，两国国内的厂商数目都因为市场规模的扩大而增加了

D. 自由贸易以后，消费者可以享受到更多种类的产品，但是价格相应提高了

4. 以下哪种关于行业内贸易的说法是错误的？

A. 较之行业间贸易，行业内贸易带来的国家内部收入分配效应更弱一些

B. 在克鲁格曼模型中，行业内贸易的类型是不确定的

C. 行业内贸易主要发生在同类产品中，表明规模经济效应已趋于减弱

D. 行业内贸易更多地发生在技术和资源禀赋相似的国家之间

5. 在梅勒兹模型中，

A. 企业的劳动生产率是一样的，不存在差异性

B. 企业的生产率随着国际贸易规模的扩大而提高

C. 行业的生产率是外生的

D. 贸易开放会产生选择效应

四、简答题

1. 在两个生产技术和资源禀赋完全相同的国家之间是否会发生贸易？为什么？

2. 简述垄断竞争市场和完全竞争市场的联系与区别。

3. 克鲁格曼模型中的贸易收益表现为什么形式？为什么在该模型中没有收入分配效应？

4. 简述行业内贸易和行业间贸易的差异。

5. 在梅勒兹模型中，行业生产率与国际贸易开放度有何联系？

五、综合题

1. 本国有一个垄断竞争的汽车市场，其平均成本 AC 和汽车种类 n 的关系（CC 曲线）是 $AC = 10n + 10$，汽车价格 P 和汽车种类 n 的关系（PP 曲线）是 $P = 1\,000/n + 10$。

（a）画出本国汽车行业的 CC 曲线和 PP 曲线，并说明其含义。

（b）在封闭经济均衡时，本国的汽车价格和种类各自是多少？

2. 在上题条件下，考虑一个生产条件和市场条件与本国完全相同的外国。

（a）假设两国开展自由贸易，在图上画出本国的 CC 曲线和 PP 曲线的变化，并标注出一个可能的自由贸易均衡点。

（b）在图中标出自由贸易均衡时的一个可能的价格和汽车种类组合，并说明为何自由贸易能使两国获益？

（c）贸易开放会使生产哪些种类汽车的企业退出市场？

3. 设想两个国家拥有不同的资源禀赋，它们之间基于比较优势开展两个行业之间的贸易。假设其中一个行业具有规模经济特征，其生产的产品为差异化产品，由此导致两国之间开展行业间贸易。试根据上述情况建立一个模型并讨论其中两个国家的贸易类型。

第 6 章
贸易理论的实证检验

前面的章节讲解了国际贸易学的四个基础理论。这四个理论从不同的角度对国际贸易现象作了符合逻辑的推理和解释。我们需要理解的是，如果把和国际贸易相关的所有方面放到一个理论模型中去，那么这个理论模型中的各种经济关系将会盘根错节，我们将很难从中识别某个特定经济变量的作用。所以国际贸易学没有一个包罗万象的统一的理论模型，而是提供了多个理论模型来反映国际贸易的不同侧面。在很大程度上，这些理论模型之间是互相补充的关系。理解了这点之后，我们就能认识到要求某个理论模型解释全部的经济现象是不现实的，也是没有道理的。但是我们仍然要问：这些理论模型各自对现实世界的解释能力有多少？合起来又有多少？在本章中我们介绍对国际贸易理论模型的实证检验。

6.1 李嘉图模型的实证检验

李嘉图模型抓住了国际贸易发生的一个原因,就是国家之间劳动生产率的差异。特别重要的是,李嘉图模型揭示了国际贸易发生的原因不在于国家之间劳动生产率绝对水平的差异,而在于国家之间不同生产部门的劳动生产率相对水平的差异。李嘉图模型有一个很明确的定性的预测:一个国家倾向于出口相对于其他国家而言劳动生产率较高的行业所生产的产品,而倾向于进口劳动生产率相对较低的行业所生产的产品。

怎样来实证检验李嘉图模型的这个预测呢?最简单最直接的方法就是选取两个国家,计算每个国家各个行业的劳动生产率,求出两个国家在同一行业中劳动生产率的比率,以此预测两个国家的出口行业和进口行业并与实际情况相比较。以美国和英国为例,设 a_i 为美国行业 i 的劳动生产率,b_i 为英国行业 i 的劳动生产率。设 E_i 为美国行业 i 的出口额,F_i 为英国行业 i 的出口额。李嘉图模型的理论预测可以归结为以下的实证假说:

$$\text{如果 } \frac{a_X}{b_X} > \frac{a_Y}{b_Y}, \quad \text{那么 } \frac{E_X}{F_X} > \frac{E_Y}{F_Y}$$

也就是说,比较 X 和 Y 行业,如果美国在 X 行业的相对劳动生产率比英国高,那么美国在 X 行业拥有强于英国的比较优势,因此美国在 X 行业的相对出口额预计会比英国高。

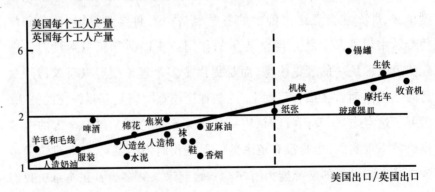

图 6.1　李嘉图模型的实证结果

图 6.1 显示了用 1937 年美国和英国 20 个行业的数据所作的实证

检验的结果。这个检验取自麦克道格尔(McDougall,1951,1952)。图中横轴衡量 E_i/F_i,即美国和英国行业 i 对世界市场出口额的比率;纵轴衡量 a_i/b_i,即美国和英国行业 i 劳动生产率的比率。我们看到,相对劳动生产率和相对出口额之间呈正相关的关系,这个结果支持了基于李嘉图模型的实证假说。

图 6.1 所显示的正相关关系得到了多个实证研究的支持。虽然这些实证研究存在种种缺陷,但李嘉图模型关于国家之间要素生产率差异会影响贸易类型的结论获得了广泛的认同。

6.2 赫克歇尔-欧林模型的实证检验

赫克歇尔-欧林模型揭示了国际贸易发生的另一个原因,就是国家之间资源禀赋的差异。和李嘉图模型一样,在 HO 模型中一个国家的贸易类型取决于该国资源禀赋的相对丰裕程度,而不是绝对丰裕程度。在二维的 HO 模型中,HO 定理有一个明确的预测:在自由贸易条件下,劳动力相对丰裕的国家出口劳动密集型产品,进口资本密集型产品;而资本相对丰裕的国家出口资本密集型产品,进口劳动密集型产品。

▪▪▪ 贸易商品的要素含量

HO 定理的预测在二维 HO 模型中是明确的,但当商品数目和生产要素数目分别超过 2 个时,这个预测还成立吗?瓦内克(Vanek)在 1968 年发表了一篇文章,提出了贸易商品要素含量的概念。商品是由各种生产要素结合起来生产而成的,因此出口一个商品就等于出口了包含在这个商品中的各种生产要素。例如中国出口的某个玩具在生产中耗费了 2 个单位的劳动和 1 个单位的资本,那么中国出口这个玩具就意味着间接地出口了 2 个单位的劳动和 1 个单位的资本。瓦内克证明,在高维的 HO 模型中,虽然 HO 理论建立在商品分类基础上的贸易类型预测将不再成立,但是建立在要素含量基础上的贸易类型预测仍然成立。这个预测被称为 HOV 定理:在自由贸易条件下,劳动力相对丰裕的国家将是净劳动要素出口国,而资本相对丰裕的国家将是净资本要素出口国。

里昂惕夫之谜

里昂惕夫(Leontief)在1953年发表了一篇论文,用美国1947年的数据对HO定理的预测作了实证检验。里昂惕夫将美国的商品分成两大类:出口商品和进口商品。运用美国的投入产出表,里昂惕夫计算出了包含在美国出口商品中的劳动和资本,由此得出美国出口商品的资本劳动比率。假设其他国家的投入产出表和美国的相同,里昂惕夫计算出了美国进口商品的资本劳动比率。[①] 表6.1展示了里昂惕夫的计算结果。

表6.1 里昂惕夫的计算结果

	美国出口商品	美国进口商品
资本(百万美元)	2.55	3.09
劳动(人年)	182	170
资本劳动比率(美元/人)	14 000	18 200

在二战后的1947年,美国相对于世界其他国家毫无疑问是资本充裕国。里昂惕夫检验HO定理的实证假说是:资本丰裕的美国应该出口资本密集型产品,进口劳动密集型产品。从表6.1可以看到,美国出口商品的资本劳动比率低于美国进口商品的资本劳动比率。也就是说,数据显示美国出口的是劳动密集度相对较高的商品,而进口的是资本密集度相对较高的商品,这和HO定理的预测正好相反,所以该结果被称为"里昂惕夫之谜"。

如何解释"里昂惕夫之谜"?一种解释认为美国所出口的商品中所含劳动的技术水平较高。根据鲍德温(Baldwin, 1971)的计算[②],在1962年生产美国出口商品的工人的平均受教育年数为10.1年,而生

---

① 里昂惕夫使用美国的投入产出表来代替其他国家的投入产出表的直接原因是当时还没有其他国家的投入产出表。但是这也符合HO模型关于各国使用同样的生产技术这一假定。

② Baldwin, Robert (1971), "Determinants of the Commodity Structure of U. S. Trade," *American Economic Review*, 61, 126—146.

产美国进口商品的工人的平均受教育年数为 9.9 年；生产美国出口商品时投入的劳动力中工程师和技术人员的比重为 2.55%，而生产美国进口商品时投入的劳动力中工程师和技术人员的比重为 1.89%。由此可见美国出口商品的技术工人密集程度高于美国进口商品的技术工人密集程度，这和 HO 定理的预测是一致的。另一种解释是，HO 定理成立的条件是自由贸易，而现实世界中充满了贸易保护。由于外国的贸易保护，美国的资本密集型产品出口会比在自由贸易条件下要少，因此里昂惕夫的计算会低估美国出口商品的资本含量；而由于美国的贸易保护，美国对劳动密集型产品的进口会比在自由贸易条件下要少，因此里昂惕夫的计算又会低估美国进口品中的劳动含量。这两方面的作用有可能使美国出口商品的资本密度低于进口商品的资本密度。尽管这些对里昂惕夫之谜的解释言之成理，但它们基本上只是定性的理论假说。对 HO 理论的检验需要更严格的定量分析。

■■■■ HOV 模型预测能力的检验

HOV 模型对贸易产品中所含生产要素的类型作了预测。一个资本较丰裕的国家的净出口中所含的资本要素量应该为正，而一个劳动力较丰裕的国家的净出口中所含的劳动要素量应该为正。设 V_{FC} 为国家 C 在生产要素 F 中的相对丰裕程度，E_{FC} 为国家 C 净出口中所含的生产要素 F 的量。HOV 模型的预测是：当 $V_{FC} > 0$ 时，$E_{FC} > 0$；当 $V_{FC} < 0$ 时，$E_{FC} < 0$。通过比较 V_{FC} 和 E_{FC} 的符号（正或负）来检验 HOV 定理的方法称为符号检测法。

特里夫勒（Trefler, 1995）用含 33 个国家和 9 个生产要素的 1983 年的数据计算得出 V_{FC} 和 E_{FC} 的符号相关性等于 0.5。也就是说，每对 V_{FC} 和 E_{FC} 只在 50% 的情况下符号一致。要知道随机抽取两列数字，它们之间也会有 50% 的对子具有相同的符号。所以特里夫勒形象地指出："HOV 模型的预测力不好于掷一枚硬币。"

值得一提的是，符号测试法只测试了 HOV 定理所预测的方向是否准确，并没有测试 HOV 定理所预测的数量是否准确。如果连这样一个要求很低的测试都无法通过，那么 HOV 定理的现实解释能力就值得怀疑了。这不由让人怀疑从要素禀赋角度解释贸易类型的赫克歇尔-欧林理论是否有实际的用处。

■■■ 要素生产率的国际差异

里昂惕夫自己是这样解释他所发现的谜团的:"让我们放弃关于各国拥有相同技术这一简单化的假设,而替之以更合理的另一个假设,即对于给定的资本量,一个美国劳动力一年的产量相当于一个外国劳动力三年的产量……这样美国每个'世界等量工人'的资本拥有量就会比许多其他国家来得小,而不是大。这就是我对我的实证发现的理论解释。"(Leontief, 1953, 第 523—524 页) 里昂惕夫所指出的正是问题的关键所在:HO 模型为了识别要素禀赋差异对国际贸易的作用而抽象掉了李嘉图模型所强调的要素生产率的国际差异。如果国际间要素生产率的差异很显著,那么 HO 模型不能解释现实中的贸易类型也是很正常的。HO 模型是不是有解释力,关键是看在剔除了国际间要素生产率差异以后是不是有解释力。

特里夫勒(1993)用一个间接的方法证明了 HOV 模型的预测不符合数据的主要原因正是国际间要素生产率的差异。他假定国家 C 的生产要素 F 的"世界等量"值为 $\alpha_{FC}V_{FC}$,这里 α_{FC} 代表 F 的要素生产率;然后他计算出要使 HOV 模型的预测完全准确时 α_{FC} 需要取什么值;最后他将推导出的 α_{FC} 值和可以找到的真实值作比较。特里夫勒发现,从 HOV 模型解出的劳动生产率值和观察到的各国工资值之间有 90% 的相关性,而解出的资本生产率值和观察到的各国资本品价格的相关性也达到了 68%。这一发现表明,不是 HOV 模型不能说明现实,而是在运用 HOV 模型时,先需要将各国的生产要素量用生产率作调整而取得"世界等量"的生产要素量。美国的劳动力比其他各国有更高的生产率,因此美国以"世界等量"来衡量的实际劳动力数量会较高,由此可以解释"里昂惕夫之谜"。用名义劳动力数量和名义资本数量来计算一国的劳动力和资本的丰裕程度忽视了国际间要素生产率差异这一事实,由此发现 HOV 模型不能解释现实也就不足为奇了。

丢失的贸易量之谜

在考虑了国际间要素生产率差异以后,HOV 模型似乎恢复了解释能力。然而特里夫勒(1995)经过仔细考量后发现,经过生产率调整后一个国家的生产要素丰裕程度尽管和该国净出口中所含生产要素在方向性上变得一致了,但是生产要素丰裕程度所预测的净要素贸易量要比实际观察到的净要素贸易量大得多。大量的贸易量"丢失了"!这个发现被称为"丢失的贸易量之谜",它表明 HOV 模型即使在经过要素生产率调整后,还是不能很好地解释各国之间发生的贸易流量。

"丢失的贸易量之谜"传递出一个重要的信息:世界各国之间的国际贸易关系是许多因素综合作用的结果。李嘉图模型所揭示的要素生产率国际差异很重要,赫克歇尔-欧林模型所揭示的资源禀赋国际差异也很重要,但这两个因素还不足以解释现实中的贸易关系。这个实证结果表明,国际贸易中有很大部分不为经典的李嘉图模型和 HO 模型所解释,我们对国际贸易的理解需要超越这两个模型。

影响贸易要素类型的因素

戴维斯和维恩斯坦(Davis and Weinstein, 2001)的实证研究将影响贸易要素类型的因素作了总结。他们的研究方法是从标准的 HOV 模型出发,通过逐个改变 HOV 的假设来考察修正后的模型对数据解释能力的变化。表 6.2 列出了他们的研究结果。

表 6.2 戴维斯和维恩斯坦(2001)的研究结果

	符号测试	"丢失的贸易量"测试
HOV,美国技术	0.32	0.0005
HOV,世界平均技术	0.45	0.0003
中性生产率调整	0.50	0.008
技术随要素禀赋调整	0.86	0.07
要素价格不均等	0.86	0.19
世界其余国家技术的调整	0.82	0.38
引力模型对需求调整	0.91	0.69

注:世界其余国家指除 20 个样本国以外的其他国家的集合。

表 6.2 列出了符号测试和"丢失的贸易量"测试两项结果。前者测试的是 HOV 定理所预测的方向是否准确：越接近 1 越准确。后者测试 HOV 定理所预测的数量是否和实际相符：越接近 1 越相符。戴维斯和维恩斯坦考虑劳动力和资本两个生产要素。在使用美国的投入产出表计算 20 个经合组织国家的贸易要素量时，或者使用根据各国的投入产出表计算的世界平均技术时，两个测试的结果都很差，表明 HOV 模型关于世界各国使用同样生产技术的假定需要被放弃。如果假定世界各国使用不同的生产技术，但是它们在劳动生产率和资本生产率上的差距相同，也就是说生产率的差距是中性的，表 6.2 显示经过中性生产率调整后的两个测试结果仍然很差。戴维斯和维恩斯坦的重要贡献在于发现"要素价格世界均等"这一标准的 HO 模型的核心定理是问题的症结所在。如果要素价格世界不均等，那么不同国家中资本和劳动的替代比率就会不同，也就是说各国的技术会随其要素禀赋的不同而不同。对于生产同样产品，劳动力丰裕的国家会采用劳动密集型的生产技术，而资本丰裕的国家会采用资本密集型的生产技术，正如第 4 章中多域 HO 模型所示。表 6.2 显示在考虑了技术随要素禀赋变化和要素价格不均等之后两项测试的结果，尤其是符号测试的结果，得到了显著的改善。以上各项调整都发生在生产方面，而在消费方面仍然维持 HO 模型关于各国消费者具有相同消费偏好的假定。从"丢失的贸易量"测试的结果来看，仅仅对 HO 模型的生产方面进行调整显然是不够的。戴维斯和维恩斯坦运用引力模型（本章第 4 节将作介绍）来考虑各国消费者的不同的消费偏好。在经过了这项调整后，表 6.2 显示两项测试结果都达到了较满意的指标。从戴维斯和维恩斯坦的研究我们得出的结论是：现实世界中的贸易类型是多种因素合力的结果，其中由生产要素价格不同所导致的各国生产技术的差异以及消费者偏好的差异是两项被标准的 HO 模型所忽视但在现实经济中非常重要的因素。我们在下节讨论的不完全竞争贸易模型在生产方面（规模经济）和消费方面（品种偏好）对以 HO 模型为核心的传统贸易理论做出了突破；实证检验的结果也证实了不完全竞争贸易理论的重要性。

6.3 不完全竞争贸易模型的实证检验

行业内贸易

克鲁格曼的垄断竞争贸易模型有一个重要的预测:贸易会在同一个行业内发生,一个国家既会出口某个行业的产品,又会进口同一个行业的产品。我们从实际的贸易数据中发现,即使对于细分的行业,通常一个国家既有出口又有进口。假定美国某一个化工产业的出口值为200万美元,进口值为100万美元。美国在这个化工产业的贸易中有多少可以被认为是行业内贸易呢?

格鲁伯和劳埃德(Grubel and Lloyd, 1975)发表的著作提出了衡量行业内贸易水平的行业内贸易指数,这个指数被后人称为格鲁伯-劳埃德指数。定义 X 为给定行业的出口值,M 为给定行业的进口值。行业内贸易指数(IIT)的公式是:

$$\text{IIT} = 1 - \frac{|X - M|}{X + M} \qquad (6.1)$$

上式中 $|X-M|$ 是进出口差额的绝对值,我们可以将 $|X-M|$ 理解为出口和进口不重叠的部分。将 $|X-M|$ 除以进出口总额 $(X+M)$,我们得到进出口不重叠部分占总贸易量的比重。由式(6.1)可知 IIT 衡量的是一个行业进出口重叠部分占总贸易量的比重。在前面提到的例子中,美国某化工产业的出口值为 $X=200$,进口值为 $M=100$。根据行业内贸易指数公式(6.1)计算可获得 IIT = 2/3。据此我们认为美国该化工产业的行业内贸易程度为 2/3。

我们可以用几个极端例子来进一步理解这个指数。

【例1】 假定美国出口1 000吨小麦,但不进口小麦,因而美国在小麦贸易上没有行业内贸易。计算结果 IIT = 0 证实了这个结论。

【例2】 假定美国进口900吨咖啡,但不出口咖啡,因而美国在咖啡贸易上没有行业内贸易。计算结果 IIT = 0 证实了这个结论。

【例3】 假定美国汽车进口额为1亿美元,汽车出口额也是1亿美元,所以美国的汽车贸易可以被认为都是行业内贸易。计算结果 IIT = 1 证实了这个结论。

从上面的例子中我们看到，IIT 是一个介于 0 和 1 之间的指数。当 IIT 为零时，该行业没有行业内贸易，所有贸易都被认为是行业间贸易。当 IIT 为 1 时，该行业的贸易全部是行业内贸易，没有行业间贸易。IIT 越高，行业内贸易的比重越大。

行业内贸易指数的高低反映了产品差异化程度。在美国的贸易产品中，行业内贸易指数较高的产品有高尔夫球杆（IIT = 0.98）、注射疫苗（IIT = 0.86）、小型汽车（IIT = 0.8）和威士忌酒（IIT = 0.78）等，这些产品的差异化程度比较高。而行业内贸易指数较低的产品有男式短裤（IIT = 0.03）、传真机（IIT = 0.11）、太阳眼镜（IIT = 0.22）和苹果（IIT = 0.35）等，这些产品的差异化程度较低，同质化程度较高。[1] 以上这些计算结果和克鲁格曼模型是一致的。

行业内贸易在发达国家之间的贸易中比重很高。根据经合组织的计算，在 1996—2000 年间，制造业行业内贸易所占比重法国为 77.5%，加拿大 76.2%，英国 73.7%，德国 72%，美国 68.5%，意大利 64.7%，日本 47.6%。贸易理论告诉我们，技术水平和资源禀赋差别较大的国家之间较可能发生行业间贸易，而技术水平和资源禀赋差别较小的国家之间较可能发生行业内贸易。例如澳大利亚是一个资源丰裕的国家。数据显示 1996—2000 年间澳大利亚制成品贸易中行业内贸易所占比重为 29.8%，远远低于其他发达国家。[2] 这个结果和贸易理论的预测是一致的。

规模效应和选择效应

在克鲁格曼模型中，贸易开放的好处来自于规模经济。海德和里亚斯（Head and Ries, 1999）研究了 1988—1994 年间加拿大 230 个行业中厂商生产规模的变化。[3] 1989 年加拿大和美国签订了美加自由贸易协定。根据克鲁格曼模型，加拿大厂商的生产规模应该在贸易开放后

---

[1] 数据来源：Feenstra and Taylor (2008), *International Economics*, Worth Publishers, 表 6-4。
[2] 数据来源：OECD (2002), "Intra-Industry Trade," *Economic Outlook*, Paris, OECD。
[3] Head, Keith and John Ries (1999), "Rationalization Effects of Tariff Reductions," *Journal of International Economics*, 47, 295—320.

扩大。但海德和里亚斯的研究结果表明加拿大厂商的生产规模并没有显著扩大。也就是说,克鲁格曼模型中的规模效应在实证中没有得到支持。

在梅勒兹模型中,贸易开放使生产效率较低的企业退出市场,其结果使得仍然在经营的那些企业的平均生产率提高了。特里夫勒(2004)研究了加拿大在加入北美自由贸易区以后企业生产率的变化。[1] 他发现,贸易开放后加拿大企业的劳动生产率增长了17%。这些劳动生产率的增长不是来自于企业生产规模的扩大,而主要来自于拥有较高劳动生产率企业的进入和较低劳动生产率企业的退出。这个实证结果支持梅勒兹模型中的选择效应。[2]

6.4 国际贸易的引力公式及其应用

在国际贸易文献中,引力公式占据着独特的位置。引力公式描述的是两个国家之间贸易量的决定。用 T 代表贸易量,Y_A 代表 A 国的国民生产总值,Y_B 代表 B 国的国民生产总值,D 代表 A 国和 B 国之间的地理距离。引力公式可以写成

$$T = \frac{aY_A \cdot Y_B}{D^b} \quad (6.2)$$

式中 a 和 b 是两个大于零的系数。国际贸易的引力公式最早由荷兰经济学家、首届诺贝尔经济学奖获得者丁伯根(Nikolaas Tinbergen)提出。丁伯根原来学的是物理学,这个贸易的引力公式参照了牛顿的万有引力公式。在牛顿的万有引力公式中,两个球体之间的引力和两个球体的质量之积成正比,和它们之间距离的平方成反比。在国际贸易的引力公式中,两个国家之间的贸易量和这两个国家的国民生产总值之积成正比,和它们之间距离的函数成反比。

在很长一段时间内,虽然贸易的引力公式缺乏理论基础,但它能对实际发生的贸易量有很好的解释。数据表明,两个国家或地区之间

---

[1] Trefler, Daniel (2004), "The Long and Short of the Canada-U.S. Free Trade Agreement," *American Economic Review*, 94, 870—895.

[2] 本小节的讨论参考了 Feenstra (2004), *Advanced International Trade: Theory and Evidence*, Princeton University Press, pp.142—143.

的引力越大,它们之间的贸易量就越高。例如费恩斯特拉和泰勒(Feenstra and Taylor, 2008)估计出美国 30 个州(标志为 A)和加拿大 10 个省(标志为 C)之间在 1993 年的引力公式如下:

$$T = \frac{93 Y_A \cdot Y_C}{D^{1.25}} \quad (6.3)$$

这个式子能够很准确地预测美国某个州和加拿大某个省之间的贸易量。许多研究表明,引力公式对于预测国家之间的贸易量也相当准确。

经过国际贸易研究者的努力,贸易的引力公式已经建立起了理论基础。安德森(Anderson, 1979)和伯格斯兰德(Bergstrand, 1985)用不同的方法从贸易模型中推导出了引力公式,而后者所采用的垄断竞争贸易模型似乎更为其他学者所认同。[①] 引力公式中的地理距离被认为是反映了包括运输成本和贸易壁垒在内的贸易成本。

贸易的引力公式在实际应用中揭示了国际贸易的若干重要特征,其中最引人注目的是所谓的边界效应。边界效应指的是国家边界阻碍贸易的进行。对边界效应的经典研究所关注的是加拿大和美国的边界。在美加之间签订了自由贸易区协定后,显性的贸易壁垒被废除了。等式(6.3)给出了美加各州省之间贸易的引力公式。费恩斯特拉和泰勒估计了 1993 年加拿大各省之间(A 和 B 之间)的引力公式,结果如下:

$$T = \frac{1300 Y_A \cdot Y_B}{D^{1.25}} \quad (6.4)$$

从(6.3)和(6.4)这两个引力公式估计式可以推知,即使在美加自由贸易区已得到落实的 1993 年,同属加拿大的一对贸易伙伴之间的贸易量是美加之间经济实力相当的一对贸易伙伴之间贸易量的 14 倍!而在美加自由贸易区建立之前的 1988 年,这个差距是 22 倍。虽然贸易开放促进了贸易量的提高,但即使对于美国和加拿大这两个相互实

[①] Anderson, James (1979), "A Theoretical Foundation for the Gravity Equation," *American Economic Review*, 69, 106—116; Bergstrand, Jeffrey (1985), "The Generalized Gravity Equation, Monopolistic Competition, and the Factor-Proportions Theory in International Trade," *Review of Economics and Statistics*, 71, 143—153.

施自由贸易政策的国家,它们之间隐性的贸易壁垒仍然是巨大的。这就是边界效应对我们的警示。①

国际贸易的理论模型是对现实世界中所观察到的国际贸易现象的理论抽象。传统贸易理论将注意力放在比较优势上,而新贸易理论将注意力放在规模经济和差异化产品之上。在传统贸易理论中,李嘉图模型关注国家之间要素生产率差异所导致的比较优势和劣势,而赫克歇尔-欧林模型关注国家之间要素禀赋差异所导致的比较优势和

6.5 讨论和总结

劣势。在新贸易理论中,克鲁格曼模型揭示了国际贸易带来的规模效应,而梅勒兹模型则揭示了国际贸易带来的具有不同生产率的企业的自我选择效应。这些不同的理论模型反映了国际贸易现象的不同侧面,它们之间具有互补性。在学习了这些理论模型之后,我们自然要问:这些理论模型在多大程度上可以解释现实世界中的国际贸易现象?本章所介绍的对贸易理论的实证检验要回答的正是这个问题。

由于理论模型的抽象性,我们不能苛求它们的预测和数据完全吻合。但是如果一个理论模型最重要的预测和数据不符,那么这个理论模型的可应用性就值得怀疑了。李嘉图模型的基本预测,即国家之间不同行业相对劳动生产率的差异是贸易类型的重要决定因素,得到了实证的支持。而 HO 模型的基本预测,即一个国家的生产要素禀赋的相对丰裕度决定了该国的贸易类型,却没有得到实证的支持。首先是里昂惕夫发现作为资本丰裕国的美国,它所出口的产品的平均资本密集度低于它所进口的产品的平均资本密集度,这和 HO 定理的预测正好相反。其后特里夫勒的研究发现 HO 模型关于贸易中要素含量类型的预测(HOV 定理),其准确度相当于掷一枚硬币。这使得作为传统贸易理论基石的 HO 理论陷入了窘境。

---

① 本节的讨论参考了 Feenstra and Taylor (2008), *International Economics*, Worth Publishers, pp. 211—215。

然而进一步的实证研究发现 HO 模型和数据不相吻合的主要原因在于 HO 模型对现实世界的"过分"抽象,而不在于生产要素禀赋在贸易类型决定中不起作用。HO 模型所抽象掉的三个方面对贸易类型有着重要的影响。第一,要素的生产率在国家之间和行业之间存在差异,我们可以称之为"李嘉图因素"。第二,各国的生产要素禀赋差异较之标准的 HO 模型所假设的要大,因而国际贸易不会导致要素价格均等化。各国不同的要素价格导致同样产品的生产技术在国家之间存在差异,同时也导致各国专业化于不同产品的生产。第三,各国消费者的消费偏好不同,特别是国家之间存在自然的和政策导致的贸易壁垒。戴维斯和维恩斯坦的研究发现,在考虑了上述三个方面之后,HO 模型和数据达到了较高的吻合度,说明 HO 模型所揭示的要素禀赋对贸易类型的作用在以前的实证中被上述这些方面的作用所掩盖了。在剔除了这些方面的影响之后,HO 模型的基本判断仍然得到了一定程度的实证支持。

本章也讨论了对不完全竞争贸易模型的实证检验。数据表明在同一行业之间存在大量的贸易,而且在技术水平和资源禀赋相类似的发达国家之间所发生的行业内贸易占了很高的比重。这些实证结果支持了以克鲁格曼模型为代表的新贸易理论。进一步的实证研究发现发达国家之间贸易开放所带来的规模效应并不如克鲁格曼模型所描述的那么显著,而贸易开放所带来的企业按照自身的生产率水平来选择服务于出口市场抑或国内市场这个选择效应却相当显著。这个实证结果支持了以梅勒兹模型为代表的新一代的不完全竞争贸易模型。在预测国家之间贸易量时,国际贸易的引力公式虽然有着很好的表现,但其理论基础一直受到质疑。随着不完全竞争贸易理论的发展,引力公式获得了理论支持。在实证检验存在于国家之间的贸易壁垒时,引力模型具有很好的应用性。

贸易理论的实证检验在国际贸易学的发展中正在起着日益重要的作用。实证结果也将推动理论的进一步发展和创新。可以预见,以要素价格差异化为特征的多域 HO 模型和以企业生产率差异化为特征的不完全竞争贸易模型将是国际贸易理论研究的两个重要领域。而这两个领域的理论之所以重要是和它们所获得的实证支持分不开的。

专栏 6.1
日本明治维新：比较优势理论的实证

日本从 1603 年开始处于德川幕府时代。为巩固幕府的统治秩序，德川幕府对内实行严格的封建等级制度，对外采取闭关锁国政策。在这种体制下农民承受着繁重的苛捐杂税，生活困苦不堪，工商业者也受到统治阶级的歧视。到了 19 世纪中期，日本的一些发达地区出现了资本主义的生产体系，商人阶级日益壮大，而当时的封建制度严重制约了他们的发展，日本国内的矛盾日益激化。

与此同时，闭关锁国政策使得日本的社会经济发展严重落后于西方国家。工业革命后，资本主义国家急需扩大海外市场和掠夺原材料。在许多亚洲国家相继沦陷后，日本也成为西方列强侵略的目标。1852 年，美国海军将军马休·佩里（Matthew Perry）率领舰队进入江户湾（今东京湾），日本政府被迫签订了《日美亲善条约》，史称"黑船事件"。从此之后，一系列不平等条约接踵而来。西方列强的入侵进一步激化了日本人民和德川幕府统治阶级的矛盾，内因和外因相结合，最终造成了幕府统治危机的总爆发。1868 年，农民、中下层武士、商人、资本家和新兴地主中的改革势力纷纷起义，开展了声势浩大的"倒幕"运动，推翻了德川幕府的统治，建立起以明治天皇为首的日本新政府。这一历史事件发生在日本天皇年号为明治的这一年，所以史称"明治维新"。自此以后，日本在政治经济各方面进行了一系列改革，加大了对外开放的力度，走上了发展资本主义的道路。

日本从明治维新之前的完全封闭到之后的对外开放，正好给国际贸易理论的实证研究提供了一个很好的范本。因为比较优势理论在论证时，首先会分析两国在封闭状态下商品的相对价格，然后再讨论贸易开放后的情况，但研究者很难找到各国在封闭状态下的价格水平。所以,虽然比较优势理论被广泛接受,但相关的实证研究却很少。日本在明治维新之前虽然与中国和荷兰有着零星的贸易,但仍可以看做是一个近似完全封闭的国家。而且在日本的开放初期主要的贸易商品是农产品和简单的制成品,这些商品市场可以被认为近似完全竞争状态,所以在封闭状态下形成的价格可以很好地反映日本的相对成本。并且以当时日本的国际贸易地位,其在国际市场上是价格接受者,再加上西方国家的压力,日本政府没有对出口进行补贴。所有这些都较好地满足了比较优势理论成立的前提条件。

伯恩霍芬和布朗(Bernhofen and Brown,2004)用日本明治维新前后的数据对比较优势理论进行了实证。[1] 他们考察了1868—1875年间日本的主要贸易品,包括农产品、原材料、纺织品和其他一些制成品,选取了1851—1853年的价格水平作为日本经济处于封闭状态时的价格,1868—1875年的价格水平作为日本经济处于开放状态时的价格(即国际市场价格)。如果比较优势理论成立,那么当某种商品的封闭价格小于开放价格时,日本就会净出口该商品;反之亦然。

通过对相关商品在1868—1875年间贸易情况的考察,伯恩霍芬和布朗发现结果和比较优势理论的预测相吻合。以1869年为例(见图6.2),如果某商品在封闭时的价格水平低于国际市场价格,说明日本在该商品上具有比较优势,因而对外开放后日本会出口该商品,相应地该商品的价格也会在开放后提高到国际市场价格水平。从图6.2中我们看到,除了恶劣气候和美国内战的影响使得大米、豆类和棉花价格有所异常外,日本主要的出口产品如丝绸和蚕茧在贸易开放后其价格明显上升,而出口量较少的铜制品、米酒和植物蜡的价格也有所上涨。日本主要的进口品如糖、棉布、铁制品等与封闭状态下相比其价格大幅下降。在图6.2中,净出口与价格变化呈明显的负向

---

[1] Bernhofen, Daniel M. and John C. Brown (2004), "A Direct Test of the Theory of Comparative Advantage: The Case of Japan," *Journal of Political Economy*, 112, 48—67.

关系。伯恩霍芬和布朗对日本在明治维新前后的贸易状况和商品价格变化所作的实证研究为比较优势理论提供了有力的支持。

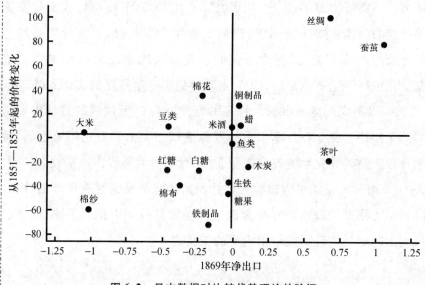

图 6.2 日本数据对比较优势理论的验证

> **本章提要**

1. 国际贸易理论的实证检验是用从现实世界观察到的数据来证实或证伪国际贸易理论模型的基本预测。对于贸易模型的实证检验从 20 世纪 90 年代开始成为一个蓬勃发展的研究领域,使国际贸易学"重理论,轻实证"的传统得到了根本性的改变。

2. 李嘉图模型的基本预测,即国家之间在不同生产行业的相对劳动生产率差异是贸易类型的重要决定因素,得到了实证支持。

3. 赫克歇尔-欧林模型的基本预测,即国家之间在生产要素禀赋相对丰裕度上的差异决定了它们的贸易类型,在实证中没有得到支持。

4. 里昂惕夫发现,作为资本丰裕国的美国,它所出口的商品的平均资本密集度低于它所进口的商品的平均资本密集度,这和赫克歇尔-欧林定理的预测正好相反,被称为"里昂惕夫之谜"。

5. 瓦内克将 HO 模型对商品贸易类型的预测一般化为对贸易商

品中要素含量类型的预测,其结论被称为 HOV 定理。对 HOV 定理的研究发现,以里昂惕夫之谜为代表的关于 HO 理论和数据不相吻合的证据并不能证伪 HOV 定理,原因在于在实证 HOV 定理时没有控制贸易类型的其他重要决定因素,包括要素生产率差异、要素价格不均等所导致的产品专业化、消费者偏好差异以及国家之间存在的贸易壁垒。在控制了这些因素后,HOV 定理得到了一定程度的实证支持。

6. 以不完全竞争市场为特征的新贸易理论所预测的行业内贸易得到了实证支持。在技术水平和资源禀赋相类似的发达国家之间,特别是在产品差异化程度较高的行业中,行业内贸易所占比重较高。

7. 国际贸易的引力模型在估计国家之间贸易量时有很好的效果。随着引力模型的理论基础在主流的国际贸易模型中得到了建立,它已成为国际贸易实证研究中最重要的工具之一。

进一步阅读

贸易模型实证检验中的一支重要文献是对赫克歇尔-欧林理论的实证,其经典文章始于 Leontief(1953),而 Vanek(1968)所建立的 HOV 模型成为对该理论进行实证的主要框架。在 20 世纪 80 年代,Leamer(1980,1984)和 Bowen 等(1987)在理论和实证方法上理清了实证 HOV 定理的一些思路,但真正意义上的突破是 20 世纪 90 年代 Trefler(1993,1995)的论文。Davis 和 Weinstein(2001)可以被视为是这支文献的一个总结。对于这支文献的综述请参阅 Davis 和 Weinstein(2003)。

和上述关于 HOV 理论的实证的较系统的文献相比,对于其他贸易理论的实证的文献较为分散,但其重要性并不亚于对 HOV 理论的实证。有关李嘉图模型实证检验的经典文章是 MacDaugall(1951,1952)。研究行业内贸易的经典著作是 Grubel 和 Lloyd(1975)。Harrigan(2003)对于包括比较优势理论(不限于 HOV 模型)和引力模型在内的实证研究作了综述。对于以差异化企业为特征的国际贸易模型的实证研究,除了 Helpman(2006)的文献综述外,建议读者在美国国家经济研究局(NBER)的网站阅读最新发表的有关的工作论文。

参考文献

Bowen, Harry P., Edward E. Leamer and Leo Sveikauskas (1987), "Multicountry, Multifactor Tests of the Factor Abundance Theory," *American Economic Review*, 77, 791—809.

Davis, Donald R. and David E. Weinstein (2001), "An Account of Global Factor Trade." *American Economic Review*, 91, 1423—1453.

Davis, Donald R. and David E. Weinstein (2003), "The Factor Content of Trade," in E. Kwan Choi and James Harrigan (eds.), *Handbook of International Trade*. Oxford: Blackwell.

Grubel, Herbert G. and Lloyd, Peter J. (1975), *Intra-Industry Trade: The Theory and Measurement of International Trade in Differentiated Products*, London: Macmillan.

Harrigan, James (2003), "Specialization and the Volume of Trade: Do the Data Obey the Laws?" in E. Kwan Choi and James Harrigan (eds.), *Handbook of International Trade*. Oxford: Blackwell.

Helpman, Elhanan (2006), "Trade, FDI, and the Organization of Firms," *Journal of Economic Literature*, 154, 589—630.

Leamer, Edward E. (1980), "The Leontief Paradox, Reconsidered," *Journal of Political Economy*, 88, 495—503.

Leamer, Edward E. (1984), *Source of International Comparative Advantage: Theory and Evidence*. Cambridge: MIT Press.

Leontief, Wassily W. (1953), "Domestic Production and Foreign Trade: The American Capital Position Re-examined," *Proceedings of the American Philosophical Society*, 97, 332—439.

MacDougall, G. D. A. (1951), "British and American Exports: A Study Suggested by the Theory of Comparative Costs. Part I," *Economic Journal*, 61, 697—724.

MacDougall, G. D. A. (1952), "British and American Exports: A Study Suggested by the Theory of Comparative Costs. Part II," *Economic Journal*, 62, 487—521.

Trefler, Daniel (1993), "International Factor Price Differences: Leontief Was Right!" *Journal of Political Economy*, 101, 961—187.

Trefler, Daniel (1995), "The Case of Missing Trade and Other Mysteries," *American

Economic Review, 85, 1029—1046.

Vanek, Jaroslav (1968), "The Factor Proportions Theory: The N-Factor Case," *Kyklos*, 21, 749—754.

练习与思考

一、概念题

1. 贸易商品的要素含量
2. HOV 定理
3. 里昂惕夫之谜
4. 丢失的贸易量之谜
5. 行业内贸易指数(格鲁伯-劳埃德指数)
6. 国际贸易的引力公式
7. 边界效应

二、判断题

1. 李嘉图模型关于要素生产率差异会影响贸易类型的预测得到了实证的支持。

2. 当商品数目和生产要素数目均超过两个时,HO 模型仍能预测商品的贸易类型。

3. 赫克歇尔-欧林模型不能解释现实的主要原因在于各国所拥有的生产要素绝对数量不同。

4. 李嘉图模型能较好地解释现实中的贸易类型,而 HO 模型能较好地解释现实中的贸易流量,两者结合起来就能够很好地解释现实中的大部分贸易关系。

5. 国际贸易的引力公式可以很好地解释两个国家之间的贸易流量。

三、选择题

1. 以下哪个说法是正确的?

A. 李嘉图模型和 HO 模型关于贸易类型的预测在实证中得到了支持

B. 在考虑了国际要素生产率的差异之后，HOV 模型的预测在实证中得到了支持

C. 贸易开放的选择效应比规模效应在实证中得到了较多的支持

D. 引力公式对于贸易类型和贸易流量的预测和现实相吻合

2. 以下哪个说法是错误的？

A. HOV 模型把 HO 模型拓展到了多于两种商品的情形

B. HO 模型不能很好地解释现实，而 HOV 模型可以

C. 在将一国的生产要素禀赋量用生产率作调整从而得到"世界等量"的生产要素禀赋量后，HOV 定理的预测能力提高了

D. 即使经过生产率的调整，HOV 模型也不能很好地解释贸易流量

3. 以下哪个说法是正确的？

A. 行业内贸易指数衡量的是一个行业进出口重叠部分占总贸易量的比重

B. 行业内贸易指数是介于 0 和 1 之间的指数。指数越高，行业内贸易的比重越小

C. 行业内贸易指数越高，产品同质化程度越高

D. 行业内贸易指数在发达国家较低，在发展中国家较高

4. 以下哪个说法是正确的？

A. 引力公式可以较好地预测两个国家之间的贸易类型

B. 引力公式假设两个国家之间的贸易量和它们的产出成反比，和它们之间的距离成正比

C. 引力公式在实证上没有得到支持

D. 引力公式能被应用于对国际贸易边界效应的研究

四、简答题

1. 请从要素生产率的国际差异角度来解释里昂惕夫之谜。
2. 为什么行业内贸易指数的高低反映了产品差异化程度？
3. 引力公式是如何揭示国际贸易的边界效应的？

第二部分
国际贸易政策分析

INTERNATIONAL TRADE

第7章 传统贸易政策工具

第8章 新型贸易政策工具

第9章 关于贸易政策的争论

第10章 全球和区域贸易协定

第7章
传统贸易政策工具

本书的第一部分(前面六章)讲解了国际贸易学的基础理论。对于每一个理论模型,我们通常会比较两个极端的状态:封闭经济均衡和自由贸易均衡。通过这样的比较,我们得以理解和认识国家之间开展贸易的原因、贸易的类型,以及贸易的种种效应。然而在今天的世界中并没有一个国家处在完全封闭或完全开放的状态;每个国家或多或少地参与国际贸易,但同时又或多或少地对所参与的国际贸易活动进行一定的干预。有鉴于此,本书的第二部分(第7章至第10章)将关注贸易政策,即对国际贸易活动的政府干预。我们首先介绍一个国家在干预国际贸易活动时可能会采用的政策工具(第7章和第8章),然后讨论一个国家是否应该采取贸易政策和会采取什么样的贸易政策(第9章),最后讨论全球和区域贸易协定对一个国家贸易政策的约束及其影响(第10章)。

本章讲解三个传统的贸易政策工具:进口关税、进口配额和出口补贴。下一章讲解几个较新的贸易政策工具:自愿出口限额、反倾销税、反补贴税和安保措施等。

7.1 进口关税

进口关税是对进口商品的税收。进口关税可以是从价税,也可以是从量税。例如对进口红酒征收100%的关税是从价税,而如果对每瓶进口红酒征收100元,则是从量税。历史上进口关税曾是一个国家财政收入的重要来源,也曾是贸易保护最重要的手段。虽然进口关税的作用如今已大大降低(专栏7.1介绍了美国于2002年实施的钢铁关税),但对于进口关税作用的分析仍是我们理解其他贸易政策的基础。

我们用大家熟悉的供求模型来分析进口关税的作用。设想世界上的一个小国。假定该国小麦市场处于完全竞争。在没有国际贸易的情况下,该国生产和消费的小麦数量为 Q_A,小麦的价格为 P_A,如图7.1所示。

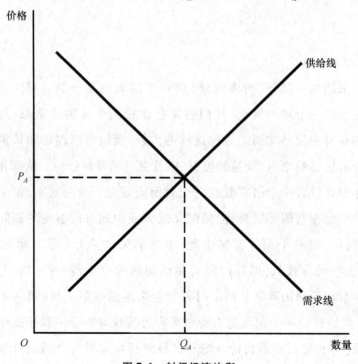

图 7.1 封闭经济均衡

如果这个国家完全开放其小麦市场,情况会是怎样?假定世界市场上小麦价格为 P^*。对于一个小国来说,它的小麦供给和需求不会影响世界价格 P^*。假设该国在小麦上处于比较劣势,那么它的封闭市场小麦均衡价格 P_A 必然高于世界价格 P^*,因而世界价格线处在该国的封闭均衡价格下方,如图7.2所示。当该国的小麦市场完全开放时,小麦价格从 P_A 下降到 P^*,需求量上升到 Q_D^*,国内供给量下降到 Q_S^*。需求量和国内供给量之间的差距 $M^* = Q_D^* - Q_S^*$,就是该国在自由贸易条件下的小麦进口量。

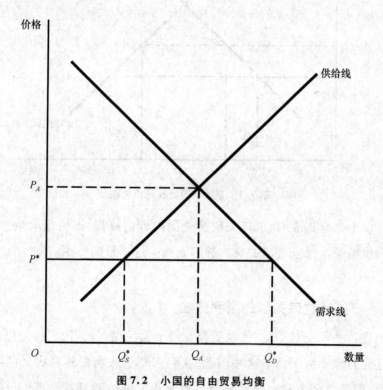

图 7.2 小国的自由贸易均衡

现在考虑该国对小麦征收进口关税(图7.3)。如果征收从量税 t,那么国内小麦价格由于关税保护会上升到 $P = P^* + t$。如果征收的是从价税 τ,结果也一样,国内小麦价格会上升到 $P = P^*(1+\tau)$。小麦进口商在世界市场上支付 P^*,但进口时必须支付关税,因而在国内市场上的售价等于世界价格加上关税。这使得国内小麦生产者可以在这个较高的价格上和进口小麦竞争。和自由贸易的情况相比,国内供给量从 Q_S^* 提高到了 Q_S,而国内需求量从 Q_D^* 下降到了 Q_D。因而进口量从

$M^* = Q_D^* - Q_S^*$ 下降到 $M = Q_D - Q_S$。

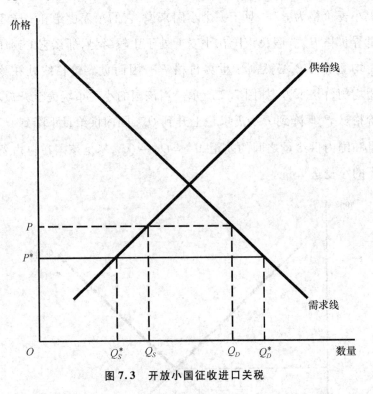

图 7.3 开放小国征收进口关税

以上的分析表明,进口关税会使国内价格提高,国内需求量下降,国内供给量上升。进口关税能够起到减少进口量的作用。

进口关税的福利效应

进口关税使谁得益,使谁受损?对于国民福利而言,进口关税是有利还是有弊?为了回答这些问题,我们需要引入衡量福利水平的两个概念:消费者剩余和生产者剩余。消费者剩余指消费者愿意支付的金额超过消费者实际支付的金额的那部分。在图 7.4 中,需求线上的每一点反映消费者愿意支付的价格。在市场价格等于 P 时,消费者剩余等于三角形 YPX 的面积。与此类似,生产者剩余是生产者出售产品所得金额超过生产成本的那部分。在图 7.5 中,供给线上的每一点反映生产者在相应产量上的边际成本。在市场价格等于 P 时,生产者剩余等于三角形 ZPX 的面积。

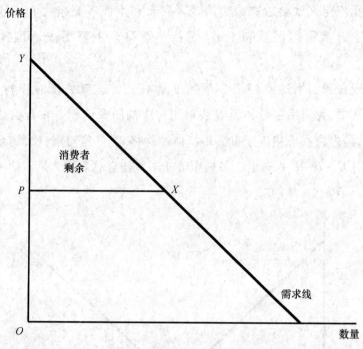

图 7.4 需求线和消费者剩余

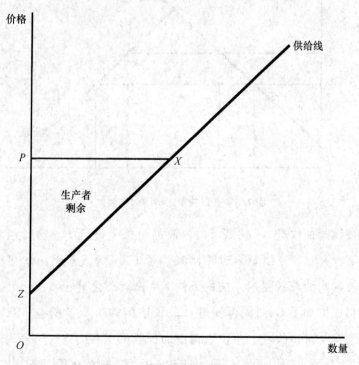

图 7.5 供给线和生产者剩余

我们定义社会总剩余为消费者剩余和生产者剩余之和。社会总剩余上升表示国民福利上升,而社会总剩余下降则表示国民福利下降。

现在我们用这些经济福利的度量来分析进口关税的福利效应。图 7.6 中,我们用字母 A 至 G 表示相对应的图形面积。在自由贸易条件下,国内商品价格等于世界市场商品价格 P^*。这时消费者剩余等于 $A+B+C+D+E+F$,生产者剩余等于 G。社会总剩余为两者之和 $A+B+C+D+E+F+G$。

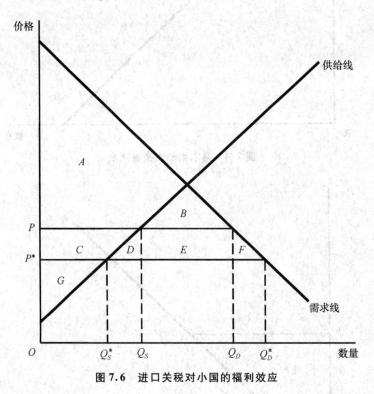

图 7.6　进口关税对小国的福利效应

在该国征收进口关税后,国内商品价格上升到 P。这时消费者剩余等于 $A+B$,和自由贸易时相比减少了 $C+D+E+F$;由此可知进口关税使国内消费者受损。关税条件下生产者剩余等于 $C+G$,和自由贸易时相比增加了 C;由此可知进口关税使国内生产者受益。政府从关税中获得了多少收益?单位进口商品征收的关税等于 $P-P^*$,总进口数量为 M,所以政府的关税收入等于 $(P-P^*)M$,在图 7.6 中等于 E。因为政府的关税收入最终分配给该国国民,所以它也包括在社会总剩余中。关税条件下的社会总剩余等于消费者剩余($A+B$)、生产者剩余($C+G$)和政府关税收入(E)之和,和自由贸易时相比减少了 D 和 F。由此我们得出结论:进口关税使小国的国民福利下降(这个结论不适用于大国。大国的关税政策效应将在以后讨论)。

进口关税造成的国民福利损失在图 7.6 中显示为 D 和 F 两部分,其原因在于进口关税扭曲了该国的资源配置。在需求方面,进口关税使商品价格提高,消费者不得不放弃消费量 $Q_D^* - Q_D$。消费者从这部分消费量中可以获得的效用对应于三角形 F 的斜边(需求线上的一部分),而对这个国家来说获得这部分消费量的成本对应于三角形 F 的底边(即世界价格线),所以三角形 F 的面积衡量了进口关税造成的消费扭曲所带来的无谓损失。在供给方面,进口关税使商品的价格提高,吸引生产边际成本高于世界市场价格的生产者生产 $Q_S - Q_S^*$。这部分生产量的边际成本对应于三角形 D 的斜边(供给线上的一部分),而这个国家本可以从世界市场上以价格 P^* 获得这些商品,所以三角形 D 的面积衡量了进口关税造成的生产扭曲所带来的无谓损失。

7.2 进口配额

进口配额是进口国对某个商品进口数量的限制(专栏 7.2 介绍了对纺织品的进口配额)。我们仍然设想一个进口小麦的小国。如图 7.7 所示,在自由贸易条件下,该国自己生产的小麦数量 Q_S^* 不足以满足国内需求量 Q_D^*,所以需要进口 $M^* = Q_D^* - Q_S^*$(图中粗体虚线的长度)。当该国实施进口配额时,小麦的进口数量被限制为 $M < M^*$(M 为图中粗体实线的长度)。如果小麦价格还是 P^*,那么国内市场会出现供不应求的状况,使得国内价格上升。从图 7.7 中可以看出,进口配额 M 的作用相当于进口关税($P - P^*$)的作用:它使国内需求量下降,国内供给量上升,以及国内价格上升。

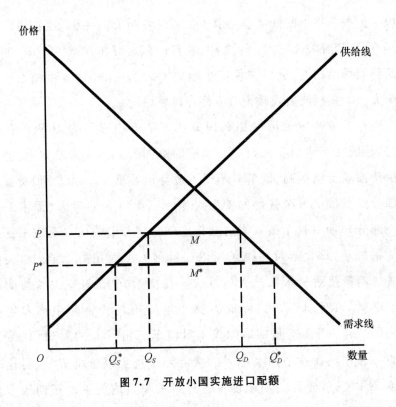

图 7.7 开放小国实施进口配额

■■■ 进口配额的福利效应

尽管进口配额的价格和数量效应等同于进口关税,进口配额的福利效应和进口关税有所不同。我们仍可以用分析关税的福利效应的图 7.6 来分析进口配额的福利效应。在图 7.6 中,进口配额使消费者剩余从 $A+B+C+D+E+F$ 下降到 $A+B$,使生产者剩余从 G 上升到 $C+G$,这和进口关税的效应相同。在进口关税情况下,政府获得了关税收入 E。在进口配额情况下,谁获得了 E?

要知道谁获得了 E,必须了解政府是如何实施进口配额政策的。如果政府将进口许可证发放给一些进口商,那么这些进口商在世界市场上以价格 P^* 买进,再在国内市场上以价格 P 卖出,每单位获得差额 $(P-P^*)$,总收入等于 $(P-P^*)M$。这项由于拥有进口许可证而获得的收入被称为进口配额租金。由于只要拥有进口许可证就可以获得租金,因此进口商势必开展寻租活动,通过游说政府官员来争取获得进口许可证。如果寻租活动处于完全竞争状态,那么相当于进口配额租金的费用将会花费在游说政府官员的活动中,这种活动造成了社会资源的无谓损失。在这种情况下,进口配额政策使国民福利受到的损失就不止 $D+F$,而是 $D+E+F$。当然如果政府对进口许可证进行拍卖,它仍然可以获得相当于 E 的拍卖收入;在这种情况下,进口配额造成的国民福利损失等于 $D+F$,和进口关税的福利效应相同。

7.3 出口补贴

前面讨论的两种贸易政策是用来限制进口的。现在我们介绍用于鼓励出口的贸易政策:出口补贴(专栏 7.3 介绍了对农产品的出口补贴)。

设想世界上的一个小国。和前面两节不同,我们现在假定这个小国在生产小麦上有比较优势,因此它的封闭经济均衡价格 P_A 小于世界市场价格 P^*,如图 7.8 所示。当该国对世界贸易完全开放时,较高的世界市场价格刺激该国生产更多小麦,使得小麦的供给量从 Q_A 上升到 Q_S^*。而较高的价格抑制了国内需求量,使之从 Q_A 下降到 Q_D^*。国内供给量超过国内需求量的部分正是该国的出口数量,$Q_S^* - Q_D^*$。

现在考虑该国对小麦出口实施补贴的情况。假定农户从每单位小麦出口中可以获得的补贴等于 S。这时国内小麦价格必须等于多少才能使生产小麦的农户愿意在国内市场上出售小麦?因为农户从每单位小麦出口中可获得收入 $P^* + S$,所以他们只有在国内小麦价格 $P = P^* + S$ 时才会愿意同时在国内外市场上销售。由此可见,出口补贴政策会使国内市场价格从 P^* 上升到 P,如图 7.9 所示。价格上升刺激了国内生产,使得产量从 Q_S^* 上升到 Q_S。与此同时,价格上升抑制了国内需求,使得消费量从 Q_D^* 下降到 Q_D。出口补贴政策达到了刺激出口的目的,出口量从 $(Q_S^* - Q_D^*)$ 上升到了 $(Q_S - Q_D)$。

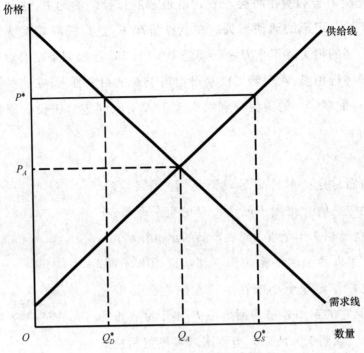

图 7.8 小国的自由贸易均衡

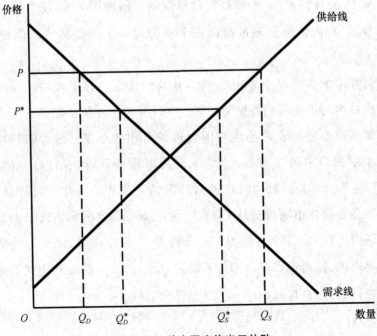

图 7.9 开放小国实施出口补贴

▪▪▪▪ 出口补贴的福利效应

出口补贴使谁受益,使谁受损?它对国家整体的福利水平有何影响?我们仍然使用消费者剩余和生产者剩余的度量来分析这些问题。图 7.10 显示,在自由贸易价格为 P^* 时,消费者剩余等于 $A+B+C$,而生产者剩余等于自由贸易价格线以下和供给线以上的三角形 F。在实施了出口补贴政策后,国内价格上升到 P,因此消费者剩余下降为 A,消费者受损了;而生产者剩余上升到了 $B+C+D+F$,国内生产者受益了。

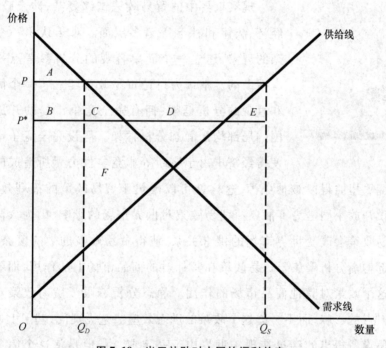

图 7.10 出口补贴对小国的福利效应

政府实施出口补贴的资金从哪里来?只能来自于对国内其他经济部门的税收收入。图 7.10 显示,出口补贴总额等于 $(P-P^*)(Q_S-Q_D)$,也就是 $C+D+E$。所以在出口补贴实施后,国民福利的变化量等于消费者剩余的下降量 $(-B-C)$ 加上生产者剩余的上升量 $(B+C+D)$ 减去出口补贴的支出量 $(C+D+E)$,结果等于 $(-C-E)$。由此我们得出结论:出口补贴政策使该小国的国民福利水平下降,其下降量等于$(C+E)$。

为什么国民福利下降了$(C+E)$?这是因为出口补贴政策造成了资源配置的扭曲。当出口补贴实施后,国内价格上升,国内消费者不得不减少消费,由此所造成的消费方面的福利损失等于C。而国内价格上升使更多资源从其他行业转移到这个收到补贴的行业,所增加的产量的边际成本等于三角形E的斜边(供给线上的一部分),而生产该行业的商品所需资源的价值相当于世界市场上该商品的价格P^*,由此造成的生产方面的福利损失等于E。

7.4 讨论和总结

现实世界中的贸易政策错综复杂,涉及政治、经济、法律和社会等诸多层面。对于认识一个复杂的现象,建立一个简单直观的分析参考点是很有帮助的。本章为讨论贸易政策建立了一个简单和直观的分析框架:拥有完全竞争市场的开放小国的局部均衡静态分析框架。假设完全竞争市场使得经济中由于垄断等非竞争性力量所造成的资源配置扭曲得以被抽象掉,这样就可以聚焦于贸易政策的福利效应。假设开放小国是为了抽象掉贸易政策对世界市场的影响,因为大国的贸易政策会改变世界市场的供求关系,使得贸易政策的效应复杂化。局部均衡分析聚焦于贸易政策在其针对的商品市场上的作用,而不考虑这个政策对其他商品市场的作用。静态分析着眼于贸易政策对某一时点的影响,而不考虑这个政策的动态效应。毫无疑问,基于上述这些假设所得出的结论在现实世界中不一定成立。但是从这个简单模型所得出的结论树立了一个标杆。当我们考虑复杂的现实世界时,我们所要研究的是它和这个标杆的距离有多远,这比没有标杆的研究要有效得多。

本章讨论了进口关税、进口配额和出口补贴这三个传统的贸易政策工具。前两个工具用于限制进口,后一个工具用于鼓励出口。应用开放小国的局部均衡分析框架,我们从三个政策工具的福利分析中得出了一个共同的结论:自由贸易政策使这个小国的国民福利达到最大，而任何偏离自由贸易的政策都会带来资源配置的扭曲并由此造成国民福利的损失。这个结论为讨论贸易政策的福利效应建立了一个起点。在以后的章节中我们将会进一步分析贸易政策在大国的福利效应（第9章），不完全竞争市场条件下的贸易政策的福利效应（第9章），以及贸易政策的动态福利效应（第14章）。

专栏 7.1
美国的钢铁关税

2002年3月5日美国总统乔治·W. 布什宣布从当年3月20日起，美国将对12种主要的钢铁产品征收最高达30%的进口关税，为期三年。

钢铁业历来是美国政府保护最多的产业之一。美国钢铁工业从1890年超过英国后在世界上一直处于领先地位。然而日本和欧洲在20世纪60年代重建起了它们的钢铁工业。日本的钢铁生产成本在1958年就降到了美国以下，而欧洲的钢铁生产成本在1964年也降到了美国以下。同时日本和欧洲通过采用更先进的炼钢技术在生产效率和产品质量方面开始超越美国。美国在钢铁业上的领先优势逐渐丧失。1959年美国爆发了历时116天的钢铁工人大罢工，导致美国国内钢铁供给骤减，促使美国的钢铁消费者把目光投向了日本和欧洲以求得稳定的供货来源。从1959年开始，美国由钢铁净出口国转变为净进口国。

钢铁进口量的持续增加使得美国钢铁企业的日子越来越不好过，而落后的技术和高昂的劳动力成本不断地压缩着它们的市场份额和利润水平。如何才能摆脱困境？两种选择摆在美国钢铁企业的面前：第一，实施技术革新，降低单位劳动成本，解决多年遗留的老问题，提高自身竞争力；第二，谋求政府保护，通过贸易保护措施将外国竞争者拒之门外。美国的钢铁巨头们选择了后者。他们通过院外游说和选票政治向政府施压，其策略非常成功。在1969年尼克松政府第一次实施钢铁贸易保护措施之后的三十多年间,美国政府针对钢铁行业的贸易保护几乎从未中断(表 7.1)。

表 7.1 1969—2003 年美国对钢铁业的贸易保护措施

时间	贸易保护措施	针对国家
1969—1974	自愿出口限制协定(Voluntary Restraint Agreements,VRA)	日本、欧共体
1978—1982	触发价格机制(The Trigger Price Mechanism,TPM)	欧共体
1982—1992	自愿出口限制协定	欧共体
1992—2001	反倾销税和反补贴税(Antidumping and Countervailing Duty Petitions)	日本、欧共体、墨西哥、加拿大
2002—2003	对 12 种主要的进口钢铁产品征收 8%—30% 不等的进口关税	日本、欧盟、中国、韩国、俄罗斯等 20 多个国家

2002 年的钢铁关税产生于如下的背景:从 20 世纪末开始,国际钢铁业出现了生产能力严重过剩的现象,导致钢铁价格下跌。在 1997—2001 年的五年时间里,美国国内的钢材价格下跌了 40%,这沉重地打击了美国钢铁业,导致 30 多家钢铁企业申请破产。美国钢铁业将矛头指向进口产品,要求政府提高进口关税并收紧进口配额,用以保护美国国内市场。2002 年正逢美国中期选举,钢铁业手中握有的政治选票再次发挥了关键作用。美国的钢铁工业主要集中在西弗吉尼亚、宾夕法尼亚和俄亥俄州,这些州的钢铁工人及其家属的选票对共和党能否夺回在众议院中的主导权至关重要。出于政治利益的考虑,布什政府出台了对进口钢材征收高额关税的贸易保护措施。

布什政府的决定遭到了美国国内的钢铁消费行业和世界主要钢铁出口国的强烈反对。在利益各方的博弈之下,美国政府于 2003 年 12 月宣布取消对进口钢铁产品加征的高额关税。

专栏 7.2
全球纺织品配额

2006年世界纺织品贸易总额达到了5 300亿美元,占世界贸易总额的4.5%。欧洲和美国是最大的纺织品进口地,而中国是最大的纺织品出口国。从20世纪60年代以来,纺织品贸易一直处在配额管理之下,历时40余年,直到2005年全球纺织品配额被取消为止。

纺织品配额始于1961年,当时日本、中国香港和印度等地的纺织业迅速发展,廉价的纺织品大量涌入欧美市场。为了保护国内产业,欧美开始考虑实施限制措施。1961年,在美国的积极推动下,主要棉纺织品进口国和出口国签署了《短期棉纺织品协定》,对进口棉纺织品实行数量限制。协定一年期满后,各方又签署了为期五年的《长期棉纺织品协定》,据此纺织品出口国实施自愿出口限制。《长期棉纺织品协定》期满后延期两次直至1973年结束。

进入20世纪70年代后,人造纤维和羊毛制品在纺织品贸易中的比重大幅增加,导致欧美发达国家要求缔结一项适用范围更广的多边贸易协定。1973年,在关税贸易总协定的主持之下,42个纺织品贸易国经过艰苦的谈判达成了《国际纺织品贸易协定》,也称《多种纤维协定》(Multifiber Arrangement,MFA)。《多种纤维协定》把纺织品的范围从棉纺织品扩大到了化纤产品,并把配额管理作为国际纺织品贸易管理的主要方式。《多种纤维协定》自1974年1月1日起生效,之后三次延期,实施时间长达21年。

《多种纤维协定》实际上是发达国家对发展中国家纺织品出口的单向限制,发展中国家为此蒙受了巨大的损失。发展中国家一直要求废止《多种纤维协定》,将纺织品贸易纳入自由贸易的轨道。1986年乌拉圭回合多边贸易谈判启动后,纺织品贸易成为主要的议题之一。经发展中国家和发达国家反复谈判最终达成了《纺织品和服装协定》(Agreement on Textiles and Clothing,ATC)。该协定计划通过十年时间逐步取消纺织品贸易配额,最终实现纺织品贸易自由化。这一目标分四个阶段实现:第一阶段,1995年1月1日起取消不低于1990年进口量16%的纺织品配额。第二阶段,1998年1月1日起取消不低于1990年进口量17%的纺织品配额。第三阶段,2002年1月1日起取消不低于1990年进口量18%的纺织品配额。第四阶段,2005年1月1日起取消所有剩余的49%的纺织品配额。2005年初对纺织品的所有配额限制被取消,国际纺织品贸易步入了后配额时代。

专栏7.3
农产品出口补贴

2002年9月,世界第五大棉花生产国巴西向世界贸易组织起诉,指控美国对其棉农实行的出口补贴违反了世界贸易组织《农业协定》中有关出口补贴的条款。美国是世界第二大棉花生产国和最大的棉花出口国。巴西方面称,在1999年8月至2003年7月期间,美国为本国棉农提供了约125亿美元的巨额补贴。世界贸易组织于2004年4月和6月对此案做出初裁和终裁,认定美国每年提供了30多亿美元的棉花出口补贴,其数额超过了世界贸易组织所允许的补贴量,属非法补贴,应予取消。此后美国也向世界贸易组织提起了上诉。这是世界贸易组织所受理的第一起农产品出口补贴争端。

农产品出口补贴在美国具有悠久的历史。二战后,由于劳动生产率的提高,美国的粮食供给急剧增加,而国内市场容量却又有限。为了稳定粮食价格,保证农民收益,美国政府于1954年开始通过出口补贴来鼓励粮食出口,开拓国际市场,以消除国内粮食严重过剩所导致的大量库存积压。在20世纪60年代初,美国所出口的农产品有80%享受了出口补贴。其后由于国际市场对农产品的需求增加导致价格上升,美国逐渐减少了对农产品的出口补贴。美国曾在1974年宣布停止农产品出口补贴以求换取其他国家削减贸易壁垒。但到了20世纪80年代,世界农产品价格大幅下降,美国又恢复了出口补贴政策。2002年美国出台了新的农业法,在1996年制定的农业法的基础上再次增加了对农业的支持和补贴。2003年的美国农业预算中包含了5.41亿美元的出口补贴计划,其方式包括市场进入项目、出口促进项目、奶制品出口激励项目和外国市场开发合作项目等。[①]

和美国一样,欧盟国家也对农业采取各种保护措施。在1962年,当时的欧共体开始实行共同农业政策,对出口实行差价补贴。20世纪70年代时欧盟国家在主要农产品上几乎都是净进口。但到了20世纪80年代,欧盟国家在小麦、糖、肉和奶制品等农产品上实现了净出口,这在很大程度上归因于欧盟所实施的共同农业政策。虽然欧盟的农业产值只占其国民生产总值的1.4%,但实施共同农业政策所使用的经费却始终占据欧盟总预算的一半左右。目前欧盟和美国是世界上最大的农产品贸易国,约占世界农产品贸易份额的30%。

农产品保护是一个极其敏感的问题。正是在农业领域的重大分歧导致了2003年世界贸易组织坎昆部长会议的失败,而它也是多哈回合谈判搁浅的重要原因。农产品的自由贸易进程很难推进和农业的特性有一定的关系。农产品不仅是人们解决温饱、维持生命的基础,也是工业化发展的重要支持力量。因为农业在一国经济中发挥着不可替代的作用,所以各国都把农产品特别是粮食的安全问题作为重要目标。农业的生产在很大程度上受自然条件的影响,而农产品的需求又具有刚性,这种特殊的供求关系极易造成农产品价格的波动,影响农民收益。在发达国家,农业从业人员形成了强大的利益集团,通过游说等活动对政府政策施加影响以求从农产品保护中获得利益。和制造业等行业相比,农业一直游离于世界贸易规则之外,对农业的贸易保护造成的资源配置扭曲尤其严重。世界银行最近发表的一份研究报告指出,如果取消现有的各种贸易保护政策,2015年全球产值可额外增加近3 000亿美元,其中2/3将来自农业。[②]

---

① 参见陈茉莲,"美国农产品补贴政策及启示",《宏观经济管理》,2003年第6期。
② 资料来源:农业信息网(http://www.agri.gov.cn)。

本章提要

1. 世界各国对国际贸易活动都进行一定程度的干预。传统的贸易政策工具包括进口关税、进口配额和出口补贴。

2. 进口关税是对进口商品的税收。当一个开放小国对某个商品实施进口关税后,该商品的国内价格会上升,这会刺激该商品的国内供给,同时抑制该商品的国内需求,从而达到减少该商品进口数量的政策目的。

3. 对一个拥有完全竞争市场的开放小国而言,实施进口关税会使国内消费者的福利下降,国内生产者的福利上升,而整个国家的国民福利水平会因此下降。进口关税扭曲了消费者的消费行为,使消费者对于承受进口关税的商品消费不足;进口关税同时扭曲了生产者的生产行为,使过多的资源用于生产受进口关税保护的商品。进口关税对资源配置的扭曲是该政策导致国民福利下降的原因。

4. 进口配额是限制进口数量的政策。当一个开放小国对某个商品实施进口配额后,该商品的国内价格会上升,相当于该国实施了进口关税。和进口关税一样,进口配额会使国内消费者的福利下降,国内生产者的福利上升,而整个国家的国民福利水平会因此下降。和进口关税由政府获得不同的是,进口配额所带来的租金为拥有进口许可证的进口商所获得,由此导致的寻租活动会使国民福利较之进口关税的情况有进一步的损失。

5. 出口补贴是鼓励出口的政策。当一个开放小国对某个商品实施出口补贴后,该商品的国内价格会上升,这会刺激该商品的生产,同时抑制其国内消费,从而达到增加该商品出口数量的政策目的。

6. 对一个拥有完全竞争市场的开放小国而言,实施进口补贴会使国内消费者的福利下降,国内生产者的福利上升,而整个国家的国民福利水平会因为该政策所造成的资源配置扭曲而下降。

进一步阅读

对于进口关税、进口配额和出口补贴政策在开放小国和完全竞争市场条件下的局部均衡静态分析在任何一本国际贸易的本科教材中都有相似的阐述,其主要内容在本章已有充分的讲解。对于进口关税的一般均衡分析在 Krugman 和 Obstfeld（2003）本科教材第 8 章的附录 A 有介绍。最近出版的 Feenstra 和 Taylor(2008)的本科教材用进口需求曲线和出口供给曲线作为分析工具来讨论各种贸易政策的效应,可供有兴趣的读者参考。该书还提供了各种贸易政策的应用案例,能够帮助读者将理论和现实更紧密地结合起来。

参考文献

Feenstra, Robert C. and Alan M. Taylor (2008), *International Economics*, Worth Publishers.

Krugman, Paul R. and Maurice Obstfeld (2003), *International Economics: Theory and Policy*, 6th Edition, Pearson Education. (中译本)海闻等译,《国际经济学:理论与政策》(第六版),中国人民大学出版社 2006 年版。

练习与思考

一、概念题

1. 进口关税

2. 从量关税和从价关税

3. 消费者剩余、生产者剩余、社会总剩余

4. 进口配额

5. 进口配额租金

6. 出口补贴

二、判断题

1. 小国对一个产品征收进口关税会使该产品的国内价格升高,国

际价格下降。

2. 征收进口关税会使国内消费者受损,生产者得益。消费者的福利损失大于生产者的福利增加,但小于增加的生产者剩余和政府关税收入之和。

3. 进口关税对一个小国所造成的国民福利损失分为消费扭曲损失和生产扭曲损失两部分,其中消费扭曲损失大于生产扭曲损失。

4. 进口配额与进口关税的作用是相似的,会造成国内需求下降,供给上升,价格上升。

5. 在采取进口配额的情况下,如果实行进口许可证发放制度,则会使国民福利损失;如果实行进口许可证拍卖制度,则会避免寻租活动从而不会造成国民福利损失。

6. 对一个小国而言,征收进口关税比实施进口配额所造成的国民福利损失要小。

7. 对一个小国而言,无论是限制进口的政策,还是鼓励出口的政策,都会使国内消费者受损,使国内生产者受益。

三、选择题

1. 若一个小国对制成品进口征收20%的从价关税,那么

A. 其国内市场的制成品价格的上升会小于20%

B. 国内制成品供给会减少,消费会增加

C. 国内消费者和生产者福利都会减少

D. 国民福利总水平会下降

2. 小国征收进口关税会造成国民福利的无谓损失。下面哪种说法是错误的?

A. 无谓损失包括生产性扭曲损失

B. 无谓损失包括消费性扭曲损失

C. 生产性扭曲损失大于消费性扭曲损失

D. 无谓损失是由于进口关税扭曲了国内的资源配置所造成的

3. 以下哪一项贸易政策对一个小国所造成的福利损失最大?

A. 本国政府征收进口关税

B. 本国政府实施进口配额

C. 本国政府实行出口补贴

D. 不能判断

4. 从减少国民福利损失的角度看,以下哪项是分配进口许可证的有效方法?

A. 按照先来后到的原则进行分配

B. 在国内进口商之间按比例进行分配

C. 在外国出口商之间按比例进行分配

D. 竞争性拍卖

5. 与进口商品相竞争的国内生产者会持以下哪种态度?

A. 支持进口关税,反对进口配额

B. 支持进口配额,反对进口关税

C. 对进口关税和进口配额都支持

D. 支持自由贸易

四、简答题

1. 什么是进口关税?进口关税有哪几类?为什么在历史上进口关税曾经非常重要?

2. 为什么进口关税的征收会同时造成生产性扭曲损失和消费性扭曲损失?

3. 征收进口关税和实行进口配额对国家福利的影响有何不同?

4. 对农产品实行出口补贴会产生什么影响?为什么农产品的自由贸易很难实现?

5. 进口关税会导致国民福利受损,但为什么美国仍然对钢铁业实行进口关税保护政策?

6. 你同意自由贸易是一个国家最好的贸易政策选择吗?为什么?

五、综合题

1. 请画图说明征收进口关税和实施进口配额的福利效应有什么不同?

2. 假设 X 国对汽车的需求曲线和供给曲线如下图所示(价格为美元),X 国是一个小国。

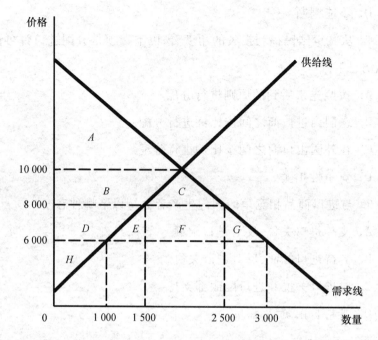

(a) 如果 X 国实行自给自足的政策,不允许汽车进口,那么 X 国的汽车价格是多少?消费者剩余和生产者剩余各是多少?

(b) 如果世界汽车价格为 6 000 美元一辆,而 X 国实行自由贸易政策,此时 X 国的汽车价格是多少?进口量是多少?消费者剩余、生产者剩余和社会总剩余各是多少?

(c) 如果 X 国为了保护国内的汽车产业,对每辆进口汽车征收 2 000 美元的进口关税,那么国内汽车价格会如何变化?国内汽车供给量和消费量会如何变化?消费者剩余、生产者剩余和社会总剩余与自由贸易时相比有何变化?

(d) 假设 X 国政府实施进口配额政策,将汽车进口数量限制在 1 000 辆。请比较这个进口配额政策和前述进口关税政策的价格效应、数量效应和福利效应。

3. 牛肉的世界价格为 5 美元一磅。考虑一个小国,其牛肉需求和供给如下图所示。

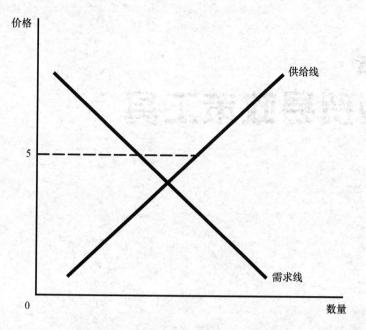

（a）在自由贸易条件下,该国国内的牛肉价格是多少？消费者剩余和生产者剩余各是多少？请图示说明。

（b）若该国为了鼓励本国牛肉出口,对出口牛肉实施出口价格补贴,每磅牛肉可以获得1美元的补贴。实施出口补贴后,该国国内市场的牛肉价格会是多少？请图示说明这项出口补贴政策的福利效应。

第 8 章
新型贸易政策工具

前一章介绍了进口关税、进口配额和出口补贴这三个传统的贸易政策工具,讲解了它们在应用于一个开放小国时会产生的效应。二战后世界各国在关税贸易总协定(GATT)所主持的多边贸易谈判的推动下相互之间削减了进口关税,也减少了对于进口配额和出口补贴等传统贸易政策工具的使用(详见第 10 章)。然而各国国内贸易保护主义的压力依然存在,因而一些非传统的贸易政策工具得到越来越多的应用。本章将讨论自愿出口限额、反倾销税、反补贴税和保障措施等较新的贸易政策工具。

8.1 自愿出口限额

自愿出口限额(VER)是出口国"自愿"设置的对出口数量的限额。我们把它视为进口国的贸易保护政策,因为出口国一般是在进口国施加的压力之下才采用出口限额的。例如全球纺织品贸易从20世纪60年代以来一直处在配额管理之下,直到2005年全球纺织品配额被取消为止。纺织品配额的实施是由主要棉纺织品进口国和出口国签署协议,由纺织品出口国实施自愿出口限额来实现的,其中最著名的协议就是1973年在关税贸易总协定主持之下由42个纺织品贸易国经过谈判达成的《多种纤维协定》(参见第7章专栏7.2)。除了纺织品贸易以外,自愿出口限额在钢铁、汽车、电子产品和农产品贸易中也曾被采用,其中最著名的一个案例是20世纪80年代日本对出口到美国的汽车所实施的自愿出口限额(参见专栏8.1)。自愿出口限额有时也被称为"有秩序的销售协定"。

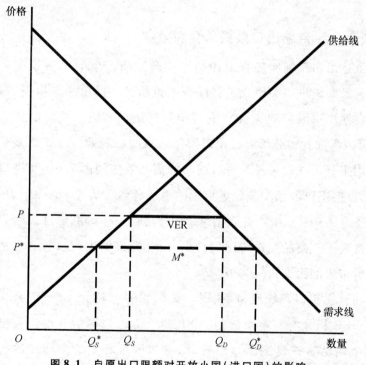

图8.1 自愿出口限额对开放小国(进口国)的影响

对于在进口国的价格和数量效应而言,自愿出口限额和进口配额是完全一样的。延续前一章的例子，我们仍然设想一个进口小麦的小国。将前一章用于分析进口配额的图7.7中的配额数量 M 改为自愿出口限额数量 VER，我们得到图8.1。如图所示，进口小国在自由贸易均衡中小麦的进口数量为 M^*。如果小麦出口国实施了自愿出口限额政策，那么出口到这个国家的小麦数量从 M^* 下降到 VER。由于进口数量下降了，这个国家的国内小麦市场出现了供不应求的状况，国内小麦价格必然从 P^* 上升到 P。由此可见，由出口国实施自愿出口限额政策所产生的价格效应和由进口国实施进口关税或进口配额政策所产生的价格效应是一样的。在20世纪80年代初日本迫于美国的压力对出口美国的汽车数量实施了自愿出口限额政策，将出口数量在1981年之后的每年限制在168万辆，在1984—1985年该数量修正为每年185万辆（参见专栏8.1）。结果正如图8.1所示，美国市场上汽车价格上升了，美国国内汽车厂商的供给量上升了，而美国消费者的需求量下降了。

自愿出口限额的福利效应

虽然由出口国实施自愿出口限额政策所产生的价格效应和由进口国自己实施进口关税或进口配额政策所产生的价格效应是一样的，但是自愿出口限额政策会对进口国的国民福利造成更大的损害。图8.2可以帮助我们分析自愿出口限额政策的福利效应。该图就是在前一章用来分析进口关税和进口配额的福利效应的图7.6。和进口配额一样，自愿出口限额实施后进口国的消费者剩余从 $A+B+C+D+E+F$ 下降为 $A+B$，而生产者剩余从 G 上升到 $C+G$。由于自愿出口限额政策推高了该商品在进口国的价格，由此造成的生产性扭曲和消费性扭曲所带来的无谓损失为 $D+F$。

在自愿出口限额政策下，图8.2中的 E 被称为 VER 租金。谁获得了 VER 租金？答案很清楚：VER 租金为出口国所获得。当出口国对某个商品实施自愿出口限额后，进口国市场上这个商品的价格上升到了 P。对于出口国而言，尽管出口数量减少了，但出口价格提高了，而由于出口价格提高所多获得的收入 $(P-P^*)\times \mathrm{VER}$ 就是 VER

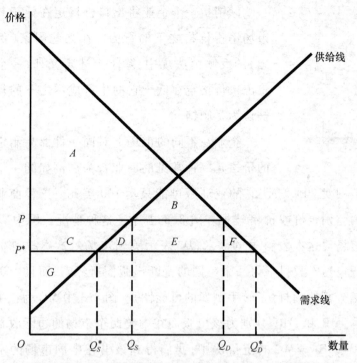

图 8.2　进口国在自愿出口限额政策下的福利效应

租金。因此,和进口关税和进口配额相比较,自愿出口限额政策对于进口国而言的福利成本是最大的。在进口关税政策下进口国的福利损失为 $D+F$,在进口配额政策下进口国的福利损失在 $D+F$ 和 $D+E+F$ 之间,而在自愿出口限额政策下进口国的福利损失为 $D+E+F$。据估计日本对出口美国的汽车所实施的自愿出口限额政策使美国损失了约 30 亿美元,主要部分是转移到日本的 VER 租金(图 8.2 中的 E)而不是资源配置扭曲所带来的损失(图 8.2 中的 D 和 F)。①

---

① Berry, Steven, James Levinsohn, and Ariel Pakes (1999), "Voluntary Export Restraints on Automobiles: Evaluating a Trade Policy," *American Economic Review*, 89(3), 400—430.

8.2 反倾销政策

倾销指一个企业将出口价格定在低于其本国市场销售价格之下的行为。在某些国家(例如美国)的反倾销法规中,除了上述定义外,一个企业将出口价格定在低于它的生产成本之下的行为也被认为是倾销。

企业在不同的市场上对同一件商品制定不同的价格是一种常见的商业行为。例如同一本教科书在美国卖200美元,它的亚洲版可能只卖100美元。这种商业行为被称为差别定价或价格歧视。图8.3描述了这种情况。图中 D 表示中国市场对这本教科书的需求,D^* 表示美国市场对这本教科书的需求。假设这本教科书为一个美国的垄断出版商所经营,而且中美两个市场是分割的(排除了转手倒卖的可能性)。图8.3中 MC 为该书的边际成本,MR 和 MR^* 分别为该出版商在中美两个市场的边际收益。运用 $MR = MR^* = MC$ 的定价法则,我们得到该书在中国市场的定价为100美元,而在美国市场的定价为170美元。为什么?因为中美两个市场的需求弹性不同;出版商会在弹性较低的美国市场定高价,而在弹性较高的中国市场定低价,由此获取最大利润。在这个例子中,美国出版商在中国以低于它在本国市场上的价格销售教科书,根据定义这属于倾销行为。

出口国企业的倾销行为对进口国的消费者是有利的,因为他们可以享受较低的价格。但是对于进口国生产同类产品的企业而言,出口国企业的低价倾销会损害它们的利润。从理论上讲以下这种倾销行为是不正当的:出口国企业将出口价格定得很低,目的在于将进口国的竞争对手逐出市场,或者是为了阻碍潜在竞争者进入这个市场,由此确立垄断地位然后再提高价格获得垄断利润。这种倾销行为被称为掠夺性倾销。

对于外国企业的倾销行为,世界贸易组织赋予进口国实施反倾销政策的权利。从20世纪80年代以来,反倾销政策逐渐成为各国实施贸易保护的重要手段之一。图8.4显示世界反倾销立案总数在

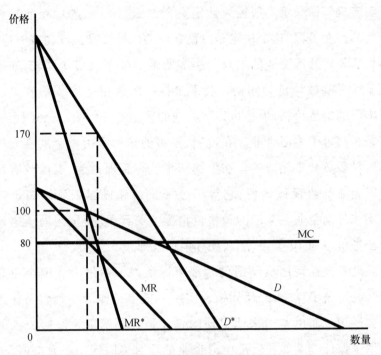

图 8.3 差别定价和倾销行为

1980—2001 年间呈上升趋势,而在 2001 年以后呈下降趋势。[①]

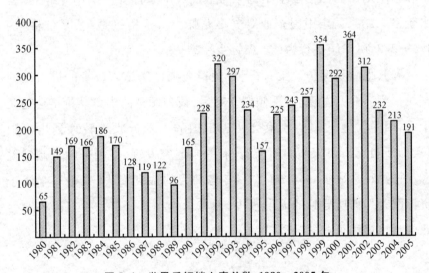

图 8.4 世界反倾销立案总数,1980—2005 年

---

① 数据来源:Prusa, Thomas J. and Susan Skeath (2005), "Modern Commercial Policy: Managed Trade or Retaliation?" in E. Kwan Choi and James C. Hartigan (eds.), *Handbook of International Trade*, Volume II, Blackwell Publishing; Brown, Chad P. (2006), "Global Antidumping Database Version 2.1," Brandeis University。

实施反倾销政策一般需要认定两个方面。第一，外国企业是否有倾销行为。在美国，这个认定是由商务部的国际贸易行政司来完成的。具体做法是将外国企业的出口价格和所谓的公平价格作比较，如果前者低于后者就被认定为倾销。公平价格一般采用平均成本或出口企业在本国的销售价格，但也可以有其他的确定方法。第二，外国企业的销售是否损害了本国企业。在美国，损害的认定是由一个准官方机构国际贸易委员会来完成的。在上述两个认定都通过后，美国政府就会向外国企业征收反倾销税，它等于公平价格和该国企业倾销价格之差。例如外国企业在美国的销售价格为 5 美元，而美国当局认定该商品的公平价格为 10 美元，那么反倾销税就等于 5 美元。

虽然各国在运用反倾销税时都声称是为了对付由外国企业倾销所带来的不公平竞争，但反倾销税实际上更多是作为一种贸易保护政策在被运用。而由本国来认定外国企业是否倾销则为反倾销税的实施提供了保证。例如在确定中国企业是否对美国倾销小龙虾时，美国商务部基于中国不是市场经济国家的理由，用印度、巴基斯坦、斯里兰卡和印度尼西亚四个国家小龙虾的生产成本来计算中国小龙虾的"公平价格"，结果认定中国企业对美小龙虾出口价格只是"公平价格"的 1/3—2/3，属于倾销行为(参见专栏 8.2)。

和其他贸易保护政策一样，反倾销会降低实施该政策的进口国的国民福利。研究发现，在反倾销立案后，被控倾销的出口品价格会趋向上升，因而实施反倾销政策会使进口国的一部分收入转移到出口国(类似于自愿出口限额的租金)。有一项研究发现，美国征收反倾销税和反补贴税造成了每年 20 亿—40 亿美元的福利损失，其中一半属于资源配置扭曲所导致的无谓损失，而另一半则源于产品价格提高所导致的对出口国企业的转移支付。[①]

[①] Gallaway, Michael P., Bruce A. Blonigen and Joseph E. Flynn (1999), "Welfare Costs of the US Antidumping and Contervailing Duty Laws," *Journal of International Economics*, 49, 211—244.

8.3 其他贸易政策工具

■ 反补贴税

反补贴税是指当外国企业被认定由于外国政府的补贴而低价出口时，进口国政府所征收的进口税，用以抵消出口补贴的作用，所以又称为抵消税。世界贸易组织关于补贴和抵消措施的协议规定了补贴的使用范围，允许成员国实施反补贴措施。一个国家在受到外国出口补贴带来的损害时，可以通过世界贸易组织的争端解决程序来要求出口国解除出口补贴，或者自行调查乃至征收反补贴税。

反补贴税的申请程序和反倾销政策类似。在美国，当本土企业申请对外国企业征收反补贴税时，美国商务部调查外国企业是否从其政府获得补贴，国际贸易委员会评估美国的产业是否因为其他国家的政府补贴而遭到损害。

反补贴税在实际操作中非常困难。出口补贴常常是非常隐蔽的，很难测算。世界上许多国家实施产业政策，要从一个国家的产业政策中辨别出出口补贴政策很困难。和反倾销政策一样，由进口国来认定外国政府是否实施补贴这一程序使得反补贴政策成为进口国企业寻求贸易保护的一种手段。

■ 保障措施

保障措施指一个国家在某个国内产业受到进口商品严重威胁和损害时所采取的对进口商品暂时的限制措施。世界贸易组织成立后对保障措施的实施时间作了一定的限制。根据世界贸易组织秘书处在 2007 年 11 月 7 日发布的数据，从 1995 年 1 月 1 日至 2007 年 10 月 31 日，共有 159 件保障调查被发起，其中 82 件保障措施已被实施。新发起的保障调查数目在 2002 年最高，为 34 件。此后该数目呈下降趋势，在 2003—2007 年的五年中分别为 15 件、14 件、7 件、13 件和 4 件。1995 年以来发起保障调查最多的国家是印度，共 15 件。其次为约旦（12 件）、智利（11 件）、土耳其（11 件）和美国（10 件）。保障措施实施数目在2003年最高,达到15件。此后的五年中分别为6件、6件、7件、7件和4件。1995年以来实施保障措施最多的国家依次为印度(9件)、智利(7件)、土耳其(7件)、约旦(6件)和美国(6件)。保障措施涉及的产品主要是化工产品,自1995年以来有28件被发起。其次是基本金属(21件)、食品(15件)和制陶(15件)。①

保障措施针对的是急剧增长的进口。一个国家实施反倾销和反补贴政策时需要认定出口国企业存在不公平贸易行为,而保障措施所针对的急剧增长的进口可以是公平贸易的结果。和反倾销和反补贴针对特定国家不同,保障措施可以涉及所有进口来源国。

在美国,保障措施的实施依据的是其贸易法中的201条款。美国保障措施的实施需要得到美国的国际贸易委员会的认定,认定标准是进口增加是对该国内产业造成严重损害或威胁的最重要原因。如果认定成立,美国政府就可以采取一系列限制措施,包括征收关税、实行配额或者各种保护措施一并使用。在1980—1988年间,美国共有19件保障提案,国际贸易委员会否决了其中的12件,包括对日本小型卡车的保障提案。通过的7件提案交美国总统作最后裁决,其中5件获得通过,包括重型摩托车。而之后的1989—1994年间仅有2件保障提案递交给了美国国际贸易委员会。和反倾销税和反补贴税相比,保障措施在美国贸易政策中的使用频率较低。

▰▰▰ 美国301条款

美国贸易法规中的一些条款常被用做贸易政策工具,除了上述的201条款外,最著名的是301条款,它要求美国政府一揽子调查解决某个外国政府的整个对美出口产品方面的贸易壁垒问题。

美国的301条款有几种形式。一般301条款指1974年修订的美国贸易法第301条,它授予总统采取一切适当的行动来消除外国贸易壁垒的权力。该条款可由美国贸易代表或美国公司正式请求,或由美

---

① 上述数据来自成员国根据保障协议第12.1款上报的数字,不包括农业协议第5款及中华人民共和国入世协议第16款涉及的保障措施。

国其他利益集团单独启动,可针对外国政府"不正当的、不合理的、歧视性的、给美国商品造成负担或限制的"任何活动,其报复性行动的内容可以非常广泛。

超级301条款指1988年美国综合贸易与竞争法中作为301条款补充的第1302条法规,即"贸易自由化重点的确定"。该条款要求美国政府一揽子调查解决某个外国在对美国产品进入其市场方面的贸易壁垒问题。根据超级301条款,美国贸易代表办公室每年公布"重点不公平贸易做法"和"贸易开放重点国家名单",然后和被确定的"重点国家"进行谈判。如果谈判后贸易纠纷仍无法解决,美国就可以对这些贸易对手实施单方面的贸易制裁。

特别301条款是针对知识产权保护和知识产权市场准入等方面的法规,它基于1988年美国综合贸易与竞争法的第1303条。美国贸易代表办公室每年发布《特别301报告》,评价与美国有贸易关系的国家的知识产权保护情况,并视其存在问题的程度分别列入"重点国家"、"重点观察国家"和"一般观察国家"。美国贸易代表办公室和"重点国家"进行谈判,要求这些国家采取相应措施并修正其政策,否则美国将采取贸易报复措施予以制裁。例如美国2006年发布的《特别301报告》中有13个国家被列入了黑名单,包括中国、俄罗斯、阿根廷、洪都拉斯、巴西、埃及、印度、印度尼西亚、以色列、黎巴嫩、土耳其、乌克兰和委内瑞拉。美国认为这些国家在过去一年里存在着侵犯美国知识产权的现象和行为。

技术性贸易壁垒

技术性贸易壁垒的内容广泛,包括产品标准、劳工标准和环境标准等方面。产品标准是对产品结构、规格、质量和检验方法所作的技术规定。劳工标准是对工人在工资水平、工作条件和职业安全等方面设立的标准。环境标准包括环境的技术标准和管理标准,前者要求产品在加工过程中所使用的工艺、技术和方法必须满足环境技术条件(包括我们通常所说的产品安全标准),后者指国际标准化组织(ISO)从1996年开始推广的系列环境管理标准。

产品标准、劳工标准和环境标准的实施对于规范国际贸易行为是必要的。然而这些标准也成为贸易保护的工具。例如产品标准的实施能够使得产品更加健康、安全和环保,但是政府可以制定一些标准使得本地产品较易达标,而外国进口品却需要花费高成本进行改进才能达标。政府也可以对外国进口品实施更严格的产品标准,或者使对进口产品的检测和认证的过程复杂化。这些措施都能起到贸易壁垒的作用(参见专栏8.3)。

8.4 讨论和总结

本书第一部分的国际贸易理论揭示了贸易开放的两个效应:它在带给一个国家贸易收益的同时,会损害某些集团的利益。受到贸易自由化所带来的贸易收益的驱使,在二战后各国之间对进口关税等传统贸易壁垒进行了大幅度的削减。然而贸易保护主义的利益基础依然强大,因此在传统贸易政策工具的运作空间逐渐缩小之时,新型的贸易政策工具应运而生,成为各国政府实施贸易保护的有力武器。

新型贸易政策工具的特征之一是绕开了现有法律对贸易政策的约束。在关税贸易总协定下进口配额一般是不合法的,而自愿出口限额通过让出口国代替进口国实施配额来绕开这个法律约束。新型贸易政策工具的另一个特征是以反对不公平贸易为理由。当外国企业被认定在出口中有倾销行为,或者享受了外国政府的出口补贴,或者在产品标准、劳工标准和环境标准上不"合格"时,实施反倾销税、反补贴税和技术性贸易壁垒等贸易政策似乎就有了合理的依据。而在国际贸易中的强势国家美国则拥有单边霸权性质的贸易政策工具,其典型代表是基于美国贸易法301条款的一系列单边贸易制裁措施。

和前一章中所分析的传统贸易政策工具一样,新型贸易政策工具在带给被保护者利益的同时,损害了整个国家的国民福利。对于自愿出口限额政策的分析表明,由于该政策所导致的外国商品价格的上升所带来的租金为外国企业所获得,而在进口关税和进口配额中这部分收入被进口国以关税收入或配额租金的形式所获得,因此进口国的国民福利在自愿出口限额政策下比在关税和配额政策下遭受的损失更大。同样的情况在实施反倾销政策时也会发生。本章的讨论让我们看到"贸易政策应该是什么"和"贸易政策会是什么"是两个截然不同的问题。可以预见国际贸易政策工具在未来还会有新的变化和发展。

专栏 8.1
美国和日本的汽车贸易纠纷

1913 年福特公司开发了汽车流水生产线以后,美国的汽车产业得到迅速发展,到 20 世纪 50 年代初产量达到了 800 万辆。美国汽车生产企业不仅垄断了美国的国内市场,其出口量在世界汽车市场上也占据着领先的地位。相比之下,当时日本的汽车产业十分弱小,年产量仅在 3 万辆左右。

日本在战后经济重建过程中高度重视汽车产业。日本政府以优惠贷款和补贴等方式扶植本国汽车产业的发展并鼓励汽车出口,同时对汽车及其零部件的进口采取诸如高额关税、外汇配额和外资进入门槛等限制措施。在政府政策的扶持下,日本的汽车产业迅速发展壮大,成为其国民经济的支柱产业之一。从 20 世纪 60 年代开始,日本的汽车出口进入了一个快速增长的阶段。

日本的汽车产业在 20 世纪 70 年代的石油危机中获得了重大机遇。传统上美国的汽车制造商习惯生产利润丰厚的大型汽车,但石油危机爆发后,市场需求一下子转到小型汽车上来,而美国的汽车生产企业对此缺乏准备。相反,日本的汽车生产企业敏锐地觉察到了市场的变化并及时地调整了经营战略,大量生产小型节能汽车,结果这类汽车在美国市场上大受欢迎,使得日本对美国的汽车出口量迅速攀升。借助于对美国出口量的飞速增长,在 20 世纪 80 年代初日本汽车产量第一次超越美国,成为世界第一。

1980 年美国汽车产业的三巨头(通用、福特和克莱斯勒)都出现亏损,克莱斯勒甚至面临倒闭的危险。三巨头与美国联合汽车工会一起游说美国政府实施保护政策。1981年,里根政府为重振美国的汽车产业,要求日本对其汽车出口数量进行限制。在美日双方多次磋商后,1981年4月,日本同意采取自愿出口限额,具体安排为1981—1983年每年对美出口限额为168万辆,1984年为185万辆,1985年以后为每年230万辆,直到1994年结束。

自愿出口限额并没有改善美日两国在汽车贸易上的失衡状况。20世纪90年代初美日贸易逆差继续扩大,成为美国政府和各界关注的焦点,而汽车贸易正是造成双方贸易失衡的主要原因之一。例如1994年美国对日贸易逆差为656亿美元,其中60%源于汽车贸易。在实施自愿出口限额后,日本汽车企业开始到美国投资设厂,用直接投资来代替出口。此后美国的政策重点转移到了打开日本国内市场上,指责日本保护市场的行为是造成双方贸易失衡的主因,要求日本政府完成一定的进口和采购的数量指标。日本以政府无法干预私营部门的业务为由拒绝了美方的数量指标要求。在这种情况下,美方动用了301条款,声称如果日本不开放其国内汽车市场,美国将对进口的13种日本小汽车征收100%的惩罚性关税。这些关税一旦实施,估计会给日本带来59亿美元的损失。

美日双方为解决汽车贸易纠纷进行了多次磋商和会晤,但都以失败告终,致使美日汽车贸易争端不断升级。1996年6月28日,在美国宣布对日制裁的最后期限,美日两国在日内瓦再次就汽车及零部件问题举行了谈判,双方出于经济和政治等因素的考虑在谈判中都做出了让步,最终达成了协议。日本同意美国1996年在日本增开200家汽车及零部件经营店,到2000年再增开1 000家;日本的汽车厂商今后3年里将把在美国的汽车年产量提高25%,即由1996年的210万辆增加到1998年的265万辆,并在此后三年内增加90亿美元购买美国的汽车零部件;美国则宣布放弃对日本实施制裁。美日之间暂时避免了一场贸易战。

专栏 8.2
美国对中国小龙虾的反倾销案

美国的小龙虾产业主要集中于路易斯安那州。对当地的居民特别是卡津人(指路易斯安那州的法国人后裔)而言,小龙虾产业是他们的生活来源和文化象征。

从 1991 年开始,中国的小龙虾开始进入美国市场。在 1994 年和 1995 年,路易斯安那州的小龙虾生产受恶劣天气的影响,产量急速下降;而中国得益于良好的气候条件,小龙虾产量大幅攀升。中国的小龙虾主要是一种自然野生资源,生长于湖泊和河流中,获取成本较低,成本构成中主要是劳动力投入,所以中国的小龙虾出售价格远远低于美国当地价格(中国小龙虾价格为每磅 3 美元,而路易斯安那州生产的小龙虾价格为每磅 6—7 美元)。结果是中国出口到美国的小龙虾数量迅速增长,在 1993—1995 年间,中国出口到美国的小龙虾数量增长了 350%。到了 1996 年,中国小龙虾占据了美国 80% 的市场份额。

在中国小龙虾强大的竞争压力之下,路易斯安那州小龙虾产业联合会于 1996 年 6 月向美国商务部提出申诉,声称来自中国的淡水小龙虾尾肉以低于公平价格在美国市场上销售,对美国小龙虾加工产业造成了严重损害(见表 8.1),要求美国商务部和国际贸易委员会对来自中国的淡水小龙虾尾肉进行反倾销调查。1996 年 10 月 17 日,美国商务部发布公告对原产于中国的淡水小龙虾尾肉实施反倾销调查。

表 8.1 美国小龙虾尾肉市场受中国进口的影响

	1993 年	1996 年
从中国进口的数量(磅)	583 947	2 850 000
美国国内生产商的市场份额(%)	99	20
美国国内小龙虾加工产业全年收入(万美元)	2 180	490
美国国内小龙虾产业的失业人口(人)		2 000—3 000

数据来源:美国路易斯安那州小龙虾产业联合会。

美国商务部以中国不是市场经济国家为由,在计算中国淡水小龙虾尾肉的正常价格时不是根据它在中国的实际生产成本,而是采用了替代国的生产成本。美国商务部接受申请方的提议,以西班牙和印度的构成价格作为计算正常价格的依据。构成价格的计算方式是以生产要素价格加上包装成本、一般性费用和利润来获得。具体计算时,美国商务部使用了印度、巴基斯坦、斯里兰卡和印度尼西亚的海洋捕鱼成本,以1994年一篇新闻报道中印度的卡车运输费用作为中国境内运输成本的替代,以西班牙从葡萄牙进口的活体小龙虾均价作为小龙虾成本的替代,由此计算出中国淡水小龙虾尾肉的正常价格。

在案件审理过程中,中方应诉企业说明中国的淡水小龙虾尾肉产业是市场导向型产业,因为其两大生产要素(活体小龙虾和劳动力)在中国的价格都是由市场供求关系决定的。中方对此案没有考虑小龙虾的等级等因素就以西班牙进口的小龙虾价格作为替代价格提出了质疑。此外由于中国的劳动力成本远低于美国,中方要求计算正常价格时对劳动力成本进行调整。但美方以中国相关出口企业未及时反馈信息,西班牙是最主要的小龙虾贸易国,以及中国的工资和能源等价格受政府控制等种种理由否定了中方的诉求。最终,美国商务部认定中国出口到美国的淡水小龙虾尾肉存在倾销行为。1997年8月1日,美国商务部做出终裁,除部分应诉的中国企业被征以91.50%—122.92%的反倾销税外,其他中国企业一律被征以高达201.63%的反倾销税。同年9月8日,美国国际贸易委员会也做出终裁,确定中国小龙虾倾销对美国产业造成了实质性损害,上述反倾销措施即时生效。2002年8月,美国商务部对此案进行复审,结果是维持裁定中的反倾销税率水平。

高额的反倾销税使得中国的小龙虾产品与美国当地产品相比失去了价格优势,中国小龙虾失去了大部分的美国市场。路易斯安那州的小龙虾生产企业无疑是此案的最大受益者。然而美国的普通消费者却不再能够以低价享受到美味的中国小龙虾了。就像路易斯安那州新奥尔良市的一位餐厅主厨描述的那样:"餐厅现在不仅无法保证全年都有新鲜小龙虾的供应,而且还要为中国小龙虾支付更高的价钱。"①

专栏 8.3
商品安全和贸易保护

2007 年,中国生产的玩具在美国被多次大规模召回。据中国商务部统计,被大规模召回的 2 100 万件玩具主要涉及两种情况:第一类是关于涂料和油漆含铅超标的问题,大概有 300 万件,占召回总数的 14%。经调查,造成铅含量超标的主要原因是生产厂家在购买和使用原材料时存在的漏洞,以及品牌的经销商在验收环节中存在的缺陷。第二类是因为磁铁松动而被召回,大概有 1 820 万件,占召回总数的 85%。这些玩具主要是在 2007 年以前生产和销售的,当时符合美国标准;但因为 2007 年 5 月美国材料测试协会公布了一项针对玩具材料的新标准,经销商根据新的标准将这些玩具召回。

而在 2008 年 1 月,日本部分地区出现了食用中国制造的饺子中毒事件。根据日本相关部门的调查,冷冻饺子中残留有机磷杀虫剂,警方怀疑是农药残留所致。日本政府立即禁止了相关产品的销售,此事件引起了国际社会的高度关注。事件发生后,中国马上对国内相关企业实施了调查,随后中日双方均派出代表团进行实地调查。日本警方在调查中曾发现饺子包装袋上有一些小孔,怀疑存在人为投毒的可能,使得此次中毒事件更加扑朔迷离。毒饺子事件给中国生产企业造成了严重损失,也给中国商品的国际声誉带来了负面影响。

商品安全所引发的贸易纠纷并不少见,旷日持久的美欧牛肉战

---

① Aaron Kuriloff (2003), "China Imports Create Muddy Future for U. S. Crawfish Industry," http://www.growfish.com.au.

就是一例。关于激素牛肉的争端最早始于 20 世纪 70 年代,因为意大利在婴儿食品中使用了含激素的牛肉,造成一些婴儿在食用后出现异常反应。此事引发了欧洲消费者对荷尔蒙的恐惧,并要求政府制定相关法律以保护消费者的健康。此后欧盟各成员国均出台了相关法令。由于美国农场普遍使用激素饲料来饲养肉牛,欧盟以生长激素可能有害健康为由,禁止美国牛肉进入欧盟市场。自 1989 年后含有激素的美国牛肉被挡在了欧盟的大门之外,给美国带来了巨大的损失。美国以欧盟的禁令缺乏科学依据,是借"技术标准之名,行保护主义之实"为由,把欧盟告到了世界贸易组织。虽然 1998 年世界贸易组织裁定欧盟对美国激素牛肉的禁令是非法的并要求其取消禁令,但欧盟拒不执行。于是美国采取报复行为,从 1999 年 7 月开始,对来自欧盟的价值 1.168 亿美元的部分食品征收 100% 的惩罚关税。2003 年,欧盟提供的研究报告指出,北美养牛业使用的 6 种激素中至少有一种叫雌二醇的物质是致癌的,要求美国停止对欧盟的报复性制裁措施,但美国没有理会。欧盟在与美国磋商无果后,向世界贸易组织提起了诉讼。在此后的几年内,美欧双方在含激素牛肉问题上互不相让,美欧的牛肉战不断升级。

  相关的例子还有很多。例如法国针对英国糖果规定禁止含有红霉素的糖果进口,因为英国糖果普遍使用红霉素染色剂。美国为了阻碍墨西哥土豆进入美国市场,对进口的土豆规定了成熟度和个头大小等指标。在当今的国际贸易中,随着传统的贸易保护政策使用空间的缩小,对于商品安全法规和检测标准等技术性贸易壁垒的使用频率呈上升趋势。

本章提要

  1. 在传统贸易政策工具的使用空间日趋缩小的情况下,一些新的贸易政策工具应运而生,成为贸易保护的重要手段。

  2. 自愿出口限额是由出口国实施的进口国的贸易保护政策。出口国在进口国的压力下,对出口到进口国的某种商品的数量进行限制。对一个开放小国(进口国)而言,自愿出口限额政策将使其国民福利遭受损失。特别值得注意的是,自愿出口限额带来的租金为外国出口企业所获得,这和进口关税下的税收收入和进口配额下的配额租金为进口国所获得形成鲜明的对照。自愿出口限额是比进口关税和进口配额造成更高福利成本的贸易保护政策。

3. 反倾销政策名义上针对的是外国出口企业不公平的倾销行为,而实际上更多时候是作为贸易保护的工具。将出口价格定在本国销售价格以下的行为称为倾销。在实施反倾销政策时一般需要认定外国企业存在倾销行为并且该行为对本国经济造成了损害。由于倾销行为及其损害的认定由进口国做出,其认定尺度和过程为进口国所掌控,因此反倾销政策成为替代传统贸易政策工具的最有效的一种武器,在世界各国得到普遍的使用。

4. 反补贴税是进口国政府为了抵消外国企业享受的政府补贴而征收的进口税。保障措施是进口国在国内产业受到进口商品严重威胁和损害时采取的限制进口的政策。技术性贸易壁垒是利用产品标准、劳工标准和环境标准等方面的规定对进口商品设置的壁垒。

5. 美国的301条款是其贸易政策的重要组成部分。该条款有三种主要形式。一般301条款是针对美国商品进入外国市场的条款,它赋予美国总统采取行动对外国设置贸易壁垒进行报复的权力。超级301条款通过确定"重点不公平贸易做法"和"贸易开放重点国家名单"来强化美国政府对外国设置贸易壁垒进行谈判乃至制裁的针对性和强度。特别301条款是美国针对知识产权保护和知识产权市场准入的条款。

进一步阅读

关于倾销行为和反倾销政策的经典著作是 Viner(1966)所著的《倾销:国际贸易中的一个问题》(商务印书馆2003年版)。对反倾销政策作为新型贸易政策工具的现状及其相关理论和实证的讨论请阅读 Prusa 和 Skeath(2005)发表在《国际贸易手册》第二卷上的文章。对本章所讨论的各种新型贸易政策工具在美国的法律规定和实施程序的详细介绍请参阅 Durling(2004)所著的《美国贸易保护商务指南：反倾销、反补贴和保障措施法规、实践与程序》（社会科学文献出版社 2007 年版）。

参考文献

Durling, James (2004), *Business Guide to Trade Remedies in the United States: Antidumping, Countervailing and Safeguards Legislation, Practices and Procedures*, International Trade Center UNCTAD/WTO.（中译本）《美国贸易保护商务指南：反倾销、反补贴和保障措施法规、实践与程序》,社会科学文献出版社 2007 年版。

Prusa, Thomas J. and Susan Skeath (2005), "Modern Commercial Policy: Managed Trade or Retaliation?" in E. Kwan Choi and James C. Hartigan (eds.), *Handbook of International Trade*, Volume II, Blackwell Publishing.

Viner, Jacob (1966), *Dumping: A Problem in International Trade*, New York: Augustus M. Kelley Publishers.（中译本）沈瑶译,《倾销：国际贸易中的一个问题》,商务印书馆 2003 年版。

练习与思考

一、概念题

1. 自愿出口限额
2. 自愿出口限额租金
3. 倾销行为、掠夺性倾销
4. 反倾销税
5. 反补贴税
6. 保障措施
7. 美国 301 条款

二、判断题

1. 自愿出口限额是出口国的贸易政策,不是进口国的贸易政策。

2. 自愿出口限额政策和进口配额政策在进口国具有相同的效应。

3. 如果分割的市场具有不同的需求弹性,那么企业会在弹性较低的市场上低价销售,而在弹性较高的市场上高价销售,由此获取最大利润。

4. 在确定了外国企业的倾销行为后,进口国政府可以实施反倾销税。

5. 进口国政府实施反倾销税的主要目的是保护本国产业。

6. 反倾销政策和世界贸易组织的规定相违背。

7. 美国的超级301条款针对的是其他国家在知识产权市场准入方面设置的障碍。

三、选择题

1. 与进口配额政策相比,自愿出口限额政策

　　A. 给进口国带来了更多的收入

　　B. 避免了进口配额政策所带来的价格上涨

　　C. 租金收入由出口国获得

　　D. 福利成本较小

2. 下列哪一项不属于政府限制进口的贸易政策?

　　A. 自愿出口限额

　　B. 出口补贴

　　C. 进口关税

　　D. 进口配额

3. 下列哪一项关于倾销的说法是正确的?

　　A. 对任何企业而言,倾销只能是一种暂时的经营策略

　　B. 企业实行倾销的唯一目的就是将竞争对手逐出市场,然后抬高价格

　　C. 只有在分割市场上能够实行价格歧视时,企业才可能进行倾销

　　D. 倾销是企业追求利润最大化的手段

4. 对于一个拥有完全竞争市场的小国而言,如果发现其进口的商品中含有外国政府的出口补贴,它应该如何应对?

A. 征收反补贴税以保护本国产业

B. 对本国的出口提供补贴

C. 通过实行进口配额进行贸易报复

D. 让本国消费者享受廉价的进口品

5. 下列哪个关于自愿出口限额的说法是错误的?

A. 它会导致进口国市场价格上升

B. 它会使进口国消费者福利减少,生产者福利增加

C. 它会使出口国获得限额政策带来的租金

D. 它会增加进口国的国民福利

四、简答题

1. 为什么说自愿出口限额政策是进口国的贸易保护政策?

2. 为什么自愿出口限额对进口国造成的国民福利损失会大于进口关税和进口配额?

3. 什么是倾销?企业实施倾销的目的是什么?倾销会造成什么结果?

4. 实施反倾销政策需要认定的条件是什么?

5. 为什么说反倾销政策是一种贸易保护政策?

6. 美国的301条款包括哪些方面?

7. 举例说明技术壁垒是如何被用做贸易保护政策的。

五、综合题

1. 中国和美国于2005年11月8日就纺织品贸易达成协议,双方同意在未来三年内对21类中国输美纺织品进行数量限制。数量限制将以相关产品2005年的输美数量为基数逐年增长,2006年的增长率为10%—15%,2007年的增长率为12.5%—16%,2008年的增长率为15%—17%。这个协议会给美国带来什么样的福利影响?请画图进行分析。

2. 在2006—2007年间,中国的液晶电视市场出现了每年超过150%的爆发性增长,索尼和三星等外国品牌成为其中最大的赢家。目前索尼和三星等平板电视在中国的售价要低于其在日本和美国等地

的售价，而且很多机型的销售价格低于成本价。日韩企业的这一策略对中国刚起步的平板电视产业带来了很大的冲击。从2006年开始，中国的主要彩电厂商在平板电视业务都出现亏损，并且市场份额出现大幅下降。日韩彩电企业为什么在中国市场上实行这样的价格策略？它们的行为是否属于倾销？中国是否需要实施反倾销税？

第9章
关于贸易政策的争论

贸易政策应不应该被使用？这个问题属于经济学的规范性(normative)问题。从前面两章我们得到的结论是：对于一个拥有完全竞争市场的小国，使国民福利最大化的贸易政策就是没有贸易政策，即自由贸易。但在前面的分析中我们也强调这个结论是从一个简化的模型中推导出来的，该模型的重要假定包括：小国经济、完全竞争市场和静态分析。在本章中我们将讨论当这些假定不再成立时的若干情况。自由贸易是否是大国的最优贸易政策？在市场竞争不完全的情况下贸易保护是否比自由贸易更有助于提高国民福利？从动态角度来看发展中国家是否应该为幼稚产业提供贸易保护？从前面两章对贸易政策工具的介绍中我们知道，虽然贸易保护政策会损害国民福利，但是贸易政策工具仍为世界上绝大多数国家所运用。而且在传统贸易政策工具的使用空间缩小时，新型贸易政策工具的使用频率会上升。很显然,对于现实世界中贸易政策的解释不仅仅是一个应不应该被使用的规范性问题,而更是一个会不会被使用的实证性(positive)问题。贸易政策的政治经济学理论对这个实证性问题进行了研究,本章将对此作一些介绍和讨论。本章的目的是从规范性(国民福利)和实证性(利益博弈)两个角度来帮助读者理解关于贸易政策的种种争论。

最优关税理论的结论是:对于一个大国而言,使国民福利达到最大的政策不是自由贸易,而是适度的进口关税。

9.1 最优关税理论

大国和小国的区别在于,大国的行为会对世界市场的价格产生影响,而小国则是世界市场价格的接受者。当一个大国对小麦征收进口关税时,该国对世界市场小麦的需求减少。图9.1表示世界小麦市场的均衡价格原来在 P^*,而当大国 A 实施进口关税导致该国对小麦的需求减少时,世界需求线左移,小麦的世界价格下降到 P_N^*。

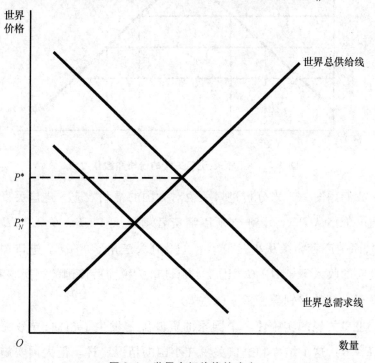

图9.1 世界市场价格的决定

当国际市场小麦价格下降到 P_N^* 时，大国 A 的国内市场价格等于 $P = P_N^* + t$（这里假定从量关税）。因为只有在这个价格上小麦出口国才愿意出口小麦到大国 A，在交付关税 t 后仍然可以获得世界价格 P_N^*。由此可见，进口关税保护了国内生产者，使他们得以享受高于世界价格 P_N^* 的国内价格 P。与此同时，进口关税抑制了国内需求，消费者在较高的国内价格 P 下只能减少消费。图 9.2 显示了一个大国实施进口关税后将发生的这些变化。

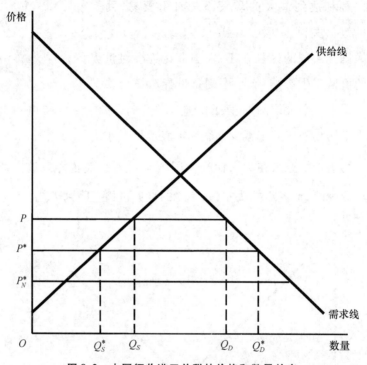

图 9.2 大国征收进口关税的价格和数量效应

我们用图 9.3 来分析进口关税对大国的福利效应。进口关税实施后国内价格从 P^* 上升到 P，所以消费者剩余从 $A + B + C + D + E$ 下降到 A，而生产者剩余从小三角形 F 上升到大三角形 $B + F$。进口关税带给政府的收入等于 $D + G$。比较实施进口关税前后该国的国民福利，我们发现它们的差别等于 $G - (C + E)$。

进口关税的实施使一个国家的资源配置发生了扭曲，导致无谓损失 $(C + E)$，这个结果和进口关税在小国的情况一样。但大国实施进口关税却会获得额外收益 G。这个收益 G 源于何处？从图 9.3 可以看

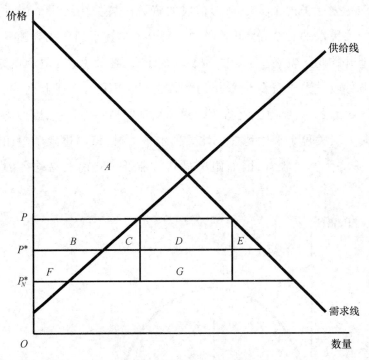

图 9.3 大国征收进口关税的福利效应

到,大国的收益源于世界市场价格从 P^* 下降到了 P_N^*。为什么世界市场价格会下降?那是因为大国实施了进口关税使得世界市场的需求下降了。一个国家的出口价格指数和进口价格指数之比称为该国的贸易条件。大国所实施的进口关税使进口价格下降,使该国的贸易条件得到了改善。该国由此获得的收益 G 称为贸易条件收益。

进口关税在大国的净福利效应取决于资源配置损失$(C+E)$和贸易条件收益(G)孰大孰小。如果$(C+E) > G$,那么进口关税会损害大国的国民福利。但如果$(C+E) < G$,那么进口关税会增进大国的国民福利。在什么条件下前者会发生,在什么条件下后者会发生呢?

在图 9.3 中我们看到,资源配置损失由两个三角形来衡量,而贸易条件收益由一个矩形来衡量。当进口关税较低时,两个三角形的面积较小,而矩形的面积相对较大(虽然每单位的关税较少,但关税应用在较大的进口量上)。随着进口关税的提高,资源配置扭曲增大(两个三角形变大),而关税总量由于进口量的下降而变得相对较小。当进口关税大到使进口量为零时,贸易条件收益(矩形)变为零,其结果是国民福利变化等于两个大三角形构成的资源配置损失。这个使进口量为零的关税水平 t_p 称为禁止性关税。图 9.4 描述了国民福利随着关税水平上升的变化轨迹。从自由贸易均衡出发,在关税水平达到 t_0 之前,贸易条件收益大于资源配置扭曲的损失,因而国民福利上升;在关税水平超过 t_0 之后,资源配置扭曲的损失超过贸易条件收益,因而国民福利下降。当关税水平达到禁止性关税水平 t_p 时,该国进入了封闭经济均衡,失去了贸易收益,因而国民福利处在低于自由贸易均衡的水平之下。

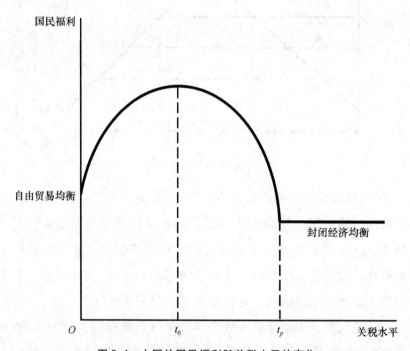

图 9.4 大国的国民福利随关税水平的变化

图 9.4 告诉我们,大国的国民福利并不在自由贸易均衡时达到最大;使大国国民福利达到最大的是关税为 t_0 的那一点。关税 t_0 被称为大国的最优关税。而大国只有实施最优关税才能最大化国民福利的理论被称为最优关税理论。

最优关税理论有没有道理?它是不是为贸易保护主义提供了依据?首先我们应该认识到,最优关税理论只适用于国际贸易中的大国;对于小国而言,最优关税等于零,自由贸易均衡时小国国民福利达到最大。进一步我们应该认识到,最优关税理论是静态分析,它假定大国可以不顾贸易伙伴的利益通过改善自身的贸易条件来获益。但是一个大国贸易条件的改善是建立在其他国家贸易条件恶化的基础上的,这必然招致其他国家的回应。在全球经济紧密相连的今天,很难想象任何一个大国可以维持类似于最优关税之类损人利己的贸易政策。恰恰相反,如果各国都试图通过改善贸易条件来获益,那么结果是各国都走向封闭经济均衡而损失贸易收益。所以最优关税理论尽管在逻辑上是成立的,但它的适用性很有限,并不能为贸易保护主义提供理论上的支持。

9.2 幼稚产业保护理论

历史上贸易保护主义所依据的理论之一,是幼稚产业保护理论。我们证明了在市场完善的条件下自由贸易能使小国的国民福利最大化。但是市场是不完善的,在发展中国家更是如此。假如资本市场是不完善的,那么一国的储蓄不能有效地传导到企业手中。尽管这个国家在某个产业上有潜在的比较优势,但是如果该产业中的企业不能获得资金来建设它们的生产项目,那么这个产业就不能建立起来,潜在的比较优势也无从实现。如果政府采取政策扶持这个产业,使其中的企业能够建立并成长起来,然后再开放这个产业参与国际竞争,这样做会使该国的国民福利在长期得到提高。这就是幼稚产业保护理论的观点。

图9.5描述一个幼稚产业的单位生产成本在时间上的变化。在起始时间,该产业的国内生产的单位成本为C_0,高于世界市场价格P^*。此时该产业是这个国家的比较劣势产业,从静态上看该国应该进口这个产业的产品而不是自己生产这个产品。假设这个产业存在学习效应,企业在经营这个产业的过程中会通过学习逐步提高自身的能力,使得单位生产成本从C_0下降到C_n。假设这个产业在世界上属成熟产业,因而其产品的世界市场价格恒定在P^*,并且假设在我们考虑的这个国家,该产品具有潜在的比较优势,即$C_n < P^*$,那么从长期来看这个国家建立和发展这个产业有利于该国的国民福利。但要建立这个产

业,企业必须在起步阶段(从时间 0 到时间 m)承受亏损,在这个阶段上该产业是一个幼稚产业。如果资本市场是完善的,那么预见到未来的盈利,资本就会投入到该产业中。但如果资本市场不完善,例如不存在风险投资市场,那么该产业就会失去建立和成长的机会。幼稚产业保护理论认为,如果用贸易保护政策(例如征收相当于 $C_0 - P^*$ 的进口关税)使该产业的国内价格提高到 C_0 以上,就会使该产业建立和生存下去。而随着学习效应发生作用,该产业会逐渐成长为这个国家具有比较优势的产业,对它的保护性关税也可以逐步降低直至完全取消。

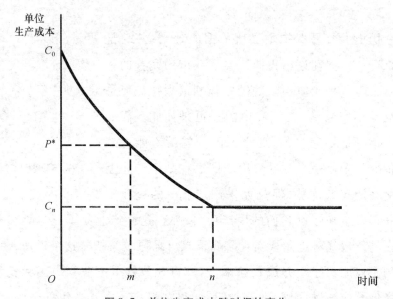

图 9.5 单位生产成本随时间的变化

幼稚产业保护理论听起来很有道理。但是这个理论真的为贸易保护主义提供了站得住脚的依据吗?实际上并不是如此。我们可以从以下五个方面对这个理论作一个剖析。

第一,幼稚产业保护理论是建立在市场机制失灵的基础上的,而不是建立在产业处于幼稚阶段这个状态上的。对于一个具有利润前景的产业,市场经济中的企业会想尽办法筹集资金进入这个产业,并不需要政府扶持。

第二,如果市场失灵确实阻止了这个产业的建立,那么最优的政府政策应该是针对失灵的市场的。如果资本市场失灵是原因,那么政府可以通过各种政策支持本国的金融机构为该产业融资。这些政策是国内政策,与贸易政策无关。

第三,如果针对市场失灵的国内政策由于种种原因不能实施,例如政府没有资金来支持这个幼稚产业,那么贸易保护政策可以作为次优选择。但是幼稚产业所要求的是短暂的保护,并且保护的程度应该逐步降低直至完全取消。而贸易政策的政治经济学告诉我们,一个贸易保护政策一旦实施,就会造就受益的利益集团;由于利益集团的活动,这个贸易保护政策在幼稚产业成熟后也难以取消。如果贸易保护变成了永久性的,那么幼稚产业保护政策促进长期国民福利这个结论就不再成立。

第四,即使政府能够克服利益集团活动的约束来实施幼稚产业保护政策,这个政策的成功与否仍取决于政府是否真的能够识别哪些产业具有潜在的比较优势。经济历史表明由政府来选择未来的"赢家"其成功的可能性并不大。

第五,幼稚产业保护理论是建立在产业具有学习效应的基础上的。而贸易保护政策的最大弊端之一就是它抑制企业的创新和学习。如果在贸易保护政策下一个幼稚产业永远不能长大,那么这个政策无疑是损害国民福利的。

综上所述,尽管幼稚产业保护理论听上去很有道理,但仔细推敲后发现它并不能为贸易保护政策提供理论上的支持。

9.3 战略性贸易政策理论

战略性贸易政策理论是 20 世纪 80 年代不完全竞争贸易理论的一个应用。这个理论认为,在寡头垄断型的国际市场上,政府的贸易政策可以导致各国企业之间博弈优势和劣势的转换,因而可以有助于提高国民福利。由于这个理论针对的是具有较高利润的寡头垄断企业,因此它的应用对象主要是发达国家。

对战略性贸易政策的理论分析是由加拿大经济学家布兰德(James Brander)和斯潘瑟(Barbara Spencer)首先提出的,其经典例子是美国的波音公司和欧洲的空中客车公司的竞争。假定两个公司的技术能力相当,都能够开发一种大型客机。由于研制这种大型客机的成本巨大,因此生产者必须占领整个世界市场才能盈利;而如果两家公司分割世界市场双方都只能亏损。我们可以用表9.1来表示这两家公司在四种可能的情况下的利润。

表 9.1　自由贸易条件下的收益表　　　　　　（单位:亿）

		空客	
		生产	不生产
波音	生产	(−10,−10)	(100,0)
	不生产	(0,100)	(0,0)

表9.1中每组的第一个数字是波音的利润,第二个数字是空客的利润。根据假设,在一家公司独占市场的情况下,该公司获得垄断利润100亿。在两家公司展开双寡头竞争的情况下,每家公司亏损10亿。如果两家公司同时博弈,结果是存在两个纳什均衡:(0,100)和(100,0)。那么哪个均衡会发生呢?博弈论告诉我们,这取决于谁拥有先发优势。假定波音先于空客生产这种大型客机。当波音已经占领了这个市场,空客为了避免10亿美元的亏损,会选择不进入这个市场,结果波音获得100亿美元的垄断利润。波音获得垄断利润并不是因为它拥有相对于空客的生产成本优势,而是因为它拥有先发的战略优势。

在这个例子中拥有大型客机这个部门能够增加生产国的国民福利,因为通过出口大型客机可以从消费国赚取到巨大的垄断利润。在自由贸易条件下,由于美国的波音公司先行占有了大型客机市场,因此欧洲尽管拥有生产大型客机的技术能力,但却损失了可以由此获得利润来增进国民福利的机会。如果欧洲放弃自由贸易政策,而对空客公司实施出口补贴政策,情况会是怎样呢?

假定欧洲政府提供20亿美元的出口补贴。如表9.2所示,这项政策改变了空客可以获得的收益。当空客生产并出口大型客机时,它会从欧洲政府获得20亿美元的补贴。

表9.2　出口补贴政策下的收益表　　　　　　　　（单位：亿）

		空客	
		生产	不生产
波音	生产	(−10,10)	(100,0)
	不生产	(0,120)	(0,0)

在表9.2所示的博弈中,欧洲政府的出口补贴政策起到了转换战略优势和劣势的作用。补贴使生产大型客机成为空客的优势策略,即无论波音生产还是不生产,空客都会选择生产。预见到空客必定进入这个市场,博弈的另一方波音只能选择退出这个市场,否则将承受10亿美元的亏损。在这个博弈中,欧洲对大型客机生产的补贴政策使空客得以克服波音的先发优势而获得战略优势,因而这项出口补贴政策被称为战略性贸易政策。

战略性贸易政策使本国公司获得利益是显而易见的。但我们关心的是,这种贸易政策能不能提高国民福利？在上述例子中,欧洲政府为实施这项政策花费了20亿美元,而由此从世界市场获得的利润达到100亿美元。所以这项贸易政策使欧洲的国民福利提高了80亿美元。由此证明战略性贸易政策优于自由贸易政策,能使一个国家获得更高的国民福利。

战略性贸易政策真的优于自由贸易政策吗？通过对上述理论模型的推敲我们至少可以指出该理论的三个弱点。第一,欧洲的出口补贴能否帮助空客扭转战略劣势取决于波音的退出。如果波音有一些空客没有观察到的技术优势使之在双寡头竞争时仍能获取一定利润,那么欧洲的战略性贸易政策就不能实现将波音逐出世界市场的目的,而结果是两家公司同时存在并长期竞争。尽管空客会因为政府补贴的支撑而得以维持,欧洲为此付出的代价将大于从中得到的收益,因此欧洲的国民福利将受损。第二,正如大国运用出口关税试图获得贸易条件收益会受到报复一样,当一个国家运用战略性贸易政策试图获得战略优势所带来的利润时,它也会受到其他国家的报复。当美国和欧洲都对大型客机生产和出口实施补贴时,波音和空客会在世界市场上同时存在并长期竞争,而结果是使两个经济体的国民福利都下降,这是贸易战的必然结果。第三,当一个国家在某个产业实施战略性贸易政策时,它必须从其经济的其他部门抽取资源,所以一个国家在建立某个产业的战略优势时可能会导致其他产业处于战略劣势,其结果可能对国民经济的整体造成损害。以上的讨论表明,战略性贸易政策虽然有成功的可能性,但是它的局限性也是非常明显的,很可能会弄巧成拙。因此战略性贸易政策理论并不能为实施偏离自由贸易的政策提供令人信服的理论依据。

9.4 贸易政策的政治经济学理论

本章的前三节介绍了政府主导的贸易政策优于自由贸易政策的三个理论。虽然每个理论都证明了政府主导的贸易政策在某种条件下可以比自由贸易政策获得更高的国民福利,但它们的理论基础并不坚实,存在很大的局限性。尽管贸易保护主义者们会引用幼稚产业保护理论或战略性贸易政策理论来支持他们的行为,但他们的行为并不是出于国民福利,而是由他们自己的经济利益所驱使。同样道理,贸易自由主义者的行为也不是出于国民福利,而是由自由贸易会给他们带来的利益所驱使。因此,现实中的贸易政策通常不是取决于对国民福利的考虑("应该是什么政策"),而是取决于各方利益所达成的均衡("会是什么政策")。贸易政策的政治经济学理论研究的正是"贸易政策会是什么"这个问题。

贸易政策是在政治过程中决定的,所以需要对政治过程进行描述。首先,政治过程是一个争取选民选票的过程。根据赫克歇尔-欧林模型中的 SS 定理,每个选民从关税保护政策中获得的好处取决于他(她)拥有什么样的要素资源。在一个高技术劳动力丰裕的国家,进口关税的提高将使高技术工人受损,低技术工人得益。如果我们将一个国家的工人按照技术水平从高到低排列,并假定他们能够通过投票来决定谁来执政,那么获得最多选票的贸易政策必定对应中位选民所偏好的那个进口关税水平。这个理论称为中位选民理论。然而实证证据表明,中位选民理论不能解释现实中所观察到的贸易政策。如果贸易政策简单地取决于选票,那么消费者拥有最多的选票,自由贸易岂不是选民的最优选择吗?

中位选民理论之所以不能解释贸易政策,是因为它忽略了政治过程中游说的作用。政治力量并不取决于利益集团人数的多少,而是取决于利益集团的活动能力。消费者虽然人数众多,但并不能抱成一团。贸易保护政策固然损害消费者利益,但每个消费者的损失不足以让他(她)花费时间、精力和金钱来组织和参加反对贸易保护政策的活动,因此每个消费者都有免费搭车的动机,希望其他消费者去组织反对贸易保护的活动,而自己可以坐享其成。结果是没有消费者组织这类活动。相反,受到进口威胁的企业由于利益集中,免费搭车的动机相对较小,因而能够组织起强大的游说集团来争取贸易保护政策。这个理论称为集体行动理论,对现实中所观察到的贸易政策具有一定的解释能力。

20世纪90年代美国经济学家格罗斯曼(Gene Grossman)和赫尔普曼(Elhanan Helpman)提出了贸易政策购买理论,将贸易政策视为一种商品,由政府出售,由利益集团出资购买。政府在出售某种贸易政策时会兼顾选民的利益和相关集团的利益,而利益集团则通过政治捐款来影响政府对贸易政策的选择。贸易政策购买理论较之其他理论更全面地反映了贸易政策政治决定过程中的各种力量之间的平衡。

对于贸易政策的政治决定过程的讨论强化了对自由贸易政策的支持。克鲁格(Anne Krueger)在1974年发表的文章中指出:进口配额政策会引发寻租活动,而这种活动增大了贸易保护的福利损失。巴格瓦蒂(Jagdish Bhagwati)进一步将寻租活动一般化为"直接的非生产性的寻利活动",指出对于贸易政策的政治游说活动不仅发生在对进口配额租金的追逐上;只要贸易政策能带来利益,寻利活动就会发生,而这些寻利活动是非生产性的,使社会资源遭到浪费。和贸易政策所造成的资源配置扭曲所带来的福利损失相比,由寻租或寻利活动所带来的福利损失在数额上更大。例如根据克鲁格根据土耳其数据的估算,寻租活动带来的福利损失占国民生产总值的 40%。① 对于政府主导的贸易政策所带来的高额寻租成本的考虑是经济学家支持自由贸易政策的重要理由。

9.5 讨论和总结

本章讨论了有关自由贸易并非最优的一些理论，同时指出这些理论具有局限性，并不能为贸易保护主义提供坚实的理论基础。在现实世界中贸易保护政策之所以存在并被广泛使用，并不是因为它们在理论上得到支持，而是因为它们是政治力量平衡的结果，其背后是经济利益的分配。贸易政策的政治经济学理论讨论了政治决定过程中的各种力量是如何在博弈中寻求平衡从而产生我们所观察到的贸易政策的。

大多数国际贸易学者认为，尽管自由贸易政策在理论上不总是最优的，但在实践中没有比自由贸易更好的政策。支持自由贸易政策的理论依据主要有三点。第一，自由贸易条件下资源能够得到有效配置，而偏离自由贸易将导致资源配置扭曲所带来的无谓损失。第二，除了静态贸易收益，自由贸易还能带来动态贸易收益。现代产业大都存在规模经济，而自由贸易能够让企业为世界市场而生产，从而充分地享受规模经济带来的利益。一个国家经济的长期增长主要是由技术进步来推动的，而自由贸易能够促进企业之间的竞争从而激发技术创新，并且能够推动先进技术的国际扩散。第三，自由贸易政策有助于避免寻租行为。当一个国家运用贸易政策时，各种利益集团会花费大量的资源开展寻租活动，这些资源没有对国民福利产生任何贡献，是无谓的浪费。坚持自由贸易政策在实践中的一个最大好处就是使利益集团无从寻租。基于上述三点，自由贸易政策是从国民福利角度考虑的最优政策。

---

① 引自贾格迪什·巴格瓦蒂著，雷薇译，《现代自由贸易》，中信出版社 2003 年版，第 30 页。

关于贸易政策的争论由于经济全球化的迅猛发展而加剧了。虽然国际贸易只是经济全球化的一个方面,但它极具象征意义。当世界贸易组织在美国西雅图市召开部长会议时,众多反对全球化的人士云集西雅图,其抗议的对象远远超过了国际贸易的范畴(参见专栏9.1)。在本书的第三部分,我们将讨论与国际贸易密切相关的国际资本流动以及国际生产和服务的外包,并且讨论由国际贸易带来的宏观经济问题和经济发展问题。

专栏9.1
西雅图风暴

1999年11月30日,世界贸易组织第三届部长会议在美国西雅图市开幕,而会场外却云集了来自世界各地的反全球化人士。他们砸毁了全球化象征的麦当劳快餐店,还与警察发生了暴力冲突,致使会议无果而终。此次事件被称为"西雅图风暴"。

在西雅图风暴之后,每次召开推进全球化的国际会议时,都会有众多反全球化人士在会场外举行示威游行,抗议全球化。2001年7月在热那亚举行的八国首脑会议开幕当天,来自世界各地的近12万名反全球化人士聚集热那亚,打出了全球化导致贫困的横幅。在与警察的冲突中,近500人受伤,126人被捕,还有1人被警察开枪打死,热那亚一度陷入混乱。英国《金融时报》在2001年7月21日刊登的一篇文章中说:"由于严格的安全保卫措施,这里几乎成了一座空城,只剩下首脑会议的参加者和抗议者。普通百姓都呆在家里。"最后,八国首脑会议不得不在反全球化的抗议声中闭幕。抗议者们不但采取游行示威等行动,他们还在每次国际大型会议召开时举办各种论坛,让全球化中的"受害群体"代表来此以表达他们对全球化的不满。

在自由贸易的旗帜下,在优化资源配置和发挥各国比较优势的利益驱动下,全球化的脚步在不断向前迈进。从贸易领域到生产领域和金融领域,经济全球化已经将世界各国的经济紧密地联系了起来,极大地促进了各国间的经济交流。但是近些年来为什么会出现大规模的反全球化运动,而且有愈演愈烈的趋势呢?

经济理论表明各国可以利用自己的比较优势参与全球化的进程并从中获得利益。然而,并不是所有人都能分享到全球化带来的福利。实际上,全球化过程中存在着严重的利益分配不均问题,是世界范围内贫富分化日趋严重的重要原因。不仅发达国家和发展中国家之间的收入差距在不断拉大,而且各国内部的贫富分化问题也日益突出。1999年联合国《人类发展报告》提供了如下数字:全世界1/5最富有人口占有全球国内生产总值的86%、全球出口的82%、全球直接投资的68%和全球电话总量的74%。最富有人口的人均收入是最贫穷人口人均收入的74倍,大大高于1960年的30倍。目前全世界仍有十几亿人每天消费不足1美元。一方面,发达国家及其跨国公司凭借自己强大的经济实力,利用发展中国家廉价的资源和劳动力进行生产,并从中获得丰厚的利益。另一方面,跨国公司为了增强竞争力,将很多投资都转移到国外,这在一定程度上造成了其国内的产业空心化,使其本国的工人面临失业威胁。加上近年来大量外国移民的涌入,发达国家国内居民自然会把失业与收入下降的原因归结为全球化。所以反全球化中很重要的一股力量是发达国家的劳工组织。

不仅如此,在全球化过程中,跨国公司将那些高能耗、高污染和高排放的生产活动转移到了发展中国家,给当地的生态环境造成了严重的破坏,极大地限制了这些国家的可持续发展。1998年9月14日墨西哥《至上报》上发表的一篇文章就谴责说:"工业化国家是破坏臭氧层的主要源头。但是,最终为污染和滥用土地、森林、河流以及海洋而付出代价的却是那些最贫困国家的人民。"所以,各国环保人士也加入到了反全球化的大军中,指责发达国家及其带动的全球化是世界环境日益恶化的罪魁祸首。很多人还指责发达国家利用现代化的通信科技,在全球化过程中推行其文化价值和生活方式,使其他国家的传统文化受到侵蚀。反对全球化的人士还指出了全球化进程中的其他许多问题,例如国际分工的不合理、第三世界国家的边缘化、科技殖民和金融殖民等。

全球化带来的问题涉及社会和经济的方方面面,所以反全球化人士的构成也十分复杂。他们中有工人、环保主义者、各种社会活动家、无政府主义者、农产品保护主义者等。虽然他们来自不同的国家,具有不同的背景,但是反对全球化这一共同的目标将他们联系在一起,而且队伍在不断发展壮大。可以预见,反全球化的抗议将一路伴随全球化的进程。

本章提要

1. 关于贸易政策的争论在历史上从来没有间断过。贸易政策会产生国民福利和收入分配等多重效应。评判一个贸易政策的首要标准是它对国民福利的影响。

2. 最优关税理论证明了对于大国而言,自由贸易不是最优政策,而适度的进口关税可以使这个大国的国民福利最大化。最优关税理论的最大缺陷在于假设贸易对手不会对保护关税进行回应。如果贸易对手同样采取所谓的最优关税,那么贸易双方会陷入贸易战的双输局面。所以最优关税理论并不能为贸易保护主义提供理论上的支持。

3. 幼稚产业保护理论是历史上贸易保护主义所依据的一个重要理论。根据这个理论,一个国家对拥有潜在比较优势、但目前处于发展初级阶段的产业给予贸易保护会有助于这个产业的成长,促使潜在的比较优势转化为真实的比较优势,从而提高这个国家的长期国民福利。幼稚产业保护理论经不起推敲。造成幼稚产业得不到成长是市场失灵,其最好的解决方法不是贸易保护而是针对市场失灵的政策。幼稚产业需要的帮助是暂时的,而贸易保护政策一旦实施就存在变成永久性政策的风险。

4. 战略性贸易政策理论是寡头垄断型国际市场上大企业之间博弈优势和劣势相互转换的理论。该理论认为政府政策可以帮助在世界市场上处于战略劣势的本国企业扭转其劣势而取得战略优势,其结果不仅有利于本国企业,而且能够提高本国的国民福利。战略性贸易政策理论的缺陷在于它只有在某个国家单方面使用时才可能有效。如果所有国家都采取战略性贸易政策,那么结果将是两败俱伤。所以该理论并不能为偏离自由贸易提供站得住脚的支持。

5. 贸易政策在各国得到普遍使用是利益博弈的结果。不同的贸易政策意味着不同的利益得失。贸易政策的政治经济学理论讨论了政治决定过程中各种力量之间通过利益博弈实现贸易政策取舍的过程。在争取有利于自身的贸易政策的过程中产生了寻租活动,使社会资源遭受损失。自由贸易政策在实践中的一个最大的好处就是避免了寻租活动所带来的社会资源损失。

进一步阅读

关于贸易政策争论的全面阐述请阅读 Bhagwati(2002)的著作《现代自由贸易》(中信出版社 2003 年版)。该书不但讨论了本章涉及的基于市场失灵的政策寻租的理论,而且讨论了本章没有涉及的基于收入分配和社会公平的理论。关于贸易政策的一本经典著作是 Corden(1997)。该书详细讨论了和贸易政策相关的几乎所有方面,不仅包括最优关税理论、幼稚产业保护理论和战略性贸易政策理论,而且包括对贸易政策与环境政策、汇率政策和外资政策相互关系的探讨。关于贸易政策在发展中国家的应用请阅读 Krueger(1995)。关于贸易政策的政治经济学理论请阅读 Grossman 和 Helpman(2002)撰写的《利益集团和贸易政策》。该书汇集了他们发表的八篇论文,可供国际贸易研究生阅读参考。此外,Rodrik(1995)关于贸易政策的政治经济学的文献综述也具有参考价值。

参考文献

Bhagwati, Jagdish (2002), *Free Trade Today*, Princeton University Press. (中译本)

雷薇译,《现代自由贸易》,中信出版社 2003 年版。

Corden, W. Max (1997), *Trade Policy and Economic Welfare*, Second Edition, Oxford University Press.

Grossman, Gene M. and Elhanan Helpman (2002), *Interest Groups and Trade Policy*, Princeton University Press.

Krueger, Anne O. (1995), *Trade Policies and Developing Nations*, The Brookings Institution.

Rodrik, Dani (1995), "Political Economy of Trade Policy," in Gene M. Grossman and Kenneth Rogoff (eds.), *Handbook of International Economics*, Vol. III, North Holland Elsevier Science.

练习与思考

一、概念题

1. 最优关税

2. 禁止性关税

3. 贸易条件收益

4. 幼稚产业

5. 战略性贸易政策

6. 中位选民

7. 集体行动、免费搭车

二、判断题

1. 大国的最优关税率高于小国的最优关税率。

2. 大国征收关税时,其贸易条件收益随着关税的提高而增加。

3. 无论是大国还是小国,征收关税给消费者带来的损失要大于它给生产者带来的收益。

4. 最优关税理论缺乏现实应用性的主要原因在于最优关税率很难确定。

5. 应用幼稚产业保护理论的前提是市场失灵。

6. 幼稚产业保护理论认为在新产业发展的初期实施贸易保护是必要的。

7. 贸易政策是政治力量平衡的结果,反映的是对经济利益的博弈。

三、选择题

1. 大国征收进口关税

   A. 会增加国民福利

   B. 会减少国民福利

   C. 会使国民福利保持不变

   D. 上述三种可能性都存在

2. 使大国的静态国民福利达到最大的关税是

   A. 零关税

   B. 最优关税

   C. 禁止性关税

   D. 上述三种可能性都存在

3. 在下列哪种情况时一个国家的贸易条件会得到改善?

   A. 进口价格指数下降

   B. 出口价格指数上升

   C. 进口价格指数上升

   D. 以上都不是

4. 战略性贸易政策主要适用于以下哪种市场?

   A. 完全竞争型市场

   B. 垄断竞争型市场

   C. 寡头垄断型市场

   D. 完全垄断型市场

5. K国是世界上牛肉价格最高的国家。如果K国开放国内牛肉市场,牛肉价格会下降20%。迫于国内养牛户的压力,K国政府决定对进口牛肉征收20%的进口关税。以下哪一个理论最能解释K国的这项贸易政策?

   A. 最优关税理论

   B. 幼稚产业保护理论

   C. 中位选民理论

D. 集体行动理论

四、简答题

1. 大国能否通过征收关税增进国民福利？

2. 进口关税对大国和小国所造成的影响有什么相同点和不同点？

3. 为什么说最优关税理论在现实世界中很难应用？

4. 什么是幼稚产业保护理论？为什么说这个理论并不能支持贸易保护政策？

5. 对发达国家而言，战略性贸易政策是否优于自由贸易政策？为什么？

6. 为什么说自由贸易政策在理论上不总是最优，但在实践中却没有比它更好的政策？

五、综合题

1. 假设在自由贸易条件下本国以每磅12美元的价格从世界市场进口奶酪。如果本国对奶酪征收进口关税，本国的奶酪价格会上升到15美元，而世界市场的奶酪价格会下降到9美元。请作图说明：

(a) 该进口关税对本国的奶酪生产和消费会产生怎样的影响？

(b) 该关税将如何影响本国和奶酪相关的消费者剩余和生产者剩余？

(c) 本国政府获得多少关税收入？

(d) 本国的国民福利受到怎样的影响？

2. 美国的波音公司和欧洲的空客公司是世界上最大的两家客机制造公司。假设两家公司都能生产一种300座的新型客机。

(a) 假设在没有政府补贴的情况下，每家公司单独生产这种飞机都能盈利，但如果两家同时生产则都会亏损。下表列出了具体的盈亏情况（表中每组的第一个数字是波音的利润，第二个数字是空客的利润，单位是亿美元）。请讨论两家公司的博弈结果。

		空客	
		生产	不生产
波音	生产	(−5, −10)	(110, 0)
	不生产	(0, 100)	(0, 0)

(b) 假设欧盟对空客给予 20 亿美元的生产补贴,而美国对波音也提供 20 亿美元的生产补贴。下表列出了两个公司在获得补贴后的收益情况。请讨论此时两家公司的博弈结果。补贴政策对美国和欧盟的国民福利分别会产生怎样的影响?

		空客	
		生产	不生产
波音	生产	(15, 10)	(130, 0)
	不生产	(0, 120)	(0, 0)

3. A 国的劳动力成本低廉,其制鞋成本是 B 国的 1/6。B 国国内的三大皮鞋制造商一起向政府施压要求对从 A 国进口的皮鞋征收高额关税。请用贸易政策的政治经济学理论来讨论 B 国皮鞋制造商获得关税保护的可能性。

第 10 章
全球和区域贸易协定

尽管自由贸易政策有助于国民福利的提高，但是由于自由贸易会损害某些经济集团的利益，因而一个国家很难单方面实施这项政策。全球贸易协定是世界各国通过谈判达成的共同降低贸易壁垒的协定。1947 年成立的关税贸易总协定（GATT）组织了八轮全球贸易谈判，使世界平均的关税水平大大降低。1995 年世界贸易组织（WTO）取代关税贸易总协定成为 150 多个成员国讨论和协调贸易政策的国际组织。此外，从 20 世纪 90 年代初以来，区域贸易协定呈现蓬勃发展的态势。根据世界贸易组织的数据，至 2007 年 7 月，向该组织备案的区域贸易协定有 380 个，其中 205 个协定正在实施。世界贸易组织预计到 2010 年区域贸易协定的总数将达到 400 个。本章将对全球和区域贸易协定的有关理论作一个介绍。

10.1 全球贸易协定

为什么需要全球贸易协定？我们可以用一个简单的博弈论分析来回答这个问题。假定中国和美国为贸易双方。如果两个国家开展自由贸易，每个国家获得100亿美元的收益。如果两个国家都实施贸易保护，每个国家损失50亿美元。假定单方面的贸易保护可以获益200亿美元，而单方面的自由贸易会损失100亿美元。表10.1列出了这个博弈，其中每组的第一个数字为美国的收益或损失，第二个数字为中国的收益或损失。

表 10.1 贸易政策博弈示例

		中国	
		自由贸易	贸易保护
美国	自由贸易	(100, 100)	(-100, 200)
	贸易保护	(200, -100)	(-50, -50)

在中美双方进行不合作博弈时，每个国家的优势策略都是贸易保护。以中国为例，如果美国实施自由贸易，中国实施贸易保护时获得的收益(200)会高于自由贸易时获得的收益(100)，所以选择贸易保护；如果美国实施贸易保护，中国实施贸易保护时的损失(-50)会小于单方面实施自由贸易时的损失(-100)，所以仍是选择贸易保护。也就是说，不管美国实施什么贸易政策，中国的优势策略都是贸易保护政策。同理美国的优势策略也是贸易保护政策，这样两国都实施贸易保护成为这个不合作博弈的均衡结果。从表10.1可以清楚地看到，这个两国都实施贸易保护的均衡(-50, -50)对双方都意味着损失，而如果双方都实施自由贸易则能带来共赢局面。然而在缺乏谈判和沟通机制的不合作博弈条件下，两国理性选择的结果却是贸易保护带来的双输。这种情况在博弈论中被称为囚徒困境。通过贸易谈判达成贸易协定正是走出囚徒困境的方法。顺便提一下，表10.1中设定的数字和情境是为了帮助说明贸易谈判的重要性。单方面的贸易保护也许并不能使一国获益，而单方面的自由贸易也可能不会使一国受损。这个例子的重点在于：在单方面难以实施自由贸易的情况下，通过贸易谈

判达成贸易协定是走出困境达到共赢的重要途径。

上述分析回答了为什么需要全球贸易协定这个问题。从前面几章我们已经学到,需要的政策不一定会被采纳。和其他政策一样,贸易政策是相关利益方博弈的结果。这就提出了一个新的问题:为什么全球贸易协定所议定的关税削减和一个国家单方面的关税削减相比是一项更容易被采纳的政策呢?

回答这个问题的方法是找出两种情况下的赢家和输家。当一个国家单方面削减进口关税时,输家是与进口商品竞争的国内企业,而赢家是国内消费者。根据集体行动理论,消费者受到免费搭车动机的影响难以组织起对削减进口关税的强有力支持,而进口商品竞争企业由于利益集中能够组织起强大的游说集团来抵制对进口关税的削减,因此单边削减进口关税的政策很难被采纳。与此相比较,在各国通过贸易协定同时削减关税的情况下,输家是与进口商品竞争的国内企业,而赢家不仅有国内消费者,而且还有该国的出口企业。出口企业能够组织起强大的游说集团来促成本国进口关税的削减,因为它们会从其他国家关税削减中获益。正是由于出口企业的政治力量抵消了进口商品竞争企业的政治力量,才使得通过贸易协定实现削减贸易壁垒的政策较之单方面削减贸易壁垒的政策更能够得到采纳。

全球贸易协定涉及所有成员国,其根本原则就是"非歧视"。当一个国家对某个国家削减关税时,这个较低的关税必须同时授予所有其他成员国;这种做法被称为最惠国待遇(MFN)。众所周知,二战结束后各国认识到了国际协调的重要性,先后成立了联合国、国际货币基金组织、国际复兴开发银行(世界银行)等国际组织。当时还设想成立一个协调国际贸易事务的国际贸易组织(ITO)。由于ITO会对各国的贸易政策形成众多约束,触及敏感的利益分配,因而它没有获得足够的政治支持而得以成立。但ITO中关于削减关税的部分演变成了关税贸易总协定(GATT)。在GATT的框架下完成了八轮贸易谈判。前面五轮所涉及的国家较少,降税幅度也较小。第六轮肯尼迪回合(1964—1967年)实现了发达国家制造业商品进口关税削减1/3,并认可了发展中国家的特殊待遇。第七轮东京回合(1974—1979年)再次削减制造业商品进口关税 1/3,并制定了一些关于非关税贸易壁垒的规则。第八轮乌拉圭回合(1986—1994 年)取得了广泛和深刻的成果:各成员国承诺平均降低关税 1/3;发达国家工业制成品平均关税降至 3.6% 左右;农产品和纺织品贸易被重新纳入到贸易自由化的轨道上;在知识产权、反倾销和服务贸易等领域也取得了一定的进展。世界贸易组织(WTO)在乌拉圭回合结束后成立,取代 GATT 并拓展了其功能。在 2001 年 WTO 启动了新一轮的多边贸易谈判即多哈回合,其内容涉及农业、非农产品市场准入、服务、知识产权、规则、争端解决、贸易与环境以及贸易与发展等八个领域。多哈回合谈判历经坎坷,经过八年的努力仍未达成协议(参见专栏 10.1)。

全球贸易协定由于涉及众多利益各不相同的国家,因而相互妥协是不可避免的。在 GATT/WTO 的规则中存在不少例外条款,正是各国相互妥协的结果。这些例外条款成为某些国家实施贸易保护政策的"合法"武器,是值得关注和警惕的。

10.2 区域贸易协定

GATT/WTO 要求成员国遵守非歧视原则,但可以有一个例外。当部分成员国签订特惠贸易协定将它们之间的关税降至零时,GATT/WTO 允许这类特惠贸易协定成为非歧视原则的例外(即在成员国和非成员国之间实施不同的关税税率)。由于大部分特惠贸易协定发生在地理上相近的国家之间,因此它们通常被称为区域贸易协定。

一个国家是否应该参加区域贸易协定?区域贸易协定能否增进成员国的国民福利?我们先用一个简单的例子来讨论这个问题。

▮▮▮ 简单例子

考虑英法美三个国家。假设在小麦生产中美国的生产率最高,单位生产成本为 4 美元;法国次之,单位生产成本为 6 美元;英国最低,单位生产成本为 8 美元。

假定英国对每单位进口小麦收取 5 美元的关税。在完全竞争市场条件下,从法国进口的小麦在英国的售价为生产成本(6美元)和关税(5美元)之和,即11美元,而从美国进口的小麦在英国的售价为9美元(即4美元的生产成本加上5美元的关税)。在这种情况下,英国消费者会购买英国自己生产的小麦,因为它的价格最低。

现在假定英国和法国签订了区域贸易协定。根据这个协定,英国对从法国进口的小麦免征关税,因此法国小麦在英国的售价等于它的生产成本,即6美元。由于法国小麦价格最低,英国消费者转而购买法国小麦。对于英国而言,获得1单位小麦的资源成本从区域贸易协定之前的8美元(自己生产)下降到了6美元(从法国进口),所以区域贸易协定使英国的国民福利上升了。这个例子表明通过区域贸易协定实现区域内自由贸易能够增进成员国的国民福利。但是我们需要警惕将从这个特定例子中获得的结论一般化。让我们思考一下另一种情况。

假定在上述例子中英国的关税不是5美元,而是3美元。当这个关税对所有国家征收时,法国小麦在英国的价格为9美元,而美国小麦在英国的价格为7美元。因为美国小麦最便宜,所以英国消费者会购买美国小麦。在英国和法国签订了区域贸易协定之后,英国不再向法国小麦征收关税,因而法国小麦在英国的价格等于它的生产成本,即6美元。由于法国小麦价格最低,英国消费者转而购买法国小麦。毫无疑问,英国消费者从区域贸易协定中获益了。但英国的国民福利是不是增加了呢?答案是英国的国民福利在参加了区域贸易协定后不但没有上升,反而下降了。为什么?

一个国家的国民福利在资源最有效利用时达到最大。在没有区域贸易协定的情况下,英国从美国进口小麦,换取1单位美国小麦英国付出相当于4美元的资源成本。请注意虽然英国消费者支付7美元,但其中的3美元是英国政府收取的关税,所以对于英国而言获得1单位小麦的资源成本是4美元而不是7美元。在与法国签订了区域贸易协定后,法国小麦替代了美国小麦。虽然英国消费者只需支付6美元,但对于英国而言,获得1单位小麦的资源成本却从4美元(美国小麦)上升到了6美元(法国小麦)。所以参加区域贸易协定使英国的国民福利下降了。这个例子表明,通过区域贸易协定实现的区域内自由贸易有可能使成员国的国民福利不升反降。

从上述两个例子中我们得出了截然相反的结论。那么这两个例子的关键区别在哪里呢?我们发现在前面的例子中,区域贸易协定导致进口的法国小麦替代了英国自己生产的小麦;也就是说,区域贸易协定的实施创造出了新的贸易。而在后面的例子中,区域贸易协定导致法国小麦取代了美国小麦;没有新的贸易被创造出来,只是原有的贸易从其他国家转移到了区域贸易协定的成员国。从上述例子中我们引出了"贸易创造"和"贸易转移"这两个概念,它们提供了分析区域贸易协定的重要视角。

图形分析

让我们通过图形分析来加深对贸易创造和贸易转移这两个概念的理解。考虑英法德三个国家。假设啤酒的生产成本德国最低,法国次之,英国最高。图 10.1 表示如果英国对进口啤酒征收关税,啤酒在英国的价格等于 P_B,在这个价格下英国进口啤酒的数量为 AB。图 10.1 中 P_G 是德国啤酒的价格。假如英国和德国达成区域贸易协定,英国对德国啤酒免税,结果是啤酒在英国的价格从 P_B 下降到 P_G,英国进口啤酒的数量从 AB 上升到 CD。区域贸易协定创造了新的贸易量。图 10.1 表明,贸易创造必然导致国民福利的增加。和区域贸易协定签订之前相比较,英国的国民福利增加了两个三角形的面积 $(a+b)$。

图 10.2 表示英国和法国而不是德国达成区域贸易协定的情况。在世界市场上德国啤酒的价格 P_G 低于法国啤酒,所以在没有区域贸易协定的情况下英国从德国进口数量为 AB 的啤酒。尽管英国消费者需要支付 P_B,但价格中的 $(P_B - P_G)$ 部分是英国政府获得的进口关税,所以英国从德国进口啤酒的单位成本是 P_G。当英法区域贸易协定达成后,法国啤酒可以免税进入英国市场。因为含税的德国啤酒价格 (P_B) 高于法国啤酒价格 (P_F),所以在英国市场上法国啤酒替代了德国啤酒。由于 P_F 低于 P_B,因此英法区域贸易协定仍有创造贸易的效应:贸

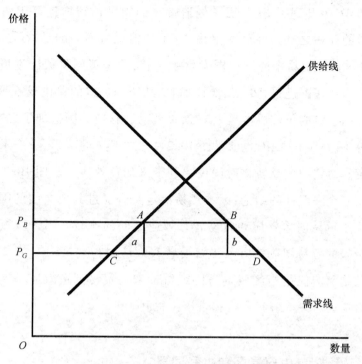

图 10.1 贸易创造的区域贸易协定

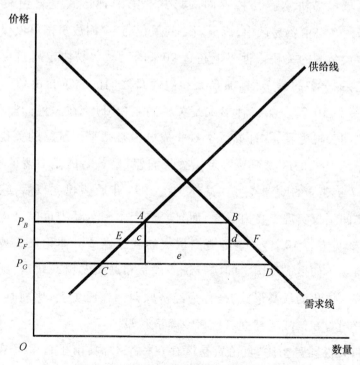

图 10.2 含有贸易转移的区域贸易协定

易量从 AB 上升到了 EF。贸易创造带来的国民福利增量等于两个小三角形的面积之和($c+d$)。和图 10.1 的情况所不同的是,在图 10.2 中,AB 这部分贸易中的进口国发生了转移:原来英国从德国进口 AB,现在改为从法国进口 AB。对英国而言,从德国进口的单位成本是 P_G,而从法国进口的单位成本是 P_F。所以贸易转移使英国增加了成本,其数额等于 $(P_F-P_G)AB$,也就是图 10.2 中长方形 e 的面积。e 表示的是区域贸易协定中贸易转移对国民福利带来的负效应。从图 10.2 中我们得出一个一般性的结论:区域贸易协定是否促进其成员国的国民福利取决于贸易创造效应和贸易转移效应之间的比较。当区域贸易协定所带来的贸易创造效应大于贸易转移效应时($c+d>e$),它能够提高国民福利。但是当区域贸易协定所带来的贸易创造效应小于贸易转移效应时($c+d<e$),它会损害国民福利。

自由贸易区和关税同盟

区域贸易协定有几种不同的形式。第一种形式是自由贸易区(FTA)。在自由贸易区中,成员国之间关税为零,而成员国可以保持各自对非成员国的关税。世界上超过 90% 的区域贸易协定属自由贸易区协定,最著名的是美国、加拿大和墨西哥之间的北美自由贸易协定(参见专栏 10.2)。第二种形式是关税同盟(CU)。在关税同盟中,成员国之间关税为零,并且成员国对非成员国必须采用统一的关税。世界上不到 10% 的区域贸易协定属关税同盟,最著名的是欧盟的前身,在 1957 年建立的欧洲经济共同体。在 1993 年欧盟建立以后,欧盟成员国之间不仅实现了自由贸易,而且允许资本和劳动力可以跨境自由流动(参见专栏 10.3)。这种更高层次的区域经济一体化形式被称为共同市场。如果成员国之间实行统一的货币政策和财政政策,则是区域经济一体化的最高形式,被称为经济联盟。在历史上,比利时、荷兰和卢森堡曾在二战后建立了比荷卢经济联盟。

和关税同盟相比,自由贸易区存在一个漏洞:由于自由贸易区的各个成员国对非成员国采用不同的关税税率,非成员国可以将产品出口到关税税率最低的那个成员国,然后再将产品从那个成员国免关税出口到关税税率较高的其他成员国。为了弥补这个漏洞,自由贸易区需要实施原产地法规,只有原产于自由贸易区的产品才能在成员国之间免税进出。原产地法规在理论上可以堵住上述漏洞,但实施起来很困难,不但需要对每个产品作繁琐的规定,而且需要耗费大量的人力物力来对贸易品的原产地作检查和认证。所以和关税同盟相比,自由贸易区对国民福利的负效应更大。但是为什么绝大多数区域贸易协定采取自由贸易区的形式而不是关税同盟的形式呢?答案是明确的,因为关税同盟要求所有成员国对非成员国采取统一的贸易政策,这会使成员国失去单独实施某些贸易政策的自主权。所以关税同盟会比自由贸易区在政治决定过程中更难得到通过。

▮▮▮▮ 区域贸易协定的次优理论

对区域贸易协定福利效应的分析是经济学次优理论的一个应用实例。当一个经济体中存在多种扭曲状况时,该经济体处于一个次优状态。根据经济学的次优理论,在一个次优状态的经济体中,消除其中的一种扭曲只能使该经济体处于另一个次优状态。更进一步而言,消除一种扭曲的措施有可能强化另一种扭曲,因而消除一种扭曲的政策有可能使整体的扭曲状况更糟。应用在对区域贸易协定的分析上,一个国家对所有其他国家实施关税是一种次优状态;区域贸易协定使成员国之间开展自由贸易,但对非成员国仍然征收关税,因此是另一种次优状态。虽然区域贸易协定消除了区域内贸易保护所造成的扭曲,但它通过贸易转移强化了对区域外国家实行关税保护所造成的扭曲,因此区域贸易协定对成员国的国民福利的净效应是不确定的,正如我们之前从图10.2中得到的结果所显示的那样。

区域贸易协定理论中有一个著名的肯普-万(Kemp-Wan)定理。[1]该定理证明对于任何关税同盟都存在一条使国民福利改善的路径。运用次优理论,这个看似出乎意料的定理并不难理解。因为在关税同盟存在时一个国家的经济是扭曲的,处于次优状态。在这个次优状态中,通过国家之间收入的再分配,总能找到扭曲被部分抵消的另一种次优状态。循着这个思路,区域贸易协定从理论上讲可以通过成员国的不断增加而最终包括所有国家,从而实现全球自由贸易这个终极目标。肯普-万定理帮助我们理解这条路径在理论上是存在的。但是由于肯普-万定理成立的条件相当苛刻,特别是国家之间的收入转移很难实行,因此区域贸易协定是否有助于实现全球自由贸易这个目标在实践中是存疑的,目前仍是一个颇具争议的话题,对此我们在下节略作讨论。

10.3 区域自由贸易和全球自由贸易

区域贸易协定实现的是区域范围内的自由贸易,而全球贸易协定的目标是全球范围内的自由贸易。区域自由贸易似乎是向全球自由贸易方向迈出了积极的一步。果真如此吗?

从历史经验来看,区域自由贸易的发展曾经推动过多边贸易谈判所倡导的全球自由贸易。正是欧洲经济共同体内部的贸易自由化引领了关税贸易总协定下的肯尼迪回合和东京回合的多边贸易谈判。但在20世纪90年代以后,随着多边贸易谈判进入农业和服务业等敏感领域而进展缓慢,而区域贸易协定又呈蓬勃发展之势,使得人们开始担心区域自由贸易是否会成为实现全球自由贸易的阻碍。

贸易政策的政治经济学理论对区域自由贸易和全球自由贸易的关系作了一些分析。莱维(Levy,1997)使用中位选民模型来讨论这个

---

[1] Kemp, Murray C. and Henry Wan Jr. (1976), "An Elementary Proposition Concerning the Formation of Customs Unions," in Murray Kemp, *Three Topics in the Theory of International Trade: Distribution, Welfare, and Uncertainty*, Amsterdam: North Holland.

问题。① 在这个模型中,中位选民和所有其他人一样都从贸易自由化中获得源于规模经济的贸易收益,但与此同时,贸易自由化所导致的要素收入分配效应却对中位选民的收入产生负面影响。如果规模经济效应大于收入分配效应,那么中位选民会投票支持自由贸易。对这个模型的研究表明,当某个国家和要素禀赋相近的国家签订区域贸易协定时,其中位选民会享受到规模经济效应而不必承受收入分配效应,因而他们会投票支持区域贸易协定。但在区域自由贸易已经实现的情况下,中位选民将投票反对参与全球贸易协定,因为他们不愿意承受全球自由贸易带给他们的负面的收入分配效应。莱维的理论模型显示区域自由贸易可能成为实现全球自由贸易的阻碍。

克瑞什纳(Krishna,1998)建立了一个贸易政策的政治过程模型。② 在这个模型中,区域自由贸易因为将贸易转移到了区域之内而比全球自由贸易获得区域内利益集团更多的支持。在区域贸易协定签订以后,如果一个国家向全球自由贸易迈进就意味着从区域贸易协定中获益的利益集团将遭受损失,因此他们会竭力反对多边贸易谈判所倡导的全球自由贸易。克瑞什纳的理论模型和莱维的理论模型一样,表明区域自由贸易可能成为实现全球自由贸易的阻碍。需要指出的是,也有另外的理论模型显示区域贸易协定会有助于全球自由贸易的进程。鲍德温(Baldwin,1995)认为区域贸易协定会产生多米诺骨牌效应,促使非成员国加入区域自由贸易来分享它的好处,从而推动全球自由贸易的进程;但这种效应发生作用的前提在于区域贸易组织是开放型的而不是封闭型的。③

---

① Levy, Philip I. (1997), "A Political-Economic Analysis of Free-Trade Agreements," *American Economic Review*, 87, 506—519.
② Krishna, Pravin (1998), "Regionalism and Multilateralism: A Political Economy Approach," *Quarterly Journal of Economics*, 113, 227—251.
③ Baldwin, Richard E. (1995), "A Domino Theory of Regionalism," in Richard E. Baldwin, P. Haaparanta and J. Kiander (eds.), *Expanding Membership in the European Union*, Cambridge: Cambridge University Press.

10.4 讨论和总结

世界各国的贸易政策是相互依存的。二战后建立的关税贸易总协定通过多边贸易谈判极大地推动了全球贸易自由化的进程。本章第 1 节的讨论告诉我们,全球贸易协定的建立及其成功不是偶然的。一方面,全球贸易协定使各国走出了贸易保护的"囚徒困境",为合作共赢提供了谈判的平台。另一方面,全球贸易协定改变了国内贸易政策的博弈格局,加强了支持贸易自由化的政治力量,从而提高了削减贸易壁垒的现实可能性。1995 年世界贸易组织取代关税贸易总协定标志着全球多边贸易自由化的进程进入了一个新的阶段。

随着多边贸易谈判的不断深入,谈判所触及的经济领域日趋敏感,谈判的难度也日益加大。在这个背景下,区域贸易协定特别是自由贸易区的建立进入了一个快速增长的阶段。区域自由贸易是向全球自由贸易这个方向迈出的半步。根据经济学的次优理论,区域自由贸易是一个次优状态,因此它的福利效应具有模糊性。在讨论区域贸易协定的福利效应时,区分贸易创造和贸易转移这两个概念非常重要。由于区域贸易协定实现了区域内的自由贸易,由此创造出的新贸易量带来了增进国民福利的贸易收益。但是区域贸易协定可能将原来与区域外国家的贸易转移给区域内效率较低的贸易伙伴,这种贸易转移会对国民福利造成损害。尤其是自由贸易区这种形式,由于它的实施要求认定出口商品的原产地,因此会增加成员国的行政成本,由此造成额外的福利损失。

更令人担心的是,区域贸易协定的建立可能成为多边贸易谈判推动全球自由贸易的阻碍。著名的国际贸易学家巴格瓦蒂提出了区域自由贸易是实现全球自由贸易的台阶还是绊脚石的问题。巴格瓦蒂本人认为是后者,他将国际贸易中的区域主义称为全球贸易体系中的蛀虫。本章第 3 节介绍了支持巴格瓦蒂这个观点的若干理论模型,但同时也指出其他结论相反的理论模型的存在。关于区域贸易协定的福利效应及其对全球自由贸易的作用显然不能一概而论,需要针对每个特定的案例进行分析。需要认识到的是,孤立地分析一个国家贸易政策的传统方法已经不合时宜,对贸易政策的分析必须放在区域和全球贸易协定的框架中才有意义。

专栏 10.1
多哈回合谈判

2001年11月,世界贸易组织在多哈举行第四次部长会议并启动了新一轮的多边贸易谈判,即多哈回合。这是该组织自1995年成立以来发起的第一次多边贸易谈判,其议题涵盖非常广的范围,涉及农业、非农产品市场准入、服务、知识产权、规则、争端解决、贸易与环境以及贸易与发展等八个领域,是迄今为止目标最宏伟、参与方最多的一轮多边贸易谈判。虽然各方都对本轮谈判寄予厚望,但多哈回合的进程却异常曲折艰难。

历次多边贸易谈判都是各国为争取自身利益所进行的一场博弈。随着世贸组织成员国的增加,参与谈判各方的利益诉求越来越多样化。多哈回合谈判出现了一个明显的趋势,就是世贸组织成员国组成了若干集团,通过集团的力量来实现自身在谈判中无法产生的影响力。各集团在谈判中针锋相对,利益冲突十分激烈,最明显的表现是在农业问题上的分歧。多年以来,由于农业在一国经济和政治中的特殊性,农产品一直游离在世贸组织的规则之外。多哈回合期望在农业问题上有所突破。根据多哈宣言,农业谈判的主要议题有三个:第一,实质性地改善市场准入,逐步废除所有形式的出口补贴;第二,对发展中国家特别是落后的发展中国家给予特殊政策和差别待遇;第三,讨论各成员国所关心的有关非贸易事项。

然而,由于各成员国在农业竞争力上存在着巨大差异,各方在农业补贴以及农产品和非农产品的关税削减程度等议题上存在严重分歧。以美国为代表的农产品出口国要求欧盟和日本大幅度削减农产品关税,同时要求发展中国家开放非农产品市场,但却不愿意大幅度削减其国内农业补贴。以欧盟和日本为代表的发达国家中的农产品进口国要求发展中国家开放非农产品市场,但却不愿意大幅度削减其农产品关税和国内农业补贴。以印度和巴西为代表的发展中国家"20国协调组"则认为在前几轮贸易谈判中它们已经大幅削减了非农产品的关税,使得欧美等国从中获得了大量利益,因此要求发达国家在本轮谈判中做出让步,要求美国和欧盟大幅度削减其国内农业补贴,同时要求欧盟和日本大幅度削减其农产品关税。

在各国之间相互牵制和互不相让的情况下,多哈回合的农业谈判陷入了僵局。从2001年开始,世界贸易组织组织了多次会议,希望各方可以在农业问题上达成协议。但由于各成员国不愿改变立场和观点,因此谈判进程十分缓慢。2003年9月,世界贸易组织在墨西哥的坎昆召开了第五次部长级会议,原本打算就主要谈判议题确立谈判框架以便开展第二阶段的谈判工作,但最终仍以失败告终,使得在2005年前结束多哈回合谈判的计划成为泡影。由于在农业问题上迟迟未能达成协议,因此在坎昆会议之后,世界贸易组织不得不将棘手的问题暂时搁置起来,调整了谈判的重点,在服务贸易、贸易与发展,以及贸易便利化等方面取得了阶段性进展。但是每次回到农业这个核心问题上时,谈判就会陷入困境。

2005年12月在中国香港举行的世界贸易组织第六次部长级会议终于在农业方面取得了实质性的成果。经过六天紧张的讨价还价和艰苦磋商,会议在闭幕前的最后一刻通过了《部长宣言》,各成员国同意在2013年前逐步取消所有农产品出口补贴并规范出口政策,发达国家也承诺于2006年取消各种形式的棉花出口补贴并大幅削减棉花生产方面的国内支持,发达国家和部分发展中国家承诺在2008年前对来自最不发达国家的产品提供免关税和免配额的市场准入,双免产品数目不少于全部商品数目的97%,而在2010年前对来自这些国家的所有商品实行双免。在经历了坎昆会议的失败后,多哈回合终于迈出了艰难的一步。然而,农业问题争论的焦点仍然没有解决,各方坚守的立场使谈判再度陷入僵局。2006年7月24日,世贸组织总干事拉米无奈地宣布无限期中止多哈回合谈判。虽然多哈回合在

2007年恢复了谈判,但是全球金融危机的爆发使其陷入了更加困难的境地。值得注意的是,全球金融危机迫使各国加强国际经济协调。2009年4月在伦敦举行的20国峰会上,各国承诺推动多哈回合谈判。全球金融危机是完成多哈回合谈判的障碍还是契机,人们将拭目以待。

专栏 10.2
北美自由贸易区

二战以后特别是20世纪70年代以后,随着欧洲经济一体化的发展、日本经济的崛起以及亚洲和拉美一些发展中国家的经济起飞,美国在世界经济中的霸主地位受到越来越多的挑战。为了加强美国与世界其他经济体特别是欧洲经济共同体相抗衡的能力,里根总统在1980年竞选时提出了北美自由贸易区的设想。由于历史原因,墨西哥在开始时拒绝了和美国在经济上结盟,而美国和加拿大之间于1988年签订了美加自由贸易协定。该协定于1989年1月1日正式生效,美加自由贸易区就此诞生。

美加自由贸易区可以说是水到渠成。历史上美国和加拿大之间有过多个贸易互惠安排。在美加自由贸易区建立之前,双方的经贸联系就十分密切,两国多年来互为对方的第一大贸易伙伴。在美国的进口中加拿大产品约占1/5,而在加拿大的进口中美国产品占了3/4。然而在20世纪70年代末80年代初,加拿大和美国之间出现了不断升级的贸易摩擦,这给依赖对美出口的加拿大经济造成了沉重打击。20世纪80年代以后加拿大经济出现下滑甚至衰退,国内失业率不断攀升。在这种形势下,加拿大于1985年提出了建立"加美自由贸易区"的主张,期望可以改善对美出口,恢复经济活力。

在美加自由贸易区诞生后,美国和墨西哥就双边自由贸易问题进行了谈判。加拿大担心美墨自由贸易联盟建立后会影响到美加自由贸易协定的实行,自己会失去部分美国市场,因此在 1990 年加入了美墨自由贸易协定的谈判。由于三国的发展水平差距较大,因此在谈判过程中出现了很多争议。经各方妥协,三国最终签订了北美自由贸易区协定。该协定于 1994 年 1 月 1 日起正式生效,世界上最大的自由贸易区——北美自由贸易区——宣告诞生。北美自由贸易协定对贸易、投资、劳动力和资本流动等方面都作了相应安排,还涉及市场准入、服务、投资、知识产权和纠纷处理机制等内容,因而使北美自由贸易区具备了共同市场的某些特征。北美自由贸易区是世界上第一个由发达国家和发展中国家联合组成的贸易集团,其成员国之间在经济上存在明显的不对称性,所以自诞生以来一直备受关注。

北美自由贸易区成立以来,美加墨三国之间的贸易量增长了两倍多,与成员国的贸易占了加拿大和墨西哥对外贸易的 80% 以上,占了美国对外贸易的 1/3 以上。加拿大和墨西哥是美国的第一大和第三大贸易伙伴,而美国是它们的第一大贸易伙伴。三国之间的直接投资额也快速增长。在 1994—2002 年间,美国对墨西哥的直接投资额从 161 亿美元上升到 581 亿美元,增长了 259%(数据来源:美国统计局网站)。

实证研究发现美加墨三国都从北美自由贸易区获益。鲍德温和范纳布(Baldwin and Venables,1995)对五篇相关的实证研究文章作了综述。根据这些研究的平均估计值,墨西哥从北美自由贸易区的获益相当于其国内生产总值的 2.59%,加拿大的获益相当于其国内生产总值的 3.26%,而美国的获益相当于其国内生产总值的 0.16%。特里夫勒(Trefler,2004)估计了美加自由贸易区建立后的短期调整成本和长期收益,从就业、劳动生产率、进口价格以及贸易创造、贸易转移和收入变化等各方面考察了美加自由贸易区对加拿大的影响。[①]他发现美加自由贸易区的贸易创造效应远远大于贸易转移效应。虽然美加自由贸易区在短期带来了失业等冲击,但从长期来看,它的建立对加拿大是有利的。不可否认,北美自由贸易区的建立也产生了

---

① Trefler, Daniel (2004), "The Long and Short of the Canada-U. S. Free Trade Agreement," *American Economic Review*, 94, 870—895.

一些负面的影响。例如它对墨西哥的农业和民族工业造成了冲击，拉大了其国内的贫富差距，带来了环境污染等问题。而随着一些劳动密集型产业搬到墨西哥，美国和加拿大工人的就业和工资水平也受到了一定程度影响。

专栏 10.3
欧盟的历史演变

几个世纪以来，欧洲这片土地见证了无数的血雨腥风。历史上的英法大战、普法战争，尤其是两次世界大战给欧洲各国造成了巨大的损失。许多欧洲领导人认为，确保欧洲持久和平的唯一途径就是让他们的国家在经济和政治上走向联合。二战使欧洲经济受到重创，急需美国的援助；美国出于其全球战略的考虑，要求欧洲政府制定共同的经济行动纲领作为援助的前提。在此背景下，联邦思想在欧洲盛行起来。欧洲各国相近的经济发展水平和毗邻的地理位置给它们之间的联合提供了有利条件。但是由于政治地位和经济利益的差异，欧洲各国对相互联合的目标和实施程度主张不一。有鉴于此，联盟思想的倡导者如法国的让·莫内等人认为应该首先从经济领域特别是那些不太敏感的商品贸易领域入手来逐步推进一体化。

受到让·莫内的启发，法国外交部长罗伯特·舒曼倡议整合西欧煤钢工业。在当时的历史条件下，煤炭和钢铁是非常重要的战略资源。1951年，比利时、联邦德国、卢森堡、法国、意大利和荷兰建立了欧洲煤钢共同体，统一了煤炭和钢铁的生产管理。

欧洲煤钢共同体的成功促使其六个创始国决定进一步整合经济领域的其他部分。比利时、卢森堡和荷兰三国提出首先建立一个包括全部商品贸易在内的统一市场，而不仅仅是煤钢部门。这一想法受到了工商业界的欢迎。西欧疆域不大，但国家林立，各国国内市场狭小，所以只有打破壁垒统一各国市场才能够实现规模经济和专业化分工,使其能够和美国竞争。与此同时,由于欧洲当时受到能源短缺的困扰,莫内也在积极组织原子能联营。于是在1957年,上述六国签订了《罗马条约》,建立了欧洲经济共同体和欧洲原子能共同体。在此之后,各国着手消除贸易壁垒,实施共同农业政策和建立关税同盟。1965年欧洲经济共同体、欧洲煤钢共同体和欧洲原子能共同体三大组织合并为欧洲共同体。

欧洲共同体在其建立之初就以关税同盟为起点并非偶然。二战后,比利时、卢森堡和荷兰三国在共同体成立之前已经签订了关税同盟协定。历史上欧洲就曾建立过多个关税同盟,例如19世纪30年代建立的德意志关税同盟曾在推动德国工业革命和国家统一过程中发挥了重要作用。19世纪后期贸易保护主义开始抬头时,欧洲又曾出现过多个关税同盟。所以关税同盟对西欧国家来说并不陌生。选择关税同盟的方式也是为了避免与关税贸易总协定的规则可能发生的抵触。考虑到成员国之间经济实力的差异,欧洲共同体制定了逐步实现关税同盟的目标,并且允许成员国在必要时采取贸易保护措施。

欧洲共同体的成立极大地促进了成员国之间的贸易联系,使区内的贸易量平均每年以16%以上的速度增长。在1958年比利时-卢森堡、荷兰、德国、法国、意大利对欧洲共同体其他成员国的出口占本国总出口的比重分别为55%、58%、38%、31%和35%。到了1987年,该比重分别上升到74%、75%、53%、60%和56%。1958年欧洲共同体12国之间相互出口的比重平均为37%,到了1987年该比重达到了59%。[①] 从关税同盟开始,欧洲的经济一体化没有停止前进的步伐。1991年签订的马斯特里赫特条约确定建立经济和货币联盟,是欧洲一体化进程中的又一里程碑,欧洲共同体也于1993年正式更名为欧洲联盟。现在的欧盟不仅实现了商品和生产要素的自由流通,统一了货币,而且在政治经济社会各方面加

---

① 数据来源:《欧洲经济》,1988年11月,第170页。转引自吴弦著,《欧洲经济圈——形成、发展与前景》,当代世界出版社2001年版。

强了政策协调,其成员国也得到了不断壮大,从 1993 年的 12 个国家扩大到了 2007 年的 27 个国家。欧盟在世界经济舞台上发挥着日益重要的作用。

本章提要

1. 全球贸易协定指的是 1947 年成立的关税贸易总协定和 1995 年代替它的世界贸易组织。全球贸易协定通过成员国之间的多边贸易谈判来实现各国贸易壁垒的共同下降。

2. 全球贸易协定的原则是成员国之间无歧视。最惠国待遇是无歧视原则的表现形式,它要求任何成员国之间的关税削减必须同时惠及所有成员国。在二战后完成的八轮全球贸易谈判突破了贸易保护主义的政治阻力,使世界各国的关税水平大大降低,由此促进了世界各国的国民福利。

3. 全球贸易协定中作为政治妥协的一个例外条款是允许区域贸易协定的合法存在。区域贸易协定的主要形式是自由贸易区和关税同盟,其本质特征是对区域外国家的贸易歧视。自由贸易区允许成员国自行决定对外关税,而关税同盟要求成员国对外实行统一关税。

4. 区域贸易协定具有贸易创造和贸易转移两个效应。贸易创造指区域内的贸易自由化创造出了新的贸易量。贸易转移指成员国与区域外国家的贸易转移到了区域内。如果贸易创造效应超过贸易转移效应,那么区域贸易协定会增进成员国的国民福利。但是如果贸易转移效应超过贸易创造效应,那么区域贸易协定会降低成员国的国民福利。

5. 区域贸易协定是会促进全球贸易自由化的进程还是阻碍这个进程既是一个学术问题,更是一个现实问题。区域贸易协定有可能改变成员国贸易政策的政治决定过程,造成对全球贸易协定政治支持率的下降,但也有可能促使非成员国更积极地加入到贸易自由化的进程中。如何使区域贸易协定和全球贸易协定协调一致是世界贸易体系面临的一个极其重要的问题。

进一步阅读

关于全球贸易协定法律和制度方面的详细而全面的介绍请阅读 Jackson(1997)的著作《世界贸易体系》。对于全球贸易协定的经济学分析请阅读 Bagwell 和 Staiger(2002)的著作《世界贸易体系经济学》。关于区域贸易协定的文献综述有 Baldwin 和 Venables(1995)发表在《国际经济学手册》第三卷上的文章和 Krishna(2005)发表在《国际贸易学手册》第二卷上的文章。Viner(1950)所著《关税同盟问题》是值得一读的经典文献。Bhagwati(1991,2002)的著作《风险中的世界贸易体系》和《现代自由贸易》的有关章节也很值得一读。

参考文献

Bagwell, Kyle and Robert Staiger (2002), *The Economics of the World Trading System*, Cambridge, MA: The MIT Press.

Baldwin, Richard E. and Anthony J. Venables (1995), "Regional Economic Integration," in Gene M. Grossman and Kenneth Rogoff (eds.), *Handbook of International Economics*, Vol. III, North Holland Elsevier Science.

Bhagwati, Jagdish (2002), *Free Trade Today*, Princeton University Press. (中译本) 雷薇译,《现代自由贸易》, 中信出版社 2003 年版。

Bhagwati, Jagdish (1991), *The World Trading System at Risk*, Princeton University Press. (中译本) 张胜纪译,《风险中的世界贸易体系》, 商务印书馆 1996 年版。

Jackson, John H. (1997), *The World Trading System: Law and Policy of International Economic Relations*, 2nd Edition, MIT Press.

Krishna, Pravin (2005), "The Economics of Preferential Trade Agreements," in E. Kwan Choi and James C. Hartigan (eds.), *Handbook of International Trade*, Volume II, Blackwell Publishing.

Viner, Jacob (1950), *The Customs Union Issue*, New York: Carnegie Endowment for International Peace.

练习与思考

一、概念题

1. 全球贸易协定
2. 最惠国待遇
3. 区域贸易协定
4. 自由贸易区
5. 关税同盟
6. 共同市场
7. 贸易创造
8. 贸易转移

二、判断题

1. 虽然自由贸易有助于国民福利的提高,但是一个国家很难单方面实施自由贸易政策。
2. 因为牵涉到很多国家,通过多边贸易谈判削减关税比一个国家单方面削减关税更难。
3. 全球贸易协定中的非歧视原则是一项根本原则,对成员国没有例外。
4. 自由贸易区是区域经济一体化的较高形式。
5. 自由贸易区的成员国约定对非成员国保持统一关税。
6. 共同市场允许资本和劳动力在成员国之间自由流动。
7. 区域自由贸易对全球自由贸易有促进作用。

三、选择题

1. 全球贸易协定要求其成员国

   A. 无条件地实施非歧视原则

   B. 无条件地实施最惠国待遇

   C. 逐步废除保障条款

   D. 允许自由贸易区的建立

2. 以下哪种情况下成员国可以对非成员国实施不同关税?

A. 自由贸易区

B. 关税同盟

C. 共同市场

D. 经济联盟

3. 在自由贸易区中

A. 贸易创造必然超过贸易转移,从而使成员国受益

B. 贸易转移必然超过贸易创造,从而使成员国受损

C. 比实行关税同盟耗费更多的行政成本

D. 比实行关税同盟耗费较少的行政成本

4. 假设某种商品在甲国自己生产的成本是100元,从乙国进口是60元,从丙国进口是80元。如果甲国最初对该商品征收30元的进口关税,后来和丙国组成了自由贸易区,那么

A. 甲国将发生贸易创造,国民福利上升

B. 甲国将发生贸易转移,国民福利下降

C. 丙国将发生贸易创造,国民福利上升

D. 丙国将发生贸易转移,国民福利下降

5. 区域贸易协定

A. 是全球自由贸易进程的助推器

B. 是全球自由贸易进程的绊脚石

C. 不可能使所有成员国的国民福利同时增加

D. 有可能使所有成员国的国民福利同时增加

四、简答题

1. 为什么全球贸易协定有助于避免贸易战?

2. 为什么全球贸易协定下的关税削减较一个国家单方面的关税削减容易实现?

3. 自由贸易区、关税同盟和共同市场有什么相同之处和不同之处?

4. 区域贸易协定对成员国的国民福利会产生怎样的影响?

5. 为什么商品原产地的认定对自由贸易区非常重要?

五、综合题

1. 假设在自给自足的条件下,产品 X 在 A 国市场上的价格为 10 美元,在 B 国市场上的价格为 8 美元,在 C 国市场上的价格为 6 美元。假设 A 国是个小国。

(a) 起初 A 国对所有进口的 X 都征收 100% 的从价关税。此时 A 国是会从 B 国或 C 国进口 X,还是会自己生产 X?为什么?

(b) 后来 A 国和 B 国结成了关税同盟。此时 A 国会自己生产 X,还是从 B 国或 C 国进口 X?为什么?

(c) A 国和 B 国结成的关税同盟带来了贸易创造还是贸易转移?为什么?

2. 和上题相同,假设在自给自足的条件下,产品 X 在 A 国市场上的价格为 10 美元,在 B 国市场上的价格为 8 美元,在 C 国市场上的价格为 6 美元。假设 A 国是个小国。

(a) 起初 A 国对所有进口的 X 都征收 50% 的从价关税(而不是上题的 100%)。此时 A 国是会从 B 国或 C 国进口 X,还是会自己生产 X?为什么?

(b) 后来 A 国和 B 国结成了关税同盟。此时 A 国会自己生产 X,还是从 B 国或 C 国进口 X?为什么?

(c) A 国和 B 国结成的关税同盟带来了贸易创造还是贸易转移?为什么?

3. "世界各国应该沿着在世界范围内实施非歧视性的削减贸易壁垒的道路走下去,而不是去成立有选择性的和歧视性的区域经济同盟。"你同意这个观点吗?为什么?

第三部分
国际贸易相关专题

INTERNATIONAL TRADE

第 11 章 劳动力和资本的国际流动
第 12 章 生产和服务的国际外包
第 13 章 国际贸易和宏观经济
第 14 章 国际贸易和经济发展

第 11 章
劳动力和资本的国际流动

  国际贸易指商品和服务在国家之间的流动。商品和服务是由劳动力、资本、土地等生产要素投入后生产出来的。在国际贸易的基本模型中,每个国家用本国的生产要素来生产商品和服务然后进行国际交换,而生产要素在国家之间没有流动性。假设生产要素国际不流动有助于识别国际贸易的机制和作用,但是劳动力和资本的国际流动是和国际贸易同样重要的全球经济现象。在 1870—1914 年的第一次全球化时期,国际贸易以年均 4% 的速度增长,国际资本流动以年均 4.8% 的速度增长,国际贸易总额和国际资本流动总额在 1914 年都达到了当时世界国民生产总值的 20%。在这个时期还发生了大规模的国际移民潮,大批欧洲居民移居到美洲和澳洲,国际劳动力流动达到了前所未有的高度。在 20 世纪中期至今的第二次全球化时期,国际贸易以年均 10% 以上的速度增长,占世界国民生产总值的比重达到了

40%以上。国际资本流动量同样增长迅速,从1973年占世界国民生产总值的5%增长到了21世纪初的21%。[①] 这一期间国际移民的数量虽然达不到20世纪初的水平,但是劳动力的国际流动仍然是一个不可忽略的现象。根据国际劳工组织的估计,全世界约有1.4亿人在国外工作,每年全球劳动人口流动量达6 000万人(参见专栏11.1)。

国际贸易和国际生产要素流动有着密切的关系,后者也一直是国际贸易学的研究对象。在本章中,我们首先讲解一个分析国际生产要素流动的简单模型,然后讨论国际贸易和国际生产要素流动之间的关系,最后对国际直接投资作一个简要的介绍。

11.1 国际生产要素流动的简单模型

本节以国际劳动力流动为例来介绍一个国际生产要素流动的简单模型。在一个假想的世界中有两个国家:美国和墨西哥。假定世界上只有小麦一种商品;这个假定排除了国际贸易的可能性,使我们的分析能够专注于国际劳动力流动。假定生产小麦需要投入劳动力和土地两种生产要素。美国是土地相对丰裕的国家,而墨西哥是劳动力相对丰裕的国家。为使我们的解释更直观,假设美国的劳动力数量等于5,墨西哥的劳动力数量等于9。

给定土地的数量,劳动力投入和小麦产出之间有怎样的关系?表11.1的第一列显示劳动力投入数量,第二列显示增加一个劳动力所增加的小麦产量。当一个农民耕种这块土地时,产量为10单位。当两个农民耕种这块土地时,产量为19.5单位,也就是说,增加1个农民使产量增加9.5单位。当三个农民耕种这块土地时,第三个农民的贡献等于9单位。注意表11.1中第二列的数字是递减的,这符合边际产出递减律。表11.1的第三列显示边际产出的价值。我们假定每单位小麦的价格为1美元,所以第三列的边际产出值和第二列的边际产出量在

[①] 数据来源:Mishkin, Frederic S. (2006), *The Next Great Globalization: How Disadvantaged Nations Can Harness Their Financial Systems to Get Rich*, Princeton University Press.

数字上相同。

表 11.1 劳动力投入和产出

劳动力的投入数量	劳动力的边际产量	劳动力的边际产值（美元）
1	10	10
2	9.5	9.5
3	9	9
4	8.5	8.5
5	8	8
6	7.5	7.5
7	7	7
8	6.5	6.5
9	6	6
10	5.5	5.5
11	5	5

墨西哥有 9 单位的劳动力。当劳动力市场处于完全竞争状态时，9 个劳动力都被雇用。在劳动力市场达到均衡时工资等于多少？因为第 9 个劳动力的边际产值是 6 美元（表 11.1），所以均衡时的工资会等于 6 美元。如果工资高于 6 美元，企业不会雇用第 9 个劳动力；这个工人为了得到工作会愿意降低工资。如果工资低于 6 美元，因为有利可图，企业会竞相提高工资来吸引第 9 个劳动力。所以均衡工资必定是 6 美元。图 11.1 显示了墨西哥的封闭均衡。当工资等于 6 美元时，墨西哥的所有劳动力（9 个）都被雇用，工资收入总额等于 54 美元。对于第 1—8 个劳动力而言，他们的边际产值高于 6 美元，而高出的部分归功于土地投入。所以图 11.1 中工资水平以上的三角形代表了土地所有者获得的地租收入。从三角形的面积可计算出地租收入等于 18 美元。如果将 9 个劳动力的边际产值相加，总产值等于 72 美元，正好等于工资收入（54 美元）和地租收入（18 美元）之和。

再来看美国。因为美国的劳动力总量是 5，所以均衡工资等于第 5 个劳动力的边际产值 8 美元。图 11.2 显示美国的封闭均衡。从图 11.1 和图 11.2 中可以看到，由于墨西哥劳动力丰裕而美国劳动力稀缺，在劳动力国际不流动的封闭经济均衡中，墨西哥的工资低于美国的工资。于是就有了墨西哥工人寻求移民到美国的动因。

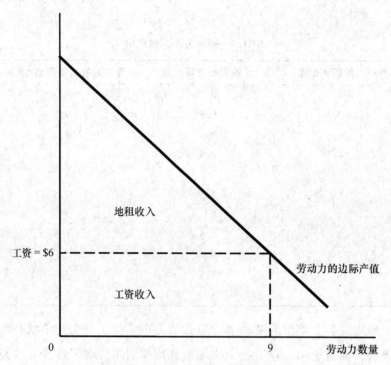

图 11.1 墨西哥的封闭均衡

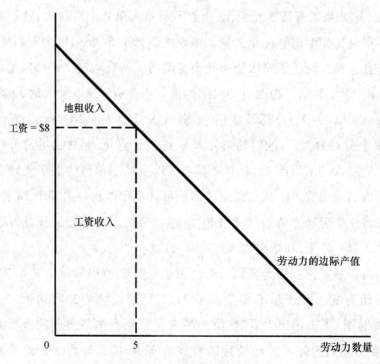

图 11.2 美国的封闭均衡

让我们考虑一个极端的情形:如果美国和墨西哥两国政府对劳动力跨境流动完全不干预,会有什么情况发生?首先,墨西哥的劳动力会流向美国,因为那里工资高。但当墨西哥的劳动力涌入美国时,美国会发生什么情况?随着美国劳动力供给的增加,美国的工资会下降。而当墨西哥劳动力流向美国时,墨西哥会发生什么情况?随着墨西哥劳动力供给的减少,墨西哥的工资会上升。结果墨西哥和美国的工资差距会逐渐缩小。但是只要两国之间的工资差距仍然存在,墨西哥工人就有移民的动力。所以只有当两国的工资完全相等时,劳动力的国际流动才会停止。图11.3显示了劳动力在国际间完全流动的均衡。图11.3是将图11.2反转朝左后和图11.1拼合而成,横轴两个端点之间的距离等于两国劳动力数量之和14。在这个简单模型中两个国家除了劳动力数量不同之外,其他方面都假定为相同,所以图11.3中两条劳动力边际产值线相互对称,它们的交点正是劳动力国际间自由流动时的均衡点,在这点上两国的工资相等,都等于7美元。为什么均衡工资是7美元?因为在劳动力国际间自由流动的条件下,美国会雇用7个工人,而墨西哥也会雇用7个工人。从表11.1中可知第7个工人所对应的边际产值等于7美元,所以均衡时的工资为7美元。从图11.3可知,有2个墨西哥劳动力最终从墨西哥流动到了美国。

国际间劳动力的流动使谁得益?使谁受损?为了便于回答这个问题,我们在图11.3中用大写字母对每个区域作了标注。对照图11.1我们知道,在封闭经济中墨西哥工人获得($C+G$),墨西哥土地所有者获得($A+B+F$),墨西哥的国民总收入等于($A+B+C+F+G$)。当美国和墨西哥的边境完全开放时,两国的工资水平趋同变为7美元。无论是留在墨西哥工作的5名工人,还是移民到美国的2名工人,工资都是7美元。因此墨西哥工人的收入总额等于($B+C+E+F+G$)。和开放前相比较,墨西哥工人的总收入提高了($B+E+F$)。图11.3显示墨西哥的地租收入在开放后等于A,和开放前相比下降了($B+F$)。

劳动力国际流动对墨西哥的国民收入有怎样的影响?这取决于国民收入的核算方法。如果用国内生产总值(GDP)来计算,那么开放

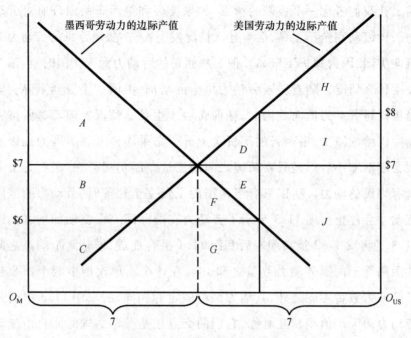

图 11.3 劳动力国际流动均衡

后墨西哥的国内生产总值等于($A+B+C$),比开放前下降了($F+G$)。而如果用国民生产总值(GNP)来计算,那么开放后墨西哥的国民生产总值等于($A+B+C+E+F+G$),比开放前增加了 E。

劳动力国际流动对美国有怎样的影响?对照图11.2和图11.3我们知道,美国工人在封闭经济中获得($I+J$),而在开放经济中由于墨西哥移民的到来使工资水平从8美元下降到了7美元,因此美国工人的总收入等于 J,比开放前下降了 I。相反,由于墨西哥移民的到来压低了工资水平从而提高了土地的使用效率,因此土地所有者的总收入从开放前的 H 上升到开放后的($D+H+I$),上升额为($D+I$)。美国的国民收入无论用GDP还是用GNP来衡量都上升了。用国内生产总值来衡量,美国的国内生产总值等于($D+E+F+G+H+I+J$),比开放前上升了($D+E+F+G$)。用扣除墨西哥移民的工资收入后的国民生产总值来衡量,美国的国民生产总值等于($D+H+I+J$),比开放前上升了 D。

总结以上分析所得出的结果,我们发现如果用国民生产总值来衡量,墨西哥人的收入比开放前增加了 E,美国人的收入比开放前增加了 D。所以劳动力的国际流动使两个国家合计的收入增加了 $(D+E)$。为什么有这项收入增加?原因在于劳动力在国家之间的自由流动提高了资源在全世界的配置效率。墨西哥丰裕的劳动力和美国丰裕的土地相结合,可以创造出更多的财富。就像国际贸易能够带来贸易收益一样,国际劳动力自由流动同样能够带来由于资源配置效率提高创造出的收益。

以上我们用一个简单的模型分析了劳动力的国际流动。这个简单的模型同样可以用来分析资本的国际流动。假定墨西哥和美国除了资本丰裕程度以外的所有经济条件完全相同。美国是资本丰裕的国家,拥有 9 单位的资本。墨西哥是资本稀缺的国家,拥有 5 单位的资本。为了便于和劳动力国际流动的模型相对照,图 11.4 采用和图 11.3 完全相同的数字,所不同的是图 11.4 中两条向下倾斜的直线表示资本的边际产值。在这个模型中我们假设完全竞争企业投入资本和劳动力来生产钢铁。在劳动力投入既定的情况下,随着资本投入的增加,资本的边际产值递减。在封闭均衡中,美国 9 单位的资本都用于生产钢铁,资本的租价等于第 9 个单位资本的边际产值 6 美元。墨西哥 5 单位的资本用于生产钢铁,资本的租价等于第 5 个单位资本的边际产值 8 美元。图 11.4 用大写字母标注出了两个国家两种生产要素在封闭经济均衡中的收入,以及每个国家的国民生产总值。在美国,资本所有者的总收入等于 $(C+G)$,工人的总工资收入等于 $(A+B+F)$,国民总收入等于 $(A+B+C+F+G)$。在墨西哥,资本所有者的总收入等于 $(I+J)$,工人的总工资收入等于 H,国民总收入等于 $(H+I+J)$。

由于美国的资本租价低于墨西哥的资本租价,因此美国资本有流向墨西哥的趋利冲动。在国际资本流动完全开放的情况下,国际资本流动会使两国的资本租价相等。图 11.4 显示在国际资本自由流动均衡中资本租价等于 7 美元。美国资本所有者得益了,因为他们的收入提高到了 $(B+C+E+F+G)$。美国工人受损了,因为他们的收入下降到了 A。美国的国民总收入上升了,增加值等于 E。图 11.4 显示墨西

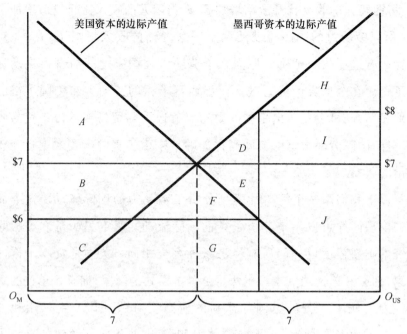

图 11.4 资本国际流动均衡

哥工人的收入上升到了 $(H+D+I)$，墨西哥资本所有者的收入下降为 J，而墨西哥国民总收入上升了，增加值等于 D。

对照国际贸易、国际劳动力流动和国际资本流动的福利效应，我们归纳出以下的结论。第一，无论是商品和服务的国际贸易还是劳动力和资本的国际生产要素流动，它们都能使世界的资源配置得到改善，从而创造出额外的利益供参与国分享。第二，无论是国际贸易还是国际生产要素流动都会使某些经济集团受益，而使另一些经济集团受损。建立在完全竞争市场上的理论模型显示，经济国际化的受益者总是一个国家充裕生产要素的所有者，而经济国际化的受损者总是一个国家稀缺生产要素的所有者。在发达国家，劳动力是稀缺资源，因此经济国际化会损害工人的利益。在发展中国家，资本是稀缺资源，因此经济国际化会损害资本所有者的利益。需要强调的是，上述结论是从设定的模型中推导出来的，在应用这些结论时需要注意相关模型的假设条件。

11.2 国际贸易和国际生产要素流动的关系

随着国际生产要素流动性的提高,国际贸易量是会上升,还是会下降?在1957年发表的一篇论文中,罗伯特·蒙代尔(Robert Mundell)证明国际贸易和国际资本流动具有完全的替代性。[①] 蒙代尔发现,在赫克歇尔-欧林模型中,如果两个国家对国际资本流动完全开放,那么它们之间就不会发生任何国际贸易。为什么?假定在赫克歇尔-欧林模型中的两个国家是中国和美国。在贸易完全自由的条件下,中美两国的生产要素价格会均等化,也就是说两国的资本会获得相同的租价,两国的工人会获得相同的工资。所以在自由贸易条件下,中美两国之间不会发生任何生产要素的流动。现在设想美国对从中国进口的劳动密集型产品实施关税。关税的实施提高了劳动密集型产品相对于资本密集型产品的价格。根据SS定理,当劳动密集型产品相对于资本密集型产品变得昂贵时,美国工人的工资会上升,美国资本的租价会下降。现在假定资本可以在中美之间自由流动,此时美国资本会流向租价较高的中国。由于资本流入,中国可用的资本数量增加了。根据罗布津斯基定理,随着中国资本数量的增加,中国的资本密集型产品的产量会上升,因而从美国进口资本密集型产品的需求会下降。美国向中国的资本流动一直会继续到中国不需要从美国进口资本密集型产品为止。这样的结果是,国际资本流动完全替代了国际贸易。

蒙代尔的这个理论结论说明国际贸易和国际生产要素流动之间存在着替代关系。为什么存在这个替代关系?因为国家之间生产要素禀赋的差异既是国际贸易的原因,也是国际生产要素流动的原因。在赫克歇尔-欧林模型中,国家之间生产要素禀赋的差异是国际贸易的唯一原因,因此一旦这种差异作为国际生产要素流动推动力的作用上升时,它作为国际贸易推动力的作用必然下降。相比而言,在特定要素模型中,国际贸易不会使生产要素价格在国家之间均等化,因此在自由贸易的条件下仍然存在着国际生产要素流动的动因。如果在特定要

[①] 蒙代尔因其对国际经济学的贡献获得了1999年的诺贝尔经济学奖。

素模型中引入国际资本流动,那么随着国际资本流动的增加,国际贸易量会下降但不会被完全替代。所以在特定要素模型中国际贸易和国际生产要素流动存在一定的替代性,但不像在赫克歇尔-欧林模型中那样存在完全的替代性。

理解了国际贸易和国际生产要素流动之间存在替代性的原因后,就不难理解它们两者之间可能存在的互补性。国际贸易的原因可以是国家之间生产要素禀赋的差异性,但这不是国际贸易的唯一原因。从李嘉图模型我们知道,国家之间技术水平差异导致的要素生产率的差异也是国际贸易的一个原因。而从克鲁格曼等人创建的不完全竞争贸易模型中我们知道,追求规模经济是国际贸易的另一个原因。同样,国家之间生产要素价格的差异也不是国际生产要素流动的唯一原因。例如国际资本流动还有分散风险的考虑,而国际劳动力流动也可能是由政治和文化等非经济原因促成的。当国际贸易和国际生产要素的原因不同时,它们两者之间就可以形成互补性。例如我们可以考虑以下一个简单的模型,在这个模型中,两个国家的生产要素禀赋完全一样,但一个国家的资本密集型产业的技术水平较高。正是由于两国在技术水平上的差异,使资本的边际收益率在两国之间不均等。在国际资本流动的条件下,资本会流向边际收益率较高的国家。而当这个国家的资本量提高时,它的资本密集型产业会扩张,由此导致该国资本密集型产品出口的增加。从这个模型中我们看到,国际资本流动性的提高会促进国际贸易的增长,两者之间是互补的关系。循着这个思路可以构建出其他模型来推导出国际贸易和国际生产要素流动之间呈互补关系的其他情况。

国际贸易和国际生产要素流动之间在理论上既存在替代性又存在互补性,所以实证研究变得非常必要。我们关心的一个问题是:当国际直接投资导致跨国公司在某个国家的生产和销售增加时,跨国公司的母国对这个国家的出口是会下降(替代效应)还是会上升(互补效应)?布隆尼根(Blonigen,2001)研究了日本在美国生产的10种汽车零部件的销售量与日本对美国的汽车零部件的出口量之间的替代性和互补性。他发现汽车产业的垂直分工体系导致了互补性(日本在美国投资和生产的汽车零部件越多,日本对美国汽车零部件的出口越多),而同类汽车零部件的生产从日本转移到了美国后则导致了替代性。布隆尼根进一步发现日本汽车零部件在美国的投资生产和其出口之间的替代效应大于互补效应。因为替代效应有利于美国,因而这个结果有可能反映了美国相关利益集团的政治影响力。但是布隆尼根同时研究了日本在美国生产的 11 种最终消费品的销售量与日本对美国出口量之间的替代性和互补性,其结果与汽车零部件相类似。因为在最终消费品产业美国的相关利益集团的政治影响力较弱,所以替代效应所反映的应该主要是经济驱动因素。从布隆尼根的实证研究结果可以看到,国际贸易和国际投资之间确实如理论所预测的那样既存在替代性又存在互补性,而它们之间的替代效应和互补效应的大小可能反映了相关的政治和经济因素的作用。

11.3 国际直接投资和国际贸易

在前面两节对国际资本流动的讨论中,国际投资所考虑的只是国家之间无风险投资收益率的差别。现实中的国际投资所要考虑的因素要复杂得多。国际投资一般分为国际直接投资和国际间接投资。国际直接投资指对企业经营管理具有影响力的国际投资,在统计上以投资者掌握一定比重(例如 10%)的股份来界定。国际间接投资指对外国金融证券的投资,其投资者对资金的使用不具有影响力。对于国际间接投资的讨论属于国际金融的范畴,在本书中不作介绍。而国际直接投资和国际贸易有着密不可分的关系,对它的分析构成国际贸易学的一个重要部分。从事国际直接投资的企业被称为跨国公司。美国 1/3 的出口和 40% 以上的进口发生在跨国公司内部。

国际直接投资分为水平型和垂直型两种。水平型国际直接投资指跨国公司在不同国家从事相类似的生产经营活动。垂直型国际直接投资指跨国公司在不同国家建立垂直分工的生产经营活动,例如将产品设计放在一个国家而将产品生产放在另一个国家。

我们先来讨论一下水平型国际直接投资。设想一个企业面临如下的决策:是在本国生产后出口到外国,还是在外国通过直接投资建厂进行生产和销售。这个决策涉及三个因素:第一,出口到外国会发生的贸易成本,包括运输费用和关税。贸易成本越高,企业越会选择采用对外直接投资这个方式。第二,在外国建厂的固定成本。固定成本越低,企业越会选择采用对外直接投资这个方式。第三,外国的要素禀赋和市场规模。外国和本国在要素禀赋和市场规模方面越相似,水平型的国际直接投资越可能发生。跨国公司在不同国家建立类似的生产经营活动,一个重要的原因在于这种方式可以跨越贸易成本的壁垒来获取国外市场能够带来的利益。但是在外国建厂生产和经营需要克服许多困难,这些困难在模型中归总为国际直接投资的固定成本。为了获得外国市场的利益,能否考虑不用国际直接投资的方式,而是将生产技术通过许可证等方式出售给外国生产者来从中获利呢?回答这个问题需要引入一个重要的概念:内部化。内部化是指跨国公司将其拥有的技术在公司内部使用。跨国公司对于内部化带来的收益的追求是水平型国际直接投资发生的一个重要原因。

我们再来讨论一下垂直型国际直接投资。设想一个企业的经营活动可以分割为产品设计和产品生产。当跨国公司将这两项经营活动安排在不同国家时,垂直型国际直接投资就发生了。假定产品设计是高技术劳动密集型的活动,而产品生产是低技术劳动密集型的活动,那么跨国公司会将产品生产放到低技术劳动力丰裕的国家去经营。假定美国是高技术劳动力丰裕的国家,中国是低技术劳动力丰裕的国家。在国际直接投资发生之前,美国出口高技术劳动密集型的电脑,而中国出口低技术劳动密集型的服装。当中国允许跨国公司进入后,美国跨国公司会将高技术劳动密集型的电脑设计活动留在美国,而将一部分低技术劳动密集型的电脑生产活动转移到中国。假定电脑设计作为一项服务可以出口或进口,那么在上述例子中,中美两国之间的贸易类型会存在多种可能。中国可能从美国进口电脑,也可能向美国出口电脑。从以上的简短讨论中我们已经能够看到,国际直接投资和跨国公司活动增加了国际贸易的复杂性。虽然对于国际直接投资和跨国公司活动的考虑会增加国际贸易分析的难度,但这是理解和认识当代国际贸易所不可或缺的视角。除了跨国公司内部的垂直分工会增加中间产品和服务的国际贸易外,生产和服务在不同国家的公司之间的外包活动也会增加中间产品和服务的国际贸易。我们将在下一章讨论生产和服务的国际外包。

11.4 讨论和总结

经济全球化不仅表现在国际贸易的增长上,而且反映在国际生产要素流动性的提高上。国际投资和国际移民是和国际贸易同样重要的全球经济现象。由于国际贸易和国际生产要素流动之间密切相关,国际贸易学一直将劳动力和资本的国际流动作为其研究对象的一部分。当今世界的国际贸易现象比以前更复杂了,这和国际资本流动性的提高以及跨国公司活动的增加有很大关系。可以肯定地说,对于今天的国际贸易学生,理解和认识国际生产要素流动的作用比以往任何时候都重要。

从全球资源配置的角度来看,国际生产要素流动和国际贸易一样,能够促进全球资源配置效率的提高,由此增进各国的国民福利。当然这个结论是建立在某些假定条件之上的。和理论上证明自由贸易不总是最优一样,构建国际生产要素流动会损害国民福利的理论模型并不困难。考虑到市场竞争的不完善性,国际生产要素流动确实有可能加剧而不是减轻业已存在的市场缺陷,由此造成某些国家国民福利的下降,这是经济学次优理论可以预见到的可能的结果。需要特别指出的是,国际资本流动不是简单的物质资本(机器)在国家之间的转移,而是涉及金融资本的国际流动。从20世纪90年代开始,随着资本国际流动性的提高,金融危机发生的频率在上升,深度也在加强。作为自由贸易最坚定捍卫者之一的巴格瓦蒂,对于国际资本流动自由化却是坚决反对的,认为"只有不学无术的经济学家才会说自由贸易和资本自由流动是一模一样的"(Bhagwati,2002)。对于金融资本国际流动的讨论超出了国际贸易学的范畴,本章所讨论的国际资本流动指的是和国际生产相关联的国际直接资本的流动。但是由于实体资本和金融资本的高度相关性,学习国际贸易的读者必须认识到国际金融学等方面的知识对于全面深刻地理解和认识国际资本流动的作用是不可或缺的。

专栏 11.1
国际移民

人类历史上大规模的跨洲人口迁移始于 16 世纪。在地理大发现之后,西班牙、葡萄牙、英国、法国和荷兰等欧洲国家陆续在美洲和非洲大陆建立了殖民地。起初一些欧洲白人作为行政官员、商人、水手、军人和传教士迁居海外,而后则是大批非洲黑奴被贩卖到殖民地充当廉价劳动力。

从 19 世纪末到 20 世纪初,人类经历了历史上第一个大规模的"迁徙时代",在东西方同时出现了两股移民潮。西欧的工业化迫使大批无地而又贫困的欧洲人迁居美洲和大洋洲,这一时期总共有约 4 800 万移民离开欧洲,占欧洲总人口的 12%。其中英国对外移民最多,移民人数超过其总人口的 40%。欧洲移民的目的地集中在美国、加拿大、阿根廷、澳大利亚和新西兰。几乎同时,亚洲大陆出现了另一股移民潮,大批来自中国和印度的契约劳工被运往殖民地的种植园和矿山,估计人数多达 1 200 万—3 700 万。

第一次世界大战以及 20 世纪 30 年代的大萧条使得国际移民的数量急剧下降。在第二次世界大战以后,国际移民在数量和范围方面都有扩大,居民外迁的国家越来越多,而作为移民输入地的国家则接受了具有各种经济、社会和文化背景的移民入境。在 20 世纪 80 年代晚期和 90 年代早期,国际移民活动达到了一个新的高度,人类进入了历史上第二个大规模的"迁徙时代"。根据联合国人口署的统计,1965 年国际移民总数约为 7 500 万,2005 年达到了 1.91 亿。国际移民的年平均增长率高于全球人口增长率,移民总量达到了全球总人口的 3%,相当于世界第五大国巴西的总人口数。①

---

① 资料来源:United Nations (2006), *International Migration and Development*。

经济全球化是移民高潮再现的主要因素。随着跨国公司在全球重组生产链,商品、物质资本和人力资本在世界范围内的流动明显加快。与此同时,全球化拉大了发达国家和发展中国家之间的收入差距。1975 年高收入国家的人均收入是低收入国家的 41 倍,到了 2000年,高收入国家的人均收入是低收入国家的 66 倍。按照新古典学派的理论,国际移民是个人追求利益最大化的一种选择,其根源在于国家之间的收入差距。另一方面,发达国家生育率大幅下降,人口负增长和老龄化日趋严重;而发展中国家正处于人口高增长期,劳动力大量过剩,正好填补了发达国家的劳动力需求缺口。

当代国际移民在流向、性别比例和知识结构上都呈现出许多新特点。历史上作为移民输出地的欧洲已经转变为移民输入地。在 1.91亿国际移民中,34% 分布在欧洲,23% 分布在北美,28% 分布在亚洲,9%分布在非洲,拉美和加勒比地区占 3%,大洋洲占 3%。国际移民的主要趋向是从发展中国家流向发达国家,从亚洲、非洲和拉丁美洲国家流向北美、欧洲和大洋洲,从低收入国家流向高收入国家。在加拿大和美国 80% 以上的移民来自发展中国家,在澳大利亚几乎所有新增移民都来自发展中国家。2005 年,28 个发达国家接纳了国际移民总数的75%;美国位居首位,每 5 名国际移民中就有 1 人迁往美国(表 11.2)。

表 11.2 移民迁入国排行榜,2005 年

排名	国家和地区	移民人数（千人）	占人口总数的百分比(%)	占国际移民总数的百分比(%)
1	美国	38 355	12.9	20.1
2	俄罗斯	12 080	8.4	6.3
3	德国	10 144	12.3	5.3
4	乌克兰	6 833	14.7	3.6
5	法国	6 471	10.7	3.4
6	沙特阿拉伯	6 361	25.9	3.3
7	加拿大	6 106	18.9	3.2
8	印度	5 700	0.5	3.0
9	英国	5 408	9.1	2.8
10	西班牙	4 790	11.1	2.5

资料来源:United Nations (2006), *International Migration and Development*。

国际移民中女性的比例呈增长趋势。2005年女性移民占国际移民总数的49.6%，在发达国家中女性移民占移民总数的52.2%，在欧洲、北美洲和大洋洲女性移民的比例都超过了男性。同时，女性移民的属性也有所变化，过去她们大都作为男性移民的家属或者难民迁居，现在以个人身份独立迁徙或者作为户主迁居的比例在不断增加。

和以往低技术劳动力为主的国际移民相比，当代国际移民的知识结构有了显著的提升。在经济合作发展组织国家新增的25岁以上的移民中，近半数拥有大学或大学以上的学历，他们之中60%来自发展中国家。出生于印度、中国、南非、伊朗和菲律宾等发展中国家的移民中有半数以上都属于高技术移民。知识经济的发展催生了对高科技人才的需求，而发达国家采取了以吸引海外优秀的科研、技术和管理人才为目标的有选择性的移民政策，这些因素导致了高技术移民的迅速增加。

高技术移民对移民输出国而言意味着"脑力流失"(brain drain)，这是移民输出国最担忧的问题。高技术人才移民之后，原籍国不仅损失了培训这些人才的投资，也失去了他们未来对国家可能做出的贡献。对于中国和印度这样的人口大国而言，人才流失占其人才总量的比例相对较小，对其经济发展的影响相对不大。但是对于很多经济落后的小国来说，负面影响可能是严重的。根据世界银行(2006)的估计，在牙买加75%受过高等教育的人才流失到了美国，格林纳达65%的知识分子流失于海外，而巴基斯坦每年流失一半的医学院毕业生。[①] 如此高的人才流失率极大地损害了原籍国相关产业乃至国民经济的发展。另一方面，外流的人才也能为原籍国带来一些好处：他们能在发达的目的地国和落后的原籍国之间起到桥梁作用，帮助原籍国获得资金、信息和商业机会；他们对于技术和知识的传播也发挥着重要作用。但是这些间接收益较难度量。

对于发展中国家来说，从国际移民中获得的最直接收益是侨汇收入。据世界银行(2006)的估计，2005年全球经由正规渠道汇出的

---

① 世界银行，《2006年全球经济展望：移民及其汇款的经济影响》，中国财政经济出版社2006年版。

侨汇总额超过 2 320 亿美元,其中发展中国家获得 1 670 亿美元,该数额超过了各种来源的援助资金的两倍。而从非正规渠道汇出的侨汇数额估计至少达到从正规渠道汇出的侨汇数额的 50%。侨汇不仅改善了移民家庭的生活,也是许多发展中国家最大和最稳定的外汇来源。在一些发展中国家,侨汇数额超过了外国援助和私人投资的总和,甚至超过了商品出口所获得的外汇收入。

本章提要

1. 国际生产要素流动是和国际贸易密不可分的经济现象。国际生产要素流动指劳动力和资本在国际间的流动。

2. 在假设完全竞争市场和要素收入差异作为要素流动唯一原因的模型中,劳动力和资本的国际自由流动通过提高全球资源配置效率带来了生产要素国际流动收益。以国民生产总值来衡量,生产要素的国际自由流动使所有参与国家都获益。

3. 国际生产要素流动和国际贸易带来相同方向的收入分配效应,它会使一个国家的丰裕要素所有者受益,稀缺要素所有者受损。

4. 国际要素流动和国际贸易之间既有替代性,又有互补性。国家之间在要素禀赋丰裕程度上的差异既是国际贸易的原因,也是国际要素流动的原因,使得国际贸易和国际要素流动具有此消彼长的替代性。但是国际要素流动和国际贸易又有要素禀赋差异之外的不同原因,使得它们之间存在相互促进的互补性。

5. 国际贸易学所讨论的国际资本流动关注的是和国际生产相关的国际直接投资。跨国公司所从事的国际直接投资分为水平型和垂直型。跨国公司的投资活动增加了国际贸易问题的复杂性。国际资本流动涉及的金融资本问题不属于国际贸易学讨论的范畴,但对于全面理解和认识国际资本流动的作用是必需的。

进一步阅读

Mundell(1957)撰写了关于国际贸易和国际资本流动互为替代关系的经典论文。对于劳动力和资本国际流动的福利效应的讨论请参阅 Bhagwati、Panagariya 和 Srinivason(1998)的研究生教材《高级国际贸易学》第 32 和 33 章。Blonigen(2001)讨论了关于国际贸易和国际资本流动的替代性和互补性的实证研究文献,并对日本输美产品和日本跨国公司在美生产和销售的同类产品之间的替代互补关系作了实证分析。在 Bhagwati(2002)所著的《现代自由贸易》一书的最后附有作者的"资本神话:商品和服务贸易与美元贸易的差异"一文,用以表明作者支持自由贸易和反对资本自由流动的观点。关于全球化的历史和金融全球化的讨论请参阅 Mishkin(2006)所著《下一轮伟大的全球化:金融体系与落后国家的发展》。

参考文献

Bhagwati, Jagdish (2002), *Free Trade Today*, Princeton University Press. (中译本)雷薇译,《现代自由贸易》,中信出版社 2003 年版。

Bhagwati, Jagdish, Panagariya, Arvind and Srinivason, T. N. (1998), *Lectures on International Trade*, Second Edition, MIT Press. (中译本)王根蓓译,《高级国际贸易学》(第二版),上海财经大学出版社 2004 年版。

Blonigen, Bruce A. (2001), "In Search of Substitution between Foreign Production and Exports," *Journal of International Economics*, 53, 81—104.

Mishkin, Frederic S. (2006), *The Next Great Globalization: How Disadvantaged Nations Can Harness Their Financial Systems to Get Rich*, Princeton University Press. (中译本)姜世明译,《下一轮伟大的全球化:金融体系与落后国家的发展》,中信出版社 2007 年版。

Mundell, Robert A. (1957), "International Trade and Factor Mobility," *American Economic Review*, 47, 321—335.

练习与思考

一、概念题

1. 国际生产要素流动
2. 国际直接投资
3. 水平型国际直接投资
4. 垂直型国际直接投资
5. 国际移民
6. 脑力流失

二、判断题

1. 生产要素的国际自由流动使得所有参与国都受益。
2. 一个国家的丰裕要素所有者会从国际生产要素流动中获益。
3. 国家之间要素禀赋的差异既是国际贸易的原因,也是国际生产要素流动的原因。
4. 随着国际资本流动性的不断提高,全球的国际贸易量逐渐缩小。
5. 水平型国际直接投资追求的是规模经济带来的收益。
6. 垂直型国际直接投资的增加会替代掉部分国际贸易。
7. 国际移民会导致发展中国家的脑力流失和国民福利下降。

三、选择题

1. 国际生产要素流动的动因是

   A. 规避风险

   B. 生产要素价格的国际差异

   C. 生产要素边际产值的国际差异

   D. 以上都正确

2. 国际贸易和国际资本流动之间

   A. 存在替代关系,但没有互补关系

   B. 存在互补关系,但没有替代关系

   C. 既存在替代关系,又有互补关系

D. 既无替代关系,又无互补关系

3. 以下关于水平型国际直接投资的哪种说法是正确的?

A. 出口成本越低,则越有可能进行对外直接投资

B. 在外国设厂的固定成本越低,则越有可能进行对外直接投资

C. 外国的要素禀赋和本国的差异越大,则越有可能进行对外直接投资

D. 外国的市场规模越小,则越有可能进行对外直接投资

4. 在以下哪种情况下,发展中国家会出口高技术密集型产品?

A. 水平型国际直接投资

B. 垂直型国际直接投资

C. 劳动力的国际流动

D. 以上都有可能

5. 劳动力的国际流动

A. 提高了全球资源的使用效率

B. 导致国际间工资差距的扩大

C. 促进了国际贸易的发展

D. 扩大了国家之间要素禀赋的差异

四、简答题

1. 在赫克歇尔-欧林模型中,国际资本流动和国际贸易之间是什么关系?

2. 国际资本流动能否促进国际贸易?请举例说明。

3. 水平型国际直接投资为什么会发生?

4. 垂直型国际直接投资怎样影响国际贸易?请举例说明。

5. 除了国家之间的工资差异之外,国际移民还有哪些主要的动因?

五、综合题

1. 本国和外国都拥有土地和劳动力两种生产要素,都只生产一种产品。在自由贸易条件下,该产品的价格等于 2 美元。假设两国的土地量和生产技术完全相同,所不同的是劳动力资源。本国有 11 个工

人,外国有 3 个工人。劳动力的边际产量取决于其投入数量,如下表所示。

劳动力的投入数量	劳动力的边际产量
1	10
2	9.5
3	9
4	8.5
5	8
6	7.5
7	7
8	6.5
9	6
10	5.5
11	5

(a) 起初劳动力在两国之间不流动。请计算两国在封闭均衡中的工资分别是多少。

(b) 画图标出本国工人的工资收入总额和土地所有者的地租收入总额。

(c) 画图标出外国的国民收入总额。

2. 假设本国和外国的数据和第 1 题相同。假设劳动力能够在国家之间自由流动。

(a) 劳动力国际流动的方向会是怎样的？为什么？

(b) 在劳动力国际间自由流动的情况下,本国和外国的工资分别是多少？

(c) 在劳动力国际间自由流动的情况下,本国和外国分别有多少个工人就业？

3. 假设本国和外国的数据和第 1 题相同。在两个国家从封闭状态到允许劳动力在两国之间自由流动的过程中,

(a) 本国的工人和土地所有者分别受到怎样的影响？

(b) 外国的工人和土地所有者分别受到怎样的影响？

(c) 本国和外国的国民福利分别受到怎样的影响？为什么？

第 12 章
生产和服务的国际外包

从20世纪80年代开始,国际贸易不仅增长迅速,而且内容发生了变化。数据显示,农产品、原材料和初级工业品(例如钢铁和纺织品)在1950年占美国进口的90%,到2005年下降到了35%。而资本品、消费品和汽车等商品占美国进口的比重从1950年的10%上升到了2005年的65%;这些商品的贸易份额的迅速提高是和生产过程的国际分割密切相关的。随着运输和通信成本的下降以及世界经济开放程度的提高,将生产过程进行分割并在全球配置成为可能。前一章中我们讨论了垂直型的国际直接投资,这是跨国公司在全球范围内将生产活动的上游、中游和下游进行分割并由子公司来经营的投资类型。而生产过程在分割后并不一定需要通过子公司来经营,也可以通过生产合同交由其他公司来经营。

外包(outsourcing)指一个企业将原先自己生产的中间产品和服务

代之以向其他企业购买这些中间产品和服务的行为。如果其他企业位于国内,那么以上行为是国内外包;如果其他企业位于国外,那么以上行为是国际外包。狭义的外包和垂直一体化是两个不同的活动,前者发生在不同企业之间,而后者发生在同一企业之间。由此推知狭义的国际外包和垂直一体化类型的国际直接投资是两个不同的活动。和外包相关的一个名称是离岸(offshoring)。狭义而言,离岸活动指一个企业将原先自己生产的中间产品和服务交给位于国外的子公司去生产的活动,所以狭义的离岸活动就是垂直一体化类型的国际直接投资。①

国际外包使中间产品贸易在国际贸易中的比重在20世纪80年代以后有了显著的提高。前面我们所学习的国际贸易理论模型关注的是最终产品的国际贸易,而对中间产品的国际贸易没有针对性的理论分析。在本章中我们首先介绍一个中间产品国际外包的理论模型,然后用这个模型来解释20世纪80年代以后世界各国工资差距普遍上升的现象。国际外包是企业层次的一个决策,本章第3节对与此相关的理论和实证作一些介绍。国际外包中广受关注的一个方面是服务业的国际外包,本章第4节对此作一些讨论。

我们用一个简单的模型来分析国际外包发生的原因及其对各国经济的影响。模型中有两个国家(中国和美国)和两种商品(服装和电脑)。每种商品的生产需要投入高技术劳动力和低技术劳动力两种生产要素。服装是低技术劳动密集型产品,而电脑是高技术劳动密集型产品。在封闭经济均衡中,每个国家自己生产这两种商品。因为中国低技术劳动力丰裕,而美国高技术劳动力丰裕,所以中国的服装

12.1 国际外包的简单模型

---

① 在现有文献中,对外包和离岸这两个名称的使用并不严格。广义而言,离岸活动指一个企业将原先自己生产的中间产品和服务交给位于国外的企业,它可以是自己的子公司,也可以是其他企业。在国际经济学中,外包指的是国际外包。广义而言,国际外包指一个企业将原先自己生产的中间产品和服务代之以向位于国外的企业购买,该企业既可以是其他企业,也可以是自己的子公司。所以广义而言,国际外包和离岸生产是同一个概念,也被称为离岸外包。

价格比美国低，而美国的电脑价格比中国低。

假定中美之间开放贸易。运用赫克歇尔-欧林模型我们得出中国出口服装，美国出口电脑这个最终产品的贸易类型。现在我们在模型中引入中间产品贸易。电脑由中央控制器、主板、内存、硬盘、机箱、键盘和鼠标等中间产品组装而成。不同的中间产品在生产中对两类工人的使用密度不同，例如中央控制器是高技术劳动密集型产品，而键盘是低技术劳动密集型产品。当中间产品可以在中美之间自由贸易时，美国的电脑企业会将部分中间产品转包给在中国的企业进行生产。为了简化起见，我们将电脑配件划分为高端配件和低端配件两类，并假定将所有配件组装起来是一项相对低端的生产活动。这样我们将生产活动按高低技术工人的比率分为三项：第一，高端电脑配件的生产(X)，其高技术工人的比率最高。第二，低端电脑配件的生产和电脑组装(Z)，其高技术工人的比率较前者为低，但比服装生产要高。第三，服装生产(Y)，其高技术工人比率最低。在中美之间开放贸易后，因为中国的低技术劳动力便宜，所以美国电脑企业将部分甚至全部的生产活动 Z 外包给在中国的企业。如果自由贸易不足以使中美两国的生产要素价格均等化，那么在自由贸易均衡中，高端电脑配件只在美国生产，服装只在中国生产，而低端电脑配件的生产和电脑组装可能在中美两国同时进行，也可能完全在中国进行。从贸易类型来看，美国出口高端电脑配件，中国出口服装。如果大部分生产活动 Z 在中国进行，那么中国还出口低端电脑配件和电脑。我们从这个模型可以看到，由于生产过程的国际分割和国际外包，中间产品贸易的比重提高了。

国际外包对中美两国经济会产生怎样的影响？国际外包使美国失去了部分或全部低端电脑配件生产和电脑组装活动，而专业化于高端电脑配件的生产。因为生产高端电脑配件需要较多的高技术工人，所以对美国高技术劳动力的需求上升。因为低端电脑配件生产和电脑组装活动雇用较多的低技术工人，所以这些活动的国际外包使对美国低技术劳动力的需求下降。高技术工人工资(w_H)和低技术工人工资(w_L)的比率被定义为工资差距($\omega \equiv w_H/w_L$)。图 12.1 显示，由于国际外包使美国对高技术工人的相对需求上升了，因此高技术工人的相对需求曲线上移。结果美国的工资差距扩大了。

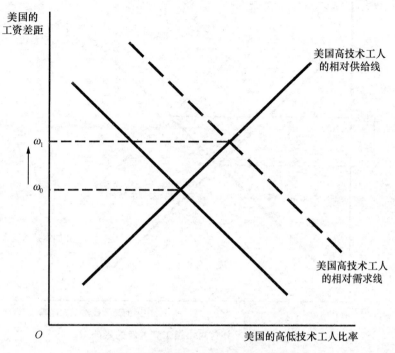

图 12.1　国际外包对美国工资差距的影响

我们再来讨论国际外包对中国的影响。美国电脑公司将低端电脑配件和电脑组装活动外包给在中国的公司。虽然这些生产活动在美国属于高技术劳动力密度较低的生产活动，但在中国这些生产活动和服装生产相比则属于高技术劳动力密度较高的生产活动。正因为如此，国际外包导致对中国高技术工人的相对需求上升，在图 12.2 中表现为高技术工人相对需求曲线向上移动。结果中国的工资差距（ω^*）也扩大了。

上面介绍的国际外包模型虽然简单，但对于理解国际外包提供了一个良好的起点。在这个模型中，国际外包是由国家之间生产要素价格的差异引发的。和标准的赫克歇尔-欧林模型所不同的是，国际外包模型假定国家之间生产要素价格的差异在贸易开放后没有完全消失，因而每个国家所生产的产品结构是不相同的。由于发达国家将相对低端的生产活动外包给发展中国家，而这些在发达国家产品结构中属于相对低端的生产活动在发展中国家的产品结构中却是属于相对高端的，因此国际外包同时拉升了发达国家和发展中国家的产品结构，

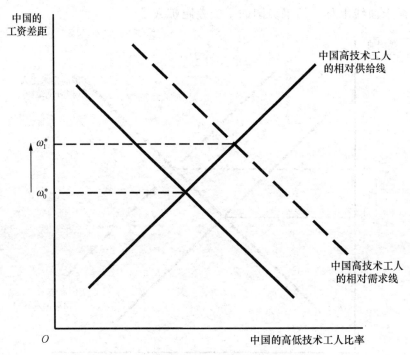

图 12.2　国际外包对中国工资差距的影响

从而同时拉升了两个国家对高技术工人的相对需求。如果是在标准的赫克歇尔-欧林模型中,那么根据 SS 定理,贸易开放会提高发达国家的工资差距但会缩小发展中国家的工资差距。本节的国际外包模型得出的预测是:贸易开放导致国际外包活动增加,不但会提高发达国家的工资差距,而且会提高发展中国家的工资差距。这个预测对于理解 20 世纪 80 年代以后世界各国工资差距普遍上升的现象很有帮助。我们在下节讨论这个国际经济的热点问题。

12.2 国际外包和工资差距扩大化趋势

从 20 世纪 80 年代初开始,在世界许多国家出现了工资差距扩大化的趋势。图 12.3 显示 1967—1996 年美国制造业中以非生产性工人平均工资和生产性工人平均工资的比率衡量的工资差距。① 非生产性工人的技术水平和教育程度较高,生产性工人的技术水平和教育程度较低,这两类

---

① 数据来源:http://www.nber.org/nberces/nprody96.html。

工人的工资可以近似地衡量高技术工人和低技术工人的工资。从图12.3 中我们发现,在 1967—1982 年的 15 年间,美国制造业的工资差距从 1.59 下降到 1.52。而在 1982—1996 年的 14 年间,美国制造业的工资差距从 1.52 上升到 1.72。是不是因为在后一个时间段美国非生产性工人的相对供给下降了,从而推升了工资差距呢?图 12.4 显示了1967—1996 年美国制造业非生产性工人的相对供给。我们发现,美国非生产性工人的相对供给在 1982 年以后并没有下降。由此推知,美国在 20 世纪 80 年代初以后出现的工资差距上升趋势必定是高技术工人相对需求上升的结果。

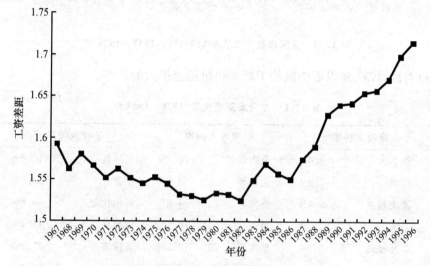

图 12.3 美国的工资差距,1967—1996 年

在 20 世纪 80 年代初以后工资差距扩大这一现象不仅发生在美国,而且发生在处于不同经济发展水平的许多国家。表 12.1 列出了 1978—1988 年间世界上 28 个国家的工资差距变化率。[①] 数据显示,在 9 个高收入国家中有 8 个国家的工资差距上升了,在 11 个中等收入国家中有 8 个国家的工资差距上升了,而在 8 个低收入国家中也有 3 个国家的工资差距上升了。图 12.5 显示了 1995—2000 年间中国的工资差距。从该图可

---

① 资料来源:Zhu, Susan Chun (2005), "Can Product Cycles Explain Skill Upgrading?" *Journal of International Economics*, 66(1), 131—155。

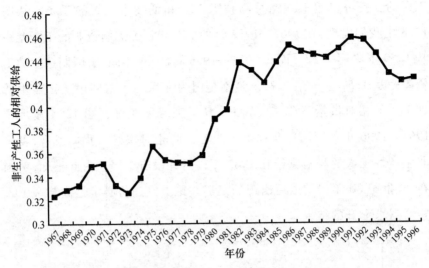

图 12.4　美国高技术工人的相对供给，1967—1996 年

以看到,1997 年以后中国的工资差距呈迅速扩大的趋势。①

表 12.1　工资差距变化率，1978—1988 年

高收入国家		中等收入国家		低收入国家	
加拿大	8.4%	委内瑞拉	10.7%	土耳其	-10.6%
瑞典	-1.9%	西班牙	12.5%	秘鲁	25.5%
澳大利亚	0.4%	爱尔兰	4.6%	哥伦比亚	-8.8%
丹麦	3.3%	希腊	-16.1%	危地马拉	13.4%
联邦德国	3.7%	墨西哥	18.7%	菲律宾	37.3%
奥地利	9.6%	葡萄牙	16.0%	埃及	-10.3%
英国	9.7%	塞浦路斯	11.5%	印度	-0.2%
芬兰	0.7%	乌拉圭	-1.1%	埃塞俄比亚	-13.0%
意大利	23.4%	马耳他	1.2%		
		智利	19.1%		
		韩国	-38.8%		
平均	6.4%	平均	3.5%	平均	4.2%

---

① 资料来源：Xu, Bin and Wei Li (2008), "Trade, Technology, and China's Rising Skill Demand," *Economics of Transition*, 16(1), 59—68。中国的工资差距中的高技术工人的工资是用大学文凭以上工作人员的平均工资来衡量，低技术工人的工资是用初中文凭以下工作人员的平均工资来衡量。

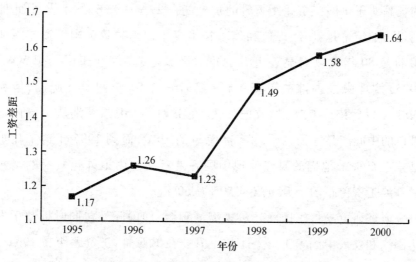

图 12.5　中国的工资差距,1995—2000 年

是什么原因使世界各国的工资差距在 20 世纪的 80 年代和 90 年代普遍呈上升趋势？两个最主要的原因是经济全球化和信息技术革命。经济全球化有很多方面,而在 20 世纪 80 年代以后国际外包的迅猛发展成为该时间段经济全球化的一个突出现象。从上节建立的国际外包理论模型我们看到,国际外包可以使工资差距在发达国家和发展中国家同时上升。在这个时间段发生的信息技术革命使电脑在工作场所得到普遍的使用。如果电脑使用导致对高技术劳动力相对需求的增加,那么信息技术革命也会推动工资差距上升。

根据经济学理论,国际外包的发展和电脑使用的普及这两个因素都能够提高工资差距。但理论不能告诉我们哪个因素在实际经济运行中起了作用以及起了多少作用;这个问题只有实证研究才能回答。费恩斯特拉和汉森(Feenstra and Hanson, 1999)用美国 1979—1990 年的数据对此进行了估计。[①] 他们用一个产业的中间产品进口额占总中间产品购买额的比重来衡量国际外包密度,用电脑和其他高技术资本占总资本的比重来衡量信息技术密度,结果发现美国国际外包量的提高对于美国工资差距上升的贡献在 21%—27% 之间,而信息技术应用

---

① Feenstra, Robert C. and Gordon H. Hanson (1999), "The Impact of Outsourcing and High-Technology Capital on Wages: Estimates for the U.S., 1979—1990," *Quarterly Journal of Economics*, 114(3), 907—940.

的提高对于美国工资差距上升的贡献度在29%—32%之间。① 由此他们得出的结论是：国际外包和信息技术应用都是导致美国工资差距在20世纪80年代以后显著上升的重要因素。谢和吴（Hsieh and Woo, 2005）发现中国香港的工资差距在1976—1981年间是下降的，但在1981年以后持续上升。② 数据表明，在1981年，中国香港从中国内地进口的中间产品占所有中间产品总量的10%，而到1996年这个比重已接近50%。他们的研究发现中国香港对中国内地外包贸易的增长对香港工资差距的上升贡献了50%—60%。

实证研究支持了国际外包模型的预测，即国际外包同时推动了发达国家和发展中国家工资差距的上升。在墨西哥，工资差距在1964—1985年间是下降的，但在1985—1994年间呈显著上升趋势。研究发现，在后一时期美国公司在墨西哥和美国的边境投资建立了许多制造厂，称为"maquiladora"，将大量制造业中间产品外包给它们生产。这些外包生产拉高了对墨西哥高技术劳动力的需求，推动了墨西哥工资差距的上升。中国是世界制造业产品外包的重要目的地。中国的工资差距在20世纪90年代中期以后迅速上升，跨国公司外包活动的增加很可能是一个重要原因。由于缺乏数据，目前尚无关于中国工资差距上升中外包贸易贡献度的估计。许和李（Xu and Li, 2008）运用世界银行从中国五个大城市抽取的1500个企业的数据研究了这些企业对高技术工人的相对需求呈上升趋势背后的原因。他们发现1998—2000年间在华外资企业的增长对中国高技术工人相对需求的上升贡献了约22%。中国对外贸易中超过一半是跨国公司的进出口，其中很大部分和国际外包有关。由此推断国际外包的增长很可能是中国工资差距上升的重要原因之一。

---

① 引自Feenstra, Robert C. and Alan M. Taylor (2008), *International Economics*, 表7-1。
② Hsieh, Chang-Tai and Keong T. Woo (2005), "The Impact of Outsourcing to China on Hong Kong's Labor Market," *American Economic Review*, 95(5), 1673—1687.

12.3 企业的国际外包决策

在本章第1节的模型中,国际外包被简单地归结为受低劳动力成本驱使的将中间产品生产转移到发展中国家的活动。但数据显示,大部分的国际外包活动发生在发达国家之间,而不是发生在发达国家和发展中国家之间。例如加拿大60%的离岸外包是和美国开展的。[①] 这些发生在发达国家之间的外包活动不能用劳动力成本差异来解释。在这一节里,我们从企业决策角度讨论国际外包在什么条件下为企业所选择。请注意本节中的外包概念采用的是它的狭义定义,指一个企业将原先自己生产的中间产品转包给其他与它不相关的企业。

设想一个企业发现将某个中间产品的生产转移到国外去会有利可图。这个企业有两个选择:第一,和国外企业签订一个外包合同,由国外企业生产该中间产品,然后进口该中间产品来完成最终产品的生产。第二,通过垂直型直接投资的形式在国外建立子公司来生产该中间产品,然后通过企业内贸易进口这个中间产品。后者有时被称为"内包"。

什么时候选择外包,什么时候选择内包?我们可以借助不完全合同理论来作一些解释。假定中间产品的生产需要一笔先期投资,这笔投资的高低决定了中间产品的质量水平。假定法院不能判别这个质量水平,所以即使在外包合同中写入了关于质量水平的条款,这个条款在事后也不能得到实施。在这个意义上,该外包合同是不完全的。而一旦中间产品企业进行了这笔先期投资,购买中间产品的最终产品企业在讨价还价中就掌握了主动权,因为此时这笔先期投资已经变成沉没成本了。这是不完全合同理论中所谓的"套牢"困境。

中间产品企业预计到了套牢困境,所以它不会进行足额的先期投资。为了应对这个问题,最终产品企业可以选择分担一部分先期投资。安特拉斯(Antras, 2003)建立了一个模型,假定中间产品购买企业先期投入一笔资本来分担中间产品生产企业的先期投入。在这个模型中,

---

① 引自 Trefler (2005),第7页。

如果处在产业链上下游的两个企业签订外包合同,双方都会因为对套牢困境的考虑而不足额地进行先期投入。由于外包合同中双方不属于同一企业,当它们在中间产品的价格上谈不拢时,最终产品企业就得不到它所需要的中间产品。而如果是同一企业内部垂直一体化的生产(也就是内包),那么中间产品购买方(假定为母公司)在中间产品生产方(假定为子公司)不合作时仍有权力获得其生产的中间产品。在外包情况下,独立的产权赋予中间产品生产企业较大的先期投入动力;在内包情况下,一体化的产权结构赋予最终产品生产企业较大的先期投入动力;这两个方面的权衡决定了对外包和内包的选择。安特拉斯假定最终产品生产企业能够分担的先期投入是资本投入而不是劳动力投入。因此,资本密度较低的产业会采用外包,而资本密度较高的产业会采用内包。安特拉斯的这个模型预测:一个产业的资本密集度越高,这个产业中跨国企业的垂直一体化程度会越高,由此导致的跨国企业内部贸易的比重会越高。图 12.6 显示美国 23 个制造业产业的数据支持这个模型的预测。①

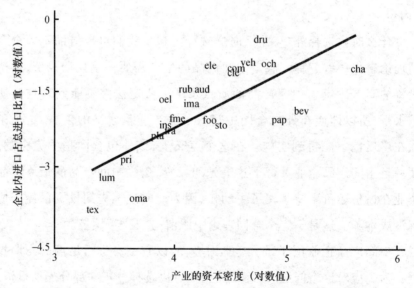

图 12.6　美国产业资本密度和美国企业内进口比重之间的关系

从不完全合同理论的角度分析,企业在选择国际外包时的一个重

---

①　资料来源:Antras (2003),图 1。

要的考虑是产业链上下游关系中存在的套牢问题。由此推断,当买方可以较清晰地界定中间产品的特质时,就容易在合同中设定激励供方的条款。因为不健全的法制会使套牢困境变得严重,所以国际外包活动和一个国家的法制完善程度有正相关性。数据显示,一个国家的法制完善程度越高,该国依赖于合同关系的产业的出口比重会越高(图12.7)。① 建立在不完全合同理论基础上的国际外包理论是贸易理论在21世纪的最新发展之一。该理论揭示了法律体制是比较优势的一个重要方面,能够较好地解释20世纪80年代以来与国际外包相关的国际贸易类型。

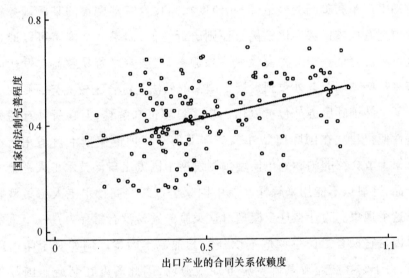

图 12.7 国家法制完善程度和出口产业合同关系依赖度之间的关系

进入21世纪以后,国际服务外包成为发达国家公众媒体的焦点。经常被引用的例子包括:电话售后服务被外包到印度的客户服务呼叫中心,软件开发、会计、法律甚至医疗诊断等服务被外包到一些发展中国家。从这些例子可以看到,国际服务外包的很大部分属于高技术劳动密集型,这

12.4 国际服务外包

---

① 资料来源:Trefler(2005),图6。

和低技术劳动密集型为主的国际商品外包形成了鲜明的对比。

如何理解由国际服务外包带来的高技术劳动密集型服务从发展中国家出口到发达国家这个贸易类型？本章第1节讨论的国际商品外包模型是否适用于分析国际服务外包？

国际贸易理论的基石之一是比较优势原则。在李嘉图模型中，一个国家出口劳动生产率相对较高的产品。以印度和美国的双边贸易为例。印度在服务业和制造业上的劳动生产率的绝对水平都低于美国，因此印度高技术工人和低技术工人的工资都低于美国。但两相比较，印度高技术工人的劳动生产率和美国的差距要小于低技术工人的劳动生产率和美国的差距，因此印度在高技术劳动密集的某些服务行业中拥有比较优势。比较优势原则告诉我们，如果一个国家可以通过进口更便宜地获得一种商品或一项服务，这会带来贸易收益。发达国家将某些高端服务外包到发展中国家的做法是符合比较优势原则的。

虽然国际服务外包可以用比较优势理论来解释，但它所具有的独特性使得建立在国际商品外包基础上的一些理论模型不再适用。本章第1节介绍的国际外包模型预测发展中国家出口低技术工人密集型产品，这显然不能用来解释发展中国家出口某些高技术工人密集型服务这个现象。为什么这个模型对这类服务贸易没有解释力？一个重要原因是它没有考虑生产成本以外的其他成本因素。例如对于印度而言，由于它在交通等基础设施方面很薄弱，因此印度在制造业国际外包中和中国相比处于劣势。但是印度在通信等基础设施方面较强，特别是拥有大量的英语人口，因此印度在服务业国际外包中和其他发展中国家相比具有优势（参见专栏12.1）。中印两国资源禀赋的不同决定了它们所吸引的外包活动内容的不同。

需要特别指出的是，当我们修改类似于本章第1节的国际外包模型使之可以解释发展中国家对高技术劳动密集型服务的出口后，关于国际外包带来的收入分配效应会随之改变。如果某些高技术劳动密集型服务从发达国家外包到发展中国家，那么势必会对发达国家的劳动力市场产生压力。从长期而言由于国际外包提高了企业竞争力并由此创造出更多高端工作机会，因此对发达国家的高技术工人没有很大的负作用。但从短期而言,高技术劳动密集型的国际外包会降低发达国家对高技术工人的需求,使他们成为经济全球化的输家。在传统的国际贸易模型中我们得出的结论是经济全球化会使一个国家丰裕生产要素的所有者受益。但是国际服务外包可能使发达国家的高技术工人受损,这对基于传统贸易模型的思维是一个挑战。国际贸易问题本质上是利益分配的问题。当国际服务贸易使原来支持经济全球化的发达国家的高技术工人转而反对经济全球化,这个变化的含义是深刻的。正是因为这个原因,国际服务外包引起发达国家公众媒体的广泛关注,也绝不是偶然的。

国际服务外包虽然增长速度较快,但总量尚小。根据国际货币基金组织的国际收支统计数据,对于电脑相关服务和包括会计在内的其他服务的进口占美国国民生产总值的比例,在 1983 年为 0.1%,在 1993 年为 0.2%,在 2003 年为 0.4%。英国的这个比例稍高,1983 年为 0.9%,1993 年为 0.7%,2003 年为 1.2%。此外,尽管发达国家对发展中国家的服务外包是公众关注的焦点,但是大部分的服务外包是在发达国家之间进行的。在 2002 年,商业服务外包额最大的七个国家依次为美国(410 亿美元)、德国(390 亿美元)、日本(250 亿美元)、荷兰(210 亿美元)、意大利(200 亿美元)、法国(190 亿美元)和英国(160 亿美元)。而商业服务外包的接受国家按数额排列最大的五个国家依次为美国(590 亿美元)、英国(370 亿美元)、德国(280 亿美元)、法国(210 亿美元)和荷兰(200 亿美元)。印度排在第六位(186 亿美元),中国排在第 14 位(100 亿美元)。[①] 从这些数据可以看到,发达国家既是外包服务的最大进口者,又是外包服务的最大出口者,其中美英等发达国家是外包服务贸易的顺差国。由此我们可以判断,服务外包除了有劳动力成本方面的考虑外,还会考虑诸如利用外包服务生产国所拥有的特定资源和接近消费市场等方面的因素。

---

① 资料来源:Amiti, Mary and Shang-Jin Wei (2005), "Fear of Service Outsourcing: Is It Justified?" *Economic Policy*, 20(42), 308—347。

12.5 讨论和总结

本章讨论国际贸易的一个新现象，即商品和服务的国际外包所带来的中间产品和服务的贸易。由于运输和通信成本的下降和贸易自由化程度的提高，生产过程的国际分割成为当今世界经济的重要特征，其结果是中间产品和服务的国际贸易在世界贸易总额中所占的比重显著上升。生产过程的国际分割并不是简单地使中间产品和服务的比重增加，它涉及国际贸易的一系列深层次的问题。首先，由于过去对国际贸易的研究主要以最终产品为对象，因此需要探讨以中间产品和服务贸易为对象的贸易理论及其政策含义。其次，由于生产过程的国际分割和跨国企业密切相关，因此需要探讨企业以何种方式获得中间产品和服务的决策过程以及由此引致的企业组织形式和贸易类型。对于今天的国际贸易学生而言，这些与生产过程的国际分割相关的新的国际贸易学知识是不可或缺的。

本章的前两节对国际外包及其产生的经济影响作了初步的讲解。生产过程的国际分割使一个企业原来自己生产的中间产品和服务可以外包给国外的企业，从而降低企业的成本。这里我们采用外包的广义定义，对于国外企业是这个企业的子公司还是其他独立的公司不作区分。由于外包是由国家之间的生产成本差异所驱动的，因此我们的讨论关注的是发达国家将低技术劳动密集型的生产外包给发展中国家。这种外包活动的结果是发达国家和发展中国家的生产结构中的技术密度同时提高了，因而对拥有较高技能的工人的需求在两个国家（地区）同时提高了。在20世纪80年代以后，世界经济中发生的一个重要的新现象是工资差距（高技术工人工资和低技术工人工资之比）在许多国家都上升了。国际外包活动正是在这个时期得到了迅猛发展，它部分地解释了各国工资差距普遍上升这个现象。

大部分的国际中间产品贸易并不是发生在发达国家和发展中国家之间，而是发生在发达国家之间。要理解这个现象，必须深入到企业的决策层次。本章的第3节介绍了企业的国际外包决策理论。这里我们采用国际外包的狭义定义，它指一个企业将原来自己生产的中间产品和服务外包给其他位于外国的独立的企业,而不是自己的子公司。这样就区分了发生在企业之间的国际外包和发生在企业内部的通过垂直型直接投资组织起来的国际"内包"。这两种中间产品生产的组织方式导致了两类不同的中间产品的国际贸易,即由国际外包所造成的独立企业间的中间产品贸易和由垂直型直接投资所造成的同一企业内的中间产品贸易。一个最终产品企业在决定谁成为其中间产品的供应者时需要考虑它们之间的合同会带来的影响。由于合同的不完全性会造成套牢困境,企业对中间产品供应模式的选择和它如何有效地应对套牢困境密切相关。研究发现,资本密集度较低的产业倾向于选择国际外包,而资本密集度较高的产业倾向于选择垂直型国际投资(内包)。由于合同的执行依赖于一个国家法制的完善程度,因此法律制度成为决定中间产品贸易类型的一个重要因素。

国际外包在近年成为公众媒体的焦点,其中最受关注的是服务外包。本章第 4 节讨论了服务的国际外包。服务外包的很大部分属于高技术劳动密集型活动,它和以低技术劳动密集型活动为主的商品外包有本质的不同。在解释国际服务外包类型时,比较优势理论仍然适用。然而服务外包所造成的收入分配效应和商品外包所造成的收入分配效应有很大的不同。在分析国际外包这个重要的经济现象时,将服务外包和商品外包区分开来是非常必要的。

专栏 12.1
印度的服务外包

在新一轮的全球化浪潮中,服务外包蓬勃发展,引人注目。1975 年发达国家对外投资中有 45% 集中于制造业。而到了 1997 年,发达国家对外投资的 57% 集中于服务业。随着现代科技的发展,不仅制造业产品实现了流水线作业,服务产品也变得数字化和标准化,因而服务外包成为许多企业降低成本、提高质量和实现规模经济的重要途径。在目前的国际服务外包市场上,美国、日本和欧洲发达国家是最主要的服务外包发包地。印度则以服务外包业务的重要承接地而举世闻名。

印度人均电脑拥有量低于发展中国家的平均水平,其国内的软件需求很小,因而印度的软件产业走的是出口导向型的道路。印度的服务外包之所以发展迅速,与国内有利的政策和制度条件有很大的关系。从20世纪80年代末开始,软件业被印度政府确认为优先发展产业。为了鼓励软件业的发展,印度建立了众多的软件科技园,园内有先进的硬件设施,并且得到政府在税收、信贷和出口等方面的各种优惠政策。从1991年班加罗尔出现第一个软件科技园以来,印度迄今已有20多个软件科技园,园内有6 000多家公司,培育了一批享誉世界的知名企业。欧美软件发包商在选择承包商时对东道国的管理水平、法律法规,特别是知识产权保护程度有着严格的要求。为了吸引欧美软件发包商,印度政府积极调整了国内知识产权的相关条例和政策,加强了对知识产权的保护,在国际上树立了较好的声誉。印度还特别重视对软件人才的培育,每年从大学中毕业的软件技术人员大约有17万多。这些技术熟练且价格低廉的软件人才给印度的软件外包带来了优势。

目前印度经济中第三产业的比重已经超过50%,并且在近年以9%的速度增长,其中软件业起了主导作用。根据2007年印度信息产业年度报告,印度服务外包收入在1997—2007年间增长了10倍。2006年印度的信息技术外包占全球份额的65%,其软件出口以每年27%—37%的速度增长。2007年印度的服务出口总额为313亿美元,占其总出口额的20%。在印度,软件业不仅成为拉动经济增长的重要产业,也为国民提供了众多直接和间接的就业岗位。例如在2005—2006年间,印度软件行业直接就业人员有163万人。而在销售、通信和管理等方面,外包行业间接地创造了300多万个就业岗位。[1]

现在印度已经不再满足于只在本国承包业务,而是开始建立全

---

[1] 数据来源:韦有周,"印度服务外包发展情况及启示",《时代经贸》,2007年11月,第5卷,总第84期。

球战略,开拓国际市场。印度的几个大型软件企业已经成功地通过收购的方式进入了他国的市场,仅 2006 年,印度企业就耗资 80 亿美元收购了 145 家海外公司。例如塔塔公司在 2004 年因为收购了一家做保险业整体解决方案的美国公司,引起了美国业界一场轩然大波。2005 年塔塔公司又收购了澳大利亚银行业务解决方案的核心供应商——金融网络服务公司。为了提高自己的竞争力,印度另一软件巨头维普罗公司更是把研发中心从班加罗尔搬到了美国。

虽然印度的软件服务外包行业发展迅速并且成为其他发展中国家效仿的对象,但它在近年也出现了许多问题。由于印度承接的主要是发达国家的非核心软件项目,大都为一些应用型软件,其技术含量和附加值较低,处于软件产业链的低端,因而印度的软件产业也相应地处于下游,基本上没有自主品牌,这制约了印度软件企业的发展和技术水平的提高。近年来,由于业务扩张太快,印度的软件人才开始出现供不应求的局面,人员成本逐年攀升。再加上印度软件发展主要依靠出口,容易受世界经济特别是美国经济的影响。随着爱尔兰和东欧的一些国家进入国际软件外包市场,印度所面临的竞争日趋激烈。此外,国内基础设施落后以及软件人才跳槽带来的诚信问题等都给印度的软件外包企业带来了挑战,能否解决好这些问题关系到印度软件业今后的发展。

本章提要

1. 生产和服务的国际外包是世界经济中日益重要的一项活动。广义而言,国际外包指企业将原来自己生产的产品和服务代之以从国外企业购买这些产品和服务。狭义而言,国际外包指该企业从其他不相关的国外企业购买中间产品和服务,它区别于从该企业的子公司购买这些中间产品和服务;后者属于垂直型的国际直接投资。国际外包又称为离岸外包。

2. 国际外包是生产过程国际分割的结果。国家之间生产成本的差异是国际外包的重要驱动力。国际外包使国际中间产品贸易的重要性提高。传统的比较优势理论对于解释中间产品的国际贸易仍然适用。

3. 国际外包活动在20世纪80年代以后增长迅速。这一时期世界经济的一个新现象是工资差距(高技术工人工资和低技术工人工资的差距)在许多国家都呈扩大趋势。造成这一趋势的主要原因包括以电脑使用为标志的技术进步和全球经济的进一步一体化。国际外包活动的迅速增长对于各国工资差距的扩大起了推动作用。

4. 国际外包是最终产品生产企业和国外的中间产品生产企业的一个合约。由于这类合约通常具有不完全性,即某些条款不能写入合约或者不能有效实施,使得中间产品的生产陷入"套牢"困境。在选择国际外包还是垂直型直接投资的国际内包时,需要权衡外包带给国外中间产品生产企业更好的激励所带来的好处和内包带来的源于企业内部垂直分工所带来的好处。研究发现,对于资本密度较低的产业,国际外包是较好的选择;对于资本密度较高的产业,垂直型国际直接投资(国际内包)是较好的选择。由于不完全合约的执行取决于一个国家的法制完善程度,因而法律制度因素在决定国际中间产品贸易类型时起着重要的作用。

5. 服务外包活动的高技术劳动力密度相对较高,因此它不同于以低技术劳动力密度为特征的对发展中国家的商品外包。国际服务贸易的类型仍然服从比较成本原则,同样带来贸易收益。但是服务外包的高技术劳动力含量会给发达国家的高技术工人需求带来负面影响。虽然服务外包在国际贸易中的比重尚小,但增长迅速。服务贸易所隐含的收入分配效应使之成为当今国际贸易中特别值得关注的一个部分。

进一步阅读

Feenstra(1998)是对国际外包的理论和数据的较早的文献综述。在 Feenstra 和 Taylor (2008)中,国际外包被单列一章,这在国际经济学本科教材中属于首次。该章描述了一个较为复杂的国际外包模型,从模型中推导出了国际外包所带来的贸易收益,并且讨论了国际外包对贸易条件的影响。用不完全合约理论分析国际外包活动是当前国际贸易学研究的一个前沿。在这支文献中,Antras(2003)将不完全合约理论引入垄断竞争贸易模型中,推导出了企业内贸易的决定因素。Antras 和 Helpman(2004)将不完全合约理论引入了本书第 5 章所介绍的梅勒兹模型中,推导出了国际外包和国际直接投资等企业组织生产的方式的决定因素。Nunn(2005)将中间产品贸易类型和制度因素联系了起来。上述文章的主要思想在本章中已作了介绍,原文可供具有研究生水平的读者阅读。Helpman(2006)对这支文献作了综述。Trefler(2005)对国际服务外包的有关问题做了阐述,值得一读。

参考文献

Antras, Pol (2003), "Firms, Contracts and Trade Structure," *Quarterly Journal of Economics*, 118(4), 1375—1418.

Antras, Pol and Elhanan Helpman (2004), "Global Sourcing," *Journal of Political Economy*, 112(3), 552—580.

Feenstra, Robert C. (1998), "Integration of Trade and Disintegration of Production in the Global Economy," *Journal of Economic Perspectives*, 12(4), 31—50.

Feenstra, Robert C. and Alan M. Taylor (2008), *International Economics*, Worth Publishers.

Helpman, Elhanan (2006), "Trade, FDI, and the Organization of Firms," *Journal of Economic Literature*, 124, 589—630.

Nunn, Nathan (2005), "Relationship-Specificity, Incomplete Contracts, and the Pattern of Trade," *Quarterly Journal of Economics*, 122(2), 569—600.

Trefler, Daniel (2006), "Policy Responses to the New Offshoring: Think Globally, Invest Locally," Industry Canada Working Paper Series 2006-01.

练习与思考

一、概念题

1. 国际外包
2. 离岸外包
3. 工资差距
4. 不完全合同
5. 套牢困境
6. 服务外包

二、判断题

1. 国际外包是指跨国公司在全球范围内将生产过程分割并分配给其子公司经营的现象。

2. 发达国家和发展中国家之间贸易开放度的提高会导致国际外包活动的增加,由此导致发达国家内部工资差距的扩大,发展中国家内部工资差距的缩小。

3. 生产要素价格的国际差异导致了国际外包的产生,而国际外包的发展会最终带来国际生产要素价格的均等化。

4. 一个产业的资本密集度越高,它的国际外包程度也会越高。

5. 一个国家的法制越完善,该国和外包相关的出口就越多。

6. 国际服务外包使发展中国家得以出口高技术劳动密集型的服务产品,这个贸易类型和发展中国家的比较优势并不一致。

三、选择题

1. 国际外包活动的增长

   A. 会使国际生产要素价格均等化

   B. 会影响参与国的国内工资差距

   C. 会使参与国的生产更专业化

   D. 会使国际贸易的总量减少

2. 世界各国的工资差距呈上升趋势

   A. 符合标准的赫克歇尔-欧林模型的预测

B. 不是经济全球化的结果

C. 部分是由信息技术革命造成的

D. 在发展中国家并不是很明显

3. 根据不完全合同理论，

A. 信息不完全会带来套牢困境

B. 套牢困境只涉及中间产品生产企业

C. 套牢困境不会影响企业的先期投入

D. 套牢困境在跨国公司内部不存在

4. 基于商品贸易的一些贸易理论不适用于服务外包是因为

A. 服务外包中比较优势的概念不再适用

B. 服务外包中有一些生产成本以外的因素

C. 服务外包受到交通等基础设施的影响较大

D. 发展中国家的基础设施一般比较落后

5. 企业在选择外包还是企业内生产时需要考虑

A. 套牢问题发生的程度

B. 目标国的法制是否完善

C. 是否能够清晰地界定中间产品

D. 以上都正确

四、简答题

1. 简述本章第1节的国际外包模型与标准的赫克歇尔-欧林模型的联系和区别。

2. 为什么国际外包活动的增长会扩大参与国内部的工资差距？

3. 试用不完全合同理论来解释企业如何在外包和内包之间做出选择。

4. 国家之间的工资差异能解释所有的服务外包现象吗？为什么？

5. 简述发展中国家出口高技术劳动密集型服务所带来的收入分配效应。

五、综合题

1. 假设本国是低技术工人丰裕的国家，外国是高技术工人丰裕的国家。两国生产自行车和汽车两种产品,其中自行车属低技术劳动密集型产品,汽车属高技术劳动密集型产品。

(a) 当两国展开自由贸易时,它们的生产和贸易类型会怎样?

(b) 汽车的零部件分为高端零件和低端零件两种,分别属高技术劳动密集型和低技术劳动密集型。假设低端汽车零件生产中高技术劳动的密度比自行车要高。如果在两国之间发生国际外包,它们的生产和贸易类型会怎样?

(c) 画图说明国际外包将对两国国内的工资差距产生怎样的影响。

第 13 章
国际贸易和宏观经济

国际贸易包括出口和进口两个活动,出口值和进口值的差额反映一个国家的贸易收支状况。对于一个国家的宏观经济运行而言,国际贸易扮演着重要的角色。传统上国际贸易学专注于实体经济和微观层面的分析,而将涉及货币经济和宏观层面的国际贸易问题的分析留给了国际金融学。对于理解现实经济中的国际贸易问题,微观和宏观层面的分析都是必要的。本章介绍一些对于宏观经济领域中贸易问题的初步分析,意在强调国际贸易宏观层面的重要性,使读者不拘泥于国际贸易学专注于微观层面这一传统定位。

13.1 国际收支中的贸易余额

对于一个开放的国家,它和世界经济的联系反映在国际收支平衡表上。国际收支平衡表包括经常项目(CA)、资本和金融项目(FA)、官方储备项目(RA)以及净误差和遗漏项目(EA)四个部分。根据会计定义,这四个部分的总和为零:

$$CA + FA + RA + EA \equiv 0 \quad (13.1)$$

一个国家的贸易收支被记录在国际收支平衡表的经常项目上。定义 X 为商品和服务的出口值,M 为商品和服务的进口值。出口值和进口值之差称为净出口(NX),它也衡量了这个国家的贸易余额(TB):[①]

$$TB = NX = X - M \quad (13.2)$$

经常项目除了包括贸易收支外,还包括生产要素的国际收入(例如从国外投资获得的利息和股息;从输出劳务获得的工资收入)和单边转移支付(例如政府间的救灾援助)。[②] 对于绝大多数国家来说,生产要素的国际收入和单边转移支付的数额较小,所以经常项目余额基本上反映了贸易余额的状况。为了简化分析,我们将经常项目余额等同于贸易余额,

$$CA \approx TB = X - M \quad (13.3)$$

当出口值大于进口值时,经常项目为顺差;当出口值小于进口值时,经常项目为逆差。

和经常项目所对应的是资本和金融项目(以下简称资本项目)。当中国出口服装到美国时,中国获得了一笔美元款项,意味着中国在外国的资产的增加,相当于中国资本的流出。在中国的国际收支平衡表上,中国的这笔服装出口被记录在经常项目上,符号为正(因为中国取得了出口收入);与此同时,这笔出口款项被记录在资本项目上,符号为负(因为资本流出了中国)。同理,中国的饮料进口被记录在中国的经常项目上,符号为负(因为中国支出了进口款);而中国支付给美

[①] 贸易余额在有些文献中指商品贸易的余额,而不包括服务贸易的余额,读者需要注意。
[②] 生产要素的国际收入可以被视为一个国家在国外的资本和劳动力因其提供的服务而获得的回报。

国出口商的款项使美国对华资产增加,相当于外国资本流入中国,它被记录在中国的资本项目上,符号为正(资本流入中国)。①

从上面的讨论中我们认识到,经常项目和资本项目就像是硬币的两面。如果在国际收支中不涉及官方外汇储备量的变化(RA=0)且国际收支的统计是精确的(即净误差和遗漏项为零,EA=0),那么从(13.1)的会计恒等式可知,经常项目余额和资本项目余额之和等于零,CA+FA=0。运用贸易余额等于经常项目余额的等式(13.3),我们得到 TB=-FA。这个等式告诉我们,贸易顺差(TB>0)必然伴随着资本流出(FA<0),而贸易逆差(TB<0)必然伴随着资本流入(FA>0)。需要提醒读者的是,这个结论成立的前提是在外汇市场不存在由于政府买卖外汇而导致的官方外汇储备量的变化(RA=0)。美国较为满足这个前提条件,所以美国的贸易逆差是由外国资本流入来支撑的。中国则不符合这个前提条件,因而中国的贸易顺差(TB>0)伴随的不是资本流出(FA<0),而是资本流入(FA>0),也就是所谓的经常项目和资本项目"双顺差"。从等式(13.1)可以知道,如果经常项目和资本项目同时出现顺差(CA>0,FA>0)而净误差和遗漏项较小,官方储备项必须为负值(RA<0)才能使这个会计恒等式成立。在国际收支平衡表的会计准则中,当官方储备增加时,官方储备项记为负值(RA<0);当官方储备减少时,官方储备项记为正值(RA>0)。由此我们可以推知,中国的"双顺差"必然伴随着官方储备的增加(参见专栏13.1)。

一个国家的贸易收支是顺差好,还是逆差好? 根据定义,经常项目余额(贸易余额)反映的是现时消费的状况,而资本项目余额反映的是投资者对未来消费的判断,所以贸易收支不平衡可以被视为跨时贸易的结果。假如美国具有很好的投资机会,其他国家会将部分储蓄投资在美国,以换取更多的未来消费;这些外国投资使美国消费者能够在当期实现更多的消费。和服装饮料的贸易一样,当期消费和未来消费

---

① 为了便于理解,可以设想中国进口商用支票支付美国出口商,美国出口商将支票存入中国银行,相当于美国将这笔钱贷款给了中国(资本流入中国,在中国的资本账户上记为正数)。

之间的贸易也会带来贸易收益。只要国家之间在投资机会上存在差异,那么就存在跨时贸易收益。要获得跨时贸易收益,投资机会丰裕的国家会有经常项目逆差(贸易逆差),而投资机会不丰裕的国家会有经常项目顺差(贸易顺差)。如果所有国家的经常项目都保持平衡状态(CA=0),那就意味着所有国家都失去了跨时贸易的收益。所以对于一个国家的贸易收支是顺差好还是逆差好这个问题,其回答需要根据这个国家所存在的投资机会和它自身的投资能力等因素而定。

13.2 贸易余额的决定因素

要了解贸易余额的决定因素,我们需要讨论开放经济的总需求和总供给。开放经济的总需求由四个部分组成:消费(C)、投资(I)、政府购买(G)和净出口(NX)。开放经济的国民收入(Y)是本国和外国花费在本国所生产的商品和服务上价值的总和,

$$Y = C + I + G + NX \qquad (13.4)$$

国民收入在用于消费(C)和政府购买(G)后所剩下的是国民储蓄(S),所以

$$Y = C + S + G \qquad (13.5)$$

从等式(13.2)、(13.4)和(13.5)可以推得:

$$TB = S - I \qquad (13.6)$$

等式(13.6)说明贸易顺差(TB>0)反映了一个国家的储蓄多于该国投资机会所吸引的资金($S>I$),而贸易逆差(TB<0)反映了一个国家的储蓄少于该国投资机会所吸引的资金($S<I$)。需要指出的是,等式(13.6)是一个恒等式,并不反映经济上的因果关系。要解释一个国家贸易余额的决定因素,需要进一步探究这个国家的储蓄和投资差距背后的原因。例如我们可以将国民储蓄S分解为私人储蓄$S^P = Y - T - C$和政府储蓄$S^G = T - G$两部分,这里T代表政府税收。这样等式(13.6)可以被写成:

$$TB = (S^P - I) + (T - G) \qquad (13.7)$$

由等式(13.7)可知,一个国家的贸易逆差可以是该国丰裕的投资

机会的结果($S^P < I$),也可能是该国赤字财政导致国民储蓄过低的结果($T < G$)。所以对于一个国家贸易不平衡状态的评估需要分析造成这个不平衡状态的具体原因。

汇率的作用

在影响贸易不平衡的诸多因素中,汇率是被经常提到的一个因素。现实世界的国际贸易不是物物交换,而是由货币作为媒介。由于国际贸易涉及不同货币,因此货币之间的比价(即汇率)成为影响国际贸易的一个重要因素。

一个国家的贸易余额和它的出口竞争力有关。一个国家的出口竞争力取决于国内外商品的相对价格。用 P 代表本国价格水平,P^* 代表外国价格水平,E 代表以外币衡量的本币价格(即名义汇率),我们定义实际汇率为

$$e = E \cdot P^* / P \qquad (13.8)$$

实际汇率衡量一个国家的出口竞争力。当以等式(13.8)定义的一个国家的实际汇率上升时(实际贬值),该国商品较外国商品便宜,因而该国的出口竞争力提高;当一个国家的实际汇率下降时(实际升值),该国商品较外国商品昂贵,因而出口竞争力下降。

实际贬值会提高出口值,但对进口值的作用并不确定。实际贬值会使进口数量下降但会提高以本国单位产出衡量的进口商品的价格。理论推导表明,只有当出口需求和进口需求对实际汇率的弹性之和大于1时,实际汇率才会对经常项目余额产生正向作用。这个条件称为马歇尔-勒纳条件。实证表明多数国家在六个月以上的时间段满足该条件。在马歇尔-勒纳条件成立的情况下,实际汇率(e)对贸易余额(TB)有正向作用,

$$TB = f(e), \quad f'(e) > 0 \qquad (13.9)$$

上式中 f 表示 TB 和 e 之间的函数关系,$f'(e) > 0$ 表示这个函数关系为正。

从实际汇率的定义 $e = E \cdot P^* / P$ 可见,名义汇率(E)和贸易国家之间物价水平的比率(P^*/P)都能影响出口竞争力。当本币被高估

时,或者国内通货膨胀严重时,这个国家的出口竞争力会下降;反之,当本币被低估时,或者国内通货膨胀率低于外国时,这个国家的出口竞争力会上升。在短期内,假定本国物价水平(P)和外国物价水平(P^*)不变,那么贸易余额(TB)取决于名义汇率(E)。当本币升值时,本国出口产品的竞争力下降。外国出口到本国的产品的竞争力上升,因而贸易收支会恶化;反之,当本币贬值时,本国出口产品的竞争力上升,外国出口到本国的产品的竞争力下降,因而贸易收支会得到改善。实际观察表明,汇率变化对经常项目余额的作用有一个动态的过程。在本币贬值的前几个月,由于进出口数量在之前的贸易合同中已经确定,而本币贬值使进口值上升了,因而导致经常项目恶化。在这以后出口企业会根据新的汇率调整其生产和出口数量,在半年至一年后经常项目会改善。这个过程在时间上呈一条J形曲线,因此被称为J曲线效应。

13.3 宏观经济的内外平衡

一个开放国家的宏观经济目标包括内部平衡和外部平衡。内部平衡指充分利用国内资源(低失业率)和保持国内价格水平的稳定(低通货膨胀率)。外部平衡指保持国际收支的平衡。在国际收支平衡表的四个项目中,经常项目(CA)、资本项目(FA)以及净误差和遗漏项目(EA)是市场力量决定的结果,这三项之和被定义为国际收支余额(BOP):

$$BOP = CA + FA + EA \tag{13.10}$$

当BOP>0时,国际收支存在盈余;当BOP<0时,国际收支存在赤字。

国际收支盈余意味着对本币有超额需求,而国际收支赤字意味着本币有超额供给。在采取浮动汇率的国家,当本币存在超额需求时本币会升值,而在本币存在超额供给时本币会贬值。本币的升值使得国际收支盈余减少,而本币的贬值使得国际收支赤字减少。所以在均衡状态时,国际收支既没有盈余也没有赤字,BOP=0。汇率的自由浮动使得一个国家的宏观经济实现了外部平衡。值得注意的是,宏观经济的外部平衡并不要求贸易项目必须平衡。对于一个采取自由浮动汇率的国家,经常项目的顺差(逆差)会被资本项目的逆差(顺差)所抵消。当然如果经常项目的顺差(逆差)过大,尽管可以暂时被资本项目的逆差(顺差)所抵消,这也会被认为是宏观经济外部不平衡的一种状况。

对于一个采取固定汇率的国家,市场力量不能使外汇市场处于均衡状态,必须由该国的中央银行通过买卖外汇来保证本币的供求平衡。当国际收支盈余时,本币供不应求,中央银行需要通过买进外汇来满足市场上对本币的需求,以保持汇率的稳定,其结果是官方储备的增加;反之,当国际收支赤字时,本币供过于求,中央银行需要通过卖出外汇来维持市场上本币的价格,其结果是官方储备的减少。从等式(13.1)和(13.10)可知,BOP = – RA。所以在采取固定汇率的国家中宏观经济的外部不平衡表现为官方储备的变化。例如中国的"双顺差"和固定汇率导致中国积累了世界上最多的官方外汇储备,导致中国宏观经济严重的外部不平衡(参见专栏13.1)。需要指出的是,在现实世界中采取浮动汇率制的国家也通过买卖外汇来干预汇价,它们与固定汇率制国家的根本不同点并不在于对汇率的干预与否,而在于是否有干预汇率的目标值。所以采取有管理的浮动汇率制的国家(例如韩国)也会发生官方外汇储备数量的变化。

一个国家宏观经济的外部不平衡可能导致该国宏观经济的内部不平衡。当一个国家的中央银行在国际收支盈余时用本币购入外币,这些本币的注入会产生通货膨胀的压力。为了减轻通货膨胀的压力,该国中央银行需要通过公开市场出售国债的方式收回本币,由此导致国债价格的下降和利率的上升。而本国利率的上升会吸引外资流入,进一步增加国际收支盈余。由此可见,宏观经济的外部不平衡(例如中国的"双顺差")会对实现宏观经济的内部平衡(低通货膨胀率)产生极大的压力(参见专栏13.1)。

上述讨论告诉我们,国际贸易通过对一个国家国际收支平衡的影响,会对该国的宏观经济运行产生作用。一个国家的对外贸易政策和宏观经济政策具有重要的关联性。

13.4 贸易不平衡的政策应对

从前面几节的讨论中我们知道,贸易余额并不是单纯的进出口市场的结果,它和外汇市场、国内金融市场乃至资本的国际流动性都有关系。就像我们对国际贸易现象的理解是通过运用从不同角度思考这个现象的多个理论模型一样,对于贸易不平衡及其政策应对的理解也需要运用从不同角度来思考该现象的多个理论模型。本节对国际宏观经济学关于贸易不平衡的政策应对的理论作一个简要的介绍。

在最简单的模型中,我们假设一个国家的收入水平、利率水平、价格水平以及其他宏观经济变量都保持不变,而只关注名义汇率对贸易余额的影响。在这个模型中,本币贬值会使出口的数量增加,进口的数量减少,这两个效应都会改善本国的贸易余额。但是本币贬值还有一个价格效应,那就是对于给定数量的进口来说,以本币表示的进口价格上升了。如果进口的需求弹性足够小,那么进口的价格效应会超过进口的数量效应,使得进口值随着本币贬值而上升,造成贸易余额的恶化。同样道理,如果出口的需求弹性足够小,那么出口的价格效应会超过出口的数量效应,使得出口值随着本币的贬值而下降,造成贸易余额的恶化。在什么条件下本币贬值会改善贸易余额呢?这个条件就是本章第2节提到的马歇尔-勒纳条件,即出口和进口的需求弹性之和大于1。只有当这个条件满足时,本币贬值才能起到改善贸易余额的作用。

在第二个模型中,我们增加决定贸易余额的第二个因素,即国民收入。这个模型就是开放小国的凯恩斯模型。当国民收入增加时,进口需求增加,使得贸易余额恶化。在这个模型中,以本国货币表示的商品价格不变,而小国指的是其收入变化对外国的收入没有影响的国家。当该小国实施扩张性的财政政策时,其产生的收入效应使得贸易余额恶化。这个结果告诉我们,当一个国家宏观经济的内部不平衡(例如高失业率)需要扩张性的财政政策时,这个政策却会造成宏观经济的外部不平衡。由此可见,为了实现宏观经济内部平衡和外部平衡这两个目标,需要两种独立的政策工具,例如用财政政策来应对宏观经济的内部不平衡,用汇率政策来应对宏观经济的外部不平衡,而不应寄希望于"一石二鸟"的政策。

接下来我们假设利率水平也可变,这个模型就是宏观经济学中的IS-LM模型。在这个模型中,扩张性的财政政策和货币政策都会使贸易余额恶化,而本币贬值的汇率政策不会像在凯恩斯模型中那么有效,因为它的效应部分地被利率上升的效应所抵消。

在长期中,一个国家的价格水平是会发生变化的,而价格水平的变化取决于货币供应量的变化。国际宏观经济学中的货币主义模型认为国际收支平衡本质上是一种货币现象。和关注短期的凯恩斯模型关于国民收入增长会造成贸易余额恶化的结论正好相反,在货币主义模型中长期的收入增长会造成较高的货币需求从而使得贸易余额得到改善。对于日本等国家在经济高速增长时出现贸易盈余而不是贸易赤字这一现象,货币主义模型有一定的说服力。在短期中货币贬值会改善贸易余额。但在长期中,价格水平会发生变化。在本章第2节中我们强调了贸易余额取决于实际汇率,其中包含了价格水平的因素。如果名义贬值导致贸易顺差,而贸易顺差转化为官方外汇储备并由此引起货币供应量的增加,那么名义贬值的作用将被通货膨胀的作用所抵消,最终起不到改善贸易余额的效果。

正如第11章所述,国际资本流动在世界经济中扮演着越来越重要的角色。现在我们将国际资本流动引入到贸易余额的讨论中,其理论模型是国际宏观经济学中著名的蒙代尔-弗莱明模型。用这个模型考虑一个实行固定汇率制的国家,我们发现财政政策和货币政策的配合可以使宏观经济的内外平衡同时达到。需要注意的是,在这个模型中只要贸易赤字可以被资本流入所抵消,宏观经济的外部平衡(国际收支余额为零)就实现了。另外值得注意的是,在前面讲述的模型中(例如凯恩斯模型)扩张性的财政政策会使国际收支恶化,而在现在的模型中这个政策会使利率上升从而导致国际资本的流入,其结果是使国际收支得到改善。我们从这些不同模型的比较中学到的很重要的一点,即政策效果会因每个国家经济状况的不同而不同,不能简单地套用。

在国际宏观经济学中有一个"不可能的三位一体"理论。该理论指出,对于汇率稳定、金融开放和货币政策独立性这三个目标,一个国家只能实现其中两个。对于一个国际资本可以自由进出的浮动汇率制国家(例如美国),它可以独立运用货币政策并得到金融开放的好处,但是不能保证汇率的稳定。对于一个国际资本可以自由进出的固定汇率制国家或地区(例如中国香港),它得到了汇率稳定性和金融开放的好处,但是失去了货币政策的独立性,其货币政策取决于固定汇率所挂钩的国家的货币政策。对于一个国际资本流动受到严格管制的固定汇率制国家(例如 2005 年 7 月 21 日人民币汇改之前的中国),它得到了汇率稳定性和货币政策的独立性,但是失去了金融开放的好处。

综合上述的讨论我们得出的结论是,在国际经济联系不仅体现在国际贸易上而且体现在国际金融资本流动上时,贸易收支不平衡不是一个进出口的简单结果,它是商品市场、金融市场、汇率制度和国际经济相互依赖性等诸多因素共同作用的结果。因此,应对贸易收支不平衡不仅仅需要贸易政策的调整,而且需要多种政策的配合。

13.5 讨论和总结

对于现实经济中国际贸易问题的讨论常常会涉及国际贸易的宏观层面。传统上国际贸易学只关注国际贸易在实体经济和微观层面的问题,而对于国际贸易的宏观经济分析则被放置在国际金融学之中。

本章对涉及国际贸易的宏观经济问题作了一个简要的介绍,使读者能够对国际贸易的宏观层面有一个粗略的了解。本章讨论的重点是贸易收支不平衡问题,包括该问题对宏观经济的影响以及相关的应对政策。虽然我们的讨论涉及了国际宏观经济学的主要理论模型,但对每个模型没有作系统的描述和解说。对于深入地分析国际贸易的宏观问题,读者仍然需要系统地学习国际金融学和宏观经济学。

专栏 13.1
中国宏观经济的外部不平衡

20世纪90年代以来,除个别年份外,中国一直保持着经常项目和资本项目的"双顺差"(图13.1)。1990—2007年中国的经常项目累计实现顺差10 962亿美元,年均顺差609亿美元。2007年经常项目顺差达到了3 718亿美元,2008年更是高达4 261亿美元。资本项目除1992年和1998年出现小额逆差外,其他年份也一直保持顺差。1990—2007年中国的资本项目累计实现顺差5 337亿美元,年均顺差296亿美元。作为一个世界经济中的大国,中国的国际收支在如此长的时期里保持双顺差,这在国际经济史上十分罕见。

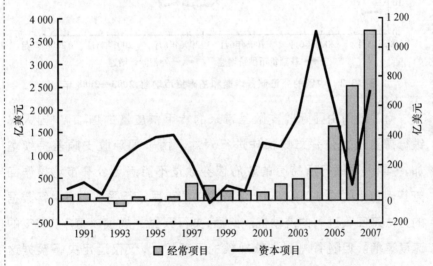

图 13.1　中国的经常项目和资本项目余额,1990—2007年

持续大量的国际收支顺差导致中国外汇储备规模的迅速增长。在2002—2007年短短的五年时间内,中国的外汇储备激增了5倍。2008年6月中国的外汇储备已经超过1.8万亿美元,高居世界第一。由于实行强制结售汇制度,获得盈余的出口企业和外国投资者必须通过商业银行等金融机构把外汇兑换成人民币,金融机构再把外汇出售给中央银行(中国人民银行),换得人民币。因此,每一单位外汇储备的增加都意味着等值的基础货币流入了市场,外汇储备的增加

直接导致中国基础货币投放量的不断增加(图13.2)。这部分由于外汇储备引起的基础货币在央行编制的"金融机构人民币信贷收支表"中体现为"外汇占款"项目,它们通过结售汇业务注入商业银行后,经过货币乘数的作用使货币供应量进一步增加。

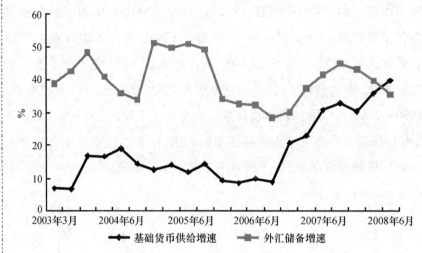

图 13.2 中国的外汇储备增速和基础货币增速,2003—2008 年

为了抵消由国际收支顺差带来的货币供应量的增加,中国人民银行需要通过公开市场操作进行对冲。由于国际收支顺差持续增加,中国人民银行所持有的政府债券数量不能满足公开市场操作回笼基础货币的需求。从 2002 年开始中国人民银行采取发行央行票据的方法来回收过剩的流动性。此后,央行票据的规模以每年 100% 的速度递增。但随着外汇占款规模的不断扩大,仅仅运用央行票据这一工具很难控制过剩的流动性,尤其是在央票集中到期的时候。因此调整存款准备金率成为中国人民银行回收流动性的又一重要手段。2006 年 1 月至 2008 年 8 月,中国人民银行 17 次上调存款准备金率,存款准备金率从 7.5% 上调至 17.5%。尽管如此,中国人民银行的对冲政策还是未能完全抑制货币供应量的增加。2006 年以来中国广义货币供应的增长率在加速,同比增幅在 19% 以上,超过 16% 的中国人民银行货币增速目标,也大大高于中国国民生产总值的增长速度。

货币供应量的过快增长会导致通货膨胀和资产价格泡沫。由于中国居民持有储蓄存款的偏好很高,老百姓把钱存在银行里而不去消费,因此在相当长的一段时间内,中国货币供应的快速增长并没有转化为通货膨胀和资产价格泡沫。但是随着中国资本市场的发展,居民不再满足于持有储蓄存款这一单一资产,越来越多的储蓄存款进入了股市。2007年8月中国股票市场(A股)的存量资金在一个月内就增加了2 200亿。从2005年6月到2007年10月的短短两年半时间内,上证综合指数(中国标志性的股票指数)从998点最高上涨到6 124点,在上海证券交易所上市的A股的市盈率从15倍飙升到70倍,股市出现明显的泡沫。与此同时,中国各地的房价呈现快速上涨的势头,部分地区出现了泡沫化迹象。在资产价格膨胀的同时,通货膨胀压力开始显现。2007年3月消费者价格指数(CPI)同比上涨3.3%,超过了3%的通货膨胀控制目标,也超过了同期的银行存款利率。之后CPI一路攀升至2008年3月的8.7%。由于通货膨胀导致实际利率为负(图13.3),居民愈发不愿继续持有储蓄存款,银行存款大量地流入股票市场和房地产市场,导致资产价格的进一步膨胀。

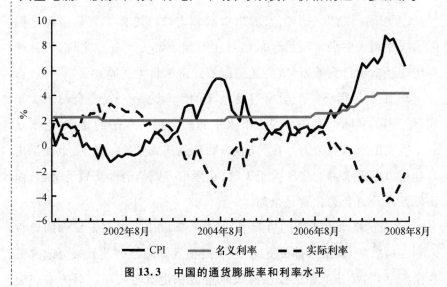

图13.3 中国的通货膨胀率和利率水平

中国对跨境金融资本流动实施一定的管制,但随着中国经济开放度的不断上升,资本管制的有效性在逐步下降。根据国际宏观经济学"不可能的三位一体"理论,如果中国不能对跨境金融资本流动实施有效的管制,那么中国将无法同时保证货币政策的独立性和汇率的稳定。如果人民币升值缓慢,中国在运用利率等货币政策时会受到中美利率差距等因素的制约。而如果人民币迅速升值又会对中国国内经济特别是出口企业产生重大冲击。2008 年下半年国际金融危机的升级使得世界经济陷入了衰退,中国经济的外部环境发生了重大变化,通货膨胀在短期内不再构成威胁。然而以国际收支双顺差为标志的中国宏观经济的外部不平衡状况并没有因为国际经济环境的变化而得到改观。如何减少乃至消除宏观经济的外部不平衡仍然是中国经济今后需要破解的一道难题。

本章提要

1. 国际贸易和宏观经济有密切的联系。国际贸易的宏观层面关注的主要是贸易收支的平衡问题。

2. 贸易余额指一个国家的出口额和进口额之差。贸易余额是国际收支平衡表中经常项目余额的最主要组成部分。一般来说,贸易顺差国的经常项目为顺差,贸易逆差国的经常项目为逆差。

3. 汇率是影响一个国家贸易余额的因素之一。贸易余额取决于实际汇率。实际汇率是本国价格水平和外国价格水平的比率,它衡量一个国家的出口竞争力。在马歇尔-勒纳条件成立的条件下,也就是出口和进口的需求弹性之和大于 1 时,实际汇率贬值会改善贸易余额,而实际汇率升值会恶化贸易余额。

4. 在价格水平不变的短期中,贸易余额取决于名义汇率和国民收入。在马歇尔-勒纳条件成立时,名义贬值和紧缩性财政政策会改善贸易余额,而名义升值和扩张性财政政策会恶化贸易余额。对于实现宏观经济内外平衡这两个目标,需要汇率政策和财政政策的配合。

5. 在价格水平变化的长期中,国际收支平衡和货币的供求相联系。汇率政策和财政政策对贸易余额的作用在长期和短期存在很大的不同。在长期中,名义贬值的作用可能为通货膨胀所抵消,使实际汇率处于不变的水平,因此达不到改善贸易余额的效果。

6. 宏观经济的政策效应取决于国际资本流动性和汇率制度。"不可能的三位一体"理论显示一个国家在选择政策目标和经济体制之间必须做出有得有失的权衡。在国家之间通过国际贸易和国际金融等渠道紧密相联的今天,贸易不平衡是商品市场、金融市场、汇率制度和国际资本流动等诸多因素共同作用的结果。

进一步阅读

国际经济学教材一般都包括国际贸易和国际金融两大部分。本章是对国际金融(又称国际宏观经济学)关于贸易收支平衡的讨论所作的浓缩性介绍。对于国际金融理论的系统介绍请参阅 Krugman 和 Obstfeld(2003),Caves、Frankel 和 Jones(2006),以及最近出版的 Feenstra 和 Taylor(2008)这几本国际经济学教材的国际金融部分。对于日常经济中发生的国际宏观经济事件的报道和分析可阅读《经济学家》、《金融时报》和《华尔街日报》等报刊上的有关文章。国际货币基金组织的《世界经济展望》报告每年春秋出版两期,对于了解国际宏观经济形势有一定的参考价值。中国国家外汇管理局在其官方网站上发布的中国的国际收支平衡表和《中国国际收支报告》是了解中国国际收支状况的基础材料。

参考文献

Caves, Richard E., Jeffrey A. Frankel and Ronald W. Jones (2006), *World Trade and Payments*: *An Introduction*, 10th edition, Addison-Wesley.(中译本)余淼杰译,《国际贸易与国际收支》(第 10 版),北京大学出版社 2008 年版。

Feenstra, Robert C. and Alan M. Taylor (2008), *International Economics*, Worth Publishers.

Krugman, Paul R. and Maurice Obstfeld (2003), *International Economics*: *Theory and Policy*, 6th edition, Pearson Education.(中译本)海闻等译,《国际经济学:理论与政策》(第六版),中国人民大学出版社 2006 年版。

练习与思考

一、概念题

1. 经常项目、资本项目
2. 贸易余额
3. 名义汇率、实际汇率
4. 出口竞争力
5. 马歇尔-勒纳条件
6. 宏观经济的内部平衡和外部平衡
7. "不可能的三位一体"理论

二、判断题

1. 一个国家的贸易余额和经常项目余额完全相等。
2. 中国从澳大利亚进口钢材这个活动会被记录在资本项目上。
3. 一个国家的贸易收支不平衡反映的是该国储蓄和投资之间的不平衡。
4. 在浮动汇率制的国家中,政府不会用官方外汇储备来干预外汇市场。
5. 一个国家的出口竞争力与它的生产率水平没有必然的联系。
6. 一个国家通过汇率贬值能够改善它的贸易余额。
7. 宏观经济的外部平衡要求贸易收支平衡。

三、选择题

1. 以下哪个活动属于经常项目?
   A. 商品和服务的贸易
   B. 输出劳务所获得的工资收入
   C. 单边转移支付
   D. 以上都正确

2. 实际汇率不会受以下哪个因素的影响?
   A. 名义汇率

B. 本国总产量

C. 本国物价水平

D. 外国物价水平

3. 一个国家的经常项目出现逆差，其可能的原因是

A. 本国投资机会稀缺

B. 国民储蓄过低导致投资大于储蓄

C. 该国企业大量的对外投资

D. 财政赤字

4. 在固定汇率制的国家，

A. 官方需要持有大量黄金储备

B. 政府需要通过买卖外汇来保证汇率的固定

C. 资本项目必须获得盈余

D. 以上说法都正确

5. 在制订应对贸易不平衡的政策时需要考虑

A. 本国的收入水平

B. 本币的汇率水平

C. 本国的价格水平

D. 以上因素都要考虑

四、简答题

1. 贸易平衡是不是宏观经济外部平衡所要达到的目标？为什么？

2. 简述一个国家的出口竞争力和它的实际汇率的关系。

3. 名义汇率、本国物价水平和外国物价水平分别对经常项目有什么影响？

4. 举例说明宏观经济外部不平衡如何影响宏观经济内部平衡目标的实现。

五、综合题

1. 从中国国家外汇管理局的网站下载最新的中国国际收支平衡表。运用该表的数据分析中国的国际收支状况及其对中国宏观经济

的影响。

2. 从国际货币基金组织的网站下载最新的《世界经济展望》报告。运用该报告所提供的数据分析经常项目顺差和逆差在世界各国之间的分布。

第 14 章
国际贸易和经济发展

国际贸易对一个国家的经济增长和发展起着重要的作用。本章第 1 节将介绍传统贸易理论中的若干动态分析。随着 20 世纪 80 年代内生经济增长理论的建立，研究国际贸易对经济增长的作用有了理论基础。本章第 2 节将运用内生经济增长理论来讨论贸易开放的经济增长效应。经济增长不等同于经济发展。发展经济学家更关注贸易开放对国民福利的影响。本章第 3 节将讨论发展经济学中有关国际贸易作用的若干理论以及它们的政策含义。本章第 4 节将对国际贸易在经济增长和发展中的作用作一个简要的评述。

14.1 国际贸易的动态分析

动态的李嘉图模型

第1章所介绍的李嘉图模型是一个静态模型。根据李嘉图模型,如果英国废除限制农产品进口的《谷物法》,和世界其他国家开展自由贸易,那么英国将获得贸易收益。在这个静态模型中,贸易收益是一个国家开放贸易后所获得的静态收益。实证研究发现,静态贸易收益在数值上并不是很大。例如对美国的研究得出的数值是占国民收入的0.26%,对发展中国家(土耳其、菲律宾和巴西)的研究得出的数值是占国民收入的5%—10%。[①] 因此基于李嘉图模型或其他模型的静态贸易收益对贸易开放政策的支持力度似乎不够。

李嘉图可能是意识到了这一点,所以他另外阐述了一个关于国际贸易的动态模型。[②] 在这个模型中,农产品的生产需要投入劳动力和土地,工业品的生产只需要投入劳动力。资本所有者将"工资基金"投入到农业或工业中去追求最高的利润回报,而将获得的利润又投入到下一期的生产中。李嘉图假定土地所有者会将获得的地租用于消费,而不像资本所有者那样将获得的利润用于再投资。在封闭经济条件下,随着工资基金的逐步积累,工业品生产得到扩大,因而工业品价格不断下降,直至利润率等于零使经济增长归于停滞。而在贸易开放条件下,如果这个国家是一个开放小国,那么工业品的价格由世界市场确定,并不会随着该国资本积累和工业部门的扩大而下降。如果该国在工业品上具有比较优势,那么贸易开放会提高该国工业品的相对价格,从而提高该国工业部门的利润率。由于资本所有者会将所获得的利润投入到下一期的生产中去,因而贸易开放通过提高资本所有者可以获得的利润为经济增长提供了推动力。这个国家由此获得动态的

---

① 参见克鲁格曼、奥伯斯法尔德著,海闻等译,《国际经济学:理论与政策》(第六版),中国人民大学出版社2006年版,第217页。
② 参见Findlay (1984), "Growth and Development in Trade Models", in *Handbook of International Economics*, Volume 1, edited by R. W. Jones and P. B. Kenen, North Holland, pp. 187—191。李嘉图在1815年阐述了这个动态模型的思想,其文章收录于Ricardo (1951), *The Works and Correspondences of David Ricardo*, edited by P. Sraffa, Cambridge University Press, Volume 4, pp. 1—42.

贸易收益,这种动态贸易收益比静态贸易收益在数值上更大,因而为贸易开放政策提供了更强的支持。

需要指出的是,在李嘉图的这个动态模型中,在工业品上有比较优势的国家会获得动态贸易收益,而在农产品上有比较优势的国家则会由于贸易开放导致经济增长率下降。这是因为后者在开放贸易后其国内工业品的相对价格会下降,这导致利润率下降从而使经济增长率下降。另外值得一提的是,当李嘉图的这个动态模型应用到大国经济时,由于世界土地量是既定的,因而世界工业品相对于农产品的价格必然趋于下降,从而世界经济的增长率必然趋于下降并最终归于零。这个结论意味着国际贸易所能带来的动态贸易收益并不是永久的。

▓▓▓ 动态的 HO 模型

第三、四章所介绍的 HO 模型是静态模型。HO 理论的基本点在于一个国家的资源禀赋是决定该国比较优势从而决定国际贸易类型的重要因素。由于一个国家的资源禀赋会随着时间变化,因此决定这个国家贸易类型的是动态比较优势而不是静态比较优势。

虽然 HO 模型是静态模型,但是通过比较静态分析(指对两个静态均衡进行比较的分析)仍然可以推导出一些和经济增长相关的结论。假定经济增长源于生产要素投入的增长。当一个国家的劳动力和资本的数量以同样速度增长时,我们称之为平衡增长。而当一个国家的劳动力和资本数量以不同速度增长时,我们称之为不平衡增长。HO 模型中的罗布津斯基定理预测了开放小国经济增长对生产结构的影响。在图 14.1 中,X 是资本密集型产品,Y 是劳动密集型产品。曲线 AA 代表一个开放小国在初始时间的生产可能性边界,E_0 代表初始生产点,而 E_0 的切线斜率(绝对值)代表该开放小国面对的世界市场上商品 X 的相对价格。如果该国的劳动力和资本总量呈平衡增长,那么生产可能性边界向外同比例扩展,其结果是 X 和 Y 的产量同比例增长,如图 14.1(a)所示。如果该国的资本增长速度高于劳动力增长速度,那么生产可能性边界向外扩展会偏向资本密集型的 X 产业,其结果是 X

的产量上升和 Y 的产量下降,如图 14.1(b)所示。

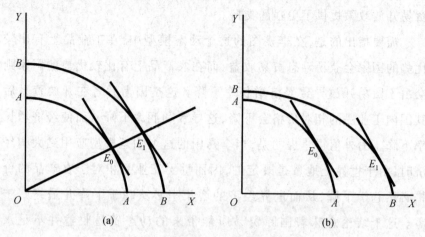

图 14.1 经济增长对生产结构的影响

资本劳动比率的提高(又称资本深化)是发展中国家经济增长的一个重要特征。图 14.1(b)显示,当一个开放小国通过资本深化实现经济增长时,它的资本密集型产业会扩张,而它的劳动密集型产业会缩小。如果这个国家的比较优势是劳动密集型产业,那么该国由资本深化所带动的经济增长意味着国内生产的资本密集型产品对进口的资本密集型产品的替代。这种增长称为进口替代型增长。

正如第 4 章所指出的,标准 HO 模型的一个重要约束在于假定不同国家之间生产要素禀赋的相对丰裕程度差别不大,因而在自由贸易均衡中每个国家都会生产所有商品。单域 HO 模型在讨论发展中国家的经济增长时具有局限性。虽然该模型解释了发展中国家的经济增长会伴随着资本密集型产业的扩张和劳动密集型产业的缩小,但它不能解释工资相对水平随着产业升级而上升这个在发展过程中被普遍观察到的现象。而多域的 HO 模型可以很好地解释这个现象。假设世界上有三种商品,按资本密集度从低到高排列依次为 Y、X、Z。图 14.2 显示了这个多域 HO 模型(该图就是第 4 章的图 4.5)。当该图应用于同一个国家时,它描述了在这个国家的经济增长过程中,产业结构从劳动密集型产业 Y 向资本密集型产业 X 升级,然后再向资本密度更高的产业 Z 的升级。图 14.3(该图就是第 4 章的图 4.6)将连续型的多域 HO 模型应用于同一个国家。我们可以推知该国由资本深化所推动的经济增长会伴随着产业结构的持续升级和劳动力相对价格的持续上升。

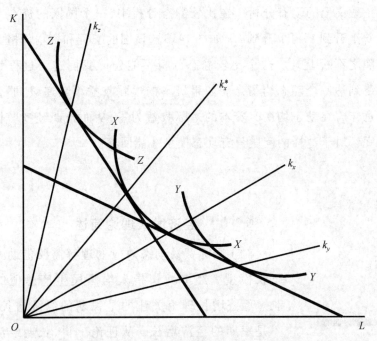

图 14.2　多域 HO 模型中的产业升级

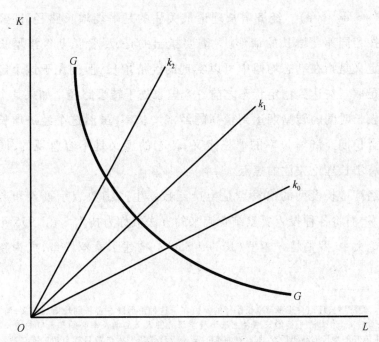

图 14.3　连续型多域 HO 模型中的产业升级

上述讨论是建立在 HO 模型的比较静态分析之上的。虽然比较静态分析可以推导出一些富有启发性的和经济增长相关的结论，但它不是真正意义上的动态分析。在比较静态分析中，一个国家的资本丰裕度从 k_0 上升到 k_1 再上升到 k_2（如图 14.3），该国的工资和资本价格的比率也随之不断上升。这个比较静态分析不能告诉我们这个过程是否会最终到达一个动态均衡点。如果资本的边际收益不断递减，那么这是否意味着在动态均衡时资本的边际收益为零，从而长期经济增长率为零呢？对于这样的问题只有动态模型才能回答。

14.2 国际贸易和经济增长

经济增长理论简述

对于国际贸易动态效应的理解需要借助经济增长模型。经济增长指人均国民生产总值的增长。经济增长理论关注的是长期的经济增长，而不是短期的经济增长。从理论上讲，长期经济增长率指的是在动态均衡中能够实现的增长率。动态均衡是一种稳定状态(steady state)。经济增长理论最关注的是平衡增长路径，即经济变量按相同速度增长的情形。① 需要指出的是，尽管长期经济增长的严格定义是指在动态均衡中可以实现的经济增长，但拘泥于这个定义并不足取。在达到稳定状态之前一个国家处于转型路径。如果某个国家在较长时间的转型期达到较高的经济增长率，虽然这个经济增长率不符合长期经济增长率的严格定义，但它的意义是不容忽视的，同样是经济增长理论关注的焦点。

经济增长模型的出发点是生产函数。生产函数表示投入和产出的关系，而将各种投入要素结合起来的方法被称为技术。在 1956 年的一篇论文中，罗伯特·索罗(Robert Solow)构建了索罗模型，成为新古

---

① 经济增长理论关注平衡增长路径的原因在于这种情形既符合长期均衡的定义，同时又符合经验事实。例如在平衡增长路径上从事科学研究的人员的增长率必须和人口的增长率相等；如果前者的增长率高于后者，那么在将来的某一天科学研究人员数目就会超过人口数目，这显然是不可能的。

典经济增长理论的基石。[①] 在索罗模型中,劳动力和资本的投入导致产出,而产出的一部分转化为储蓄使资本存量得以增长。由于资本边际收益递减规律的作用,随着资本的不断积累,资本边际收益率最终等于零,因此长期经济增长率等于零。索罗模型中的长期经济增长只能来自于生产技术的变化,即技术进步。在1957年发表的另一篇论文中,索罗推导了扣除资本和劳动力增长后的产出增长率,后人称之为"索罗残差"。索罗残差反映了投入的所有生产要素的总体生产率,即全要素生产率(TFP)。由于索罗模型中作为长期经济增长动力的技术进步率是外生的,因此该模型不能被用来讨论包括贸易政策在内的经济政策对长期经济增长的作用。

经济增长理论在20世纪80年代和90年代获得了重大突破。由保罗·罗默(Paul Romer)和罗伯特·卢卡斯(Robert Lucas)构建的模型从研发投入和人力资本的角度解释了技术进步率的决定机制,使索罗模型中作为外生变量的技术进步率得以内生化,因此他们所建立的理论被称为内生经济增长理论。在罗默1990年构建的模型中,获得创新技术的企业将得到垄断利润,对利润的追求成为技术创新的动力。罗默假设新创意的数量($\dot{A}$)一方面取决于研发人员的数目(L_A),另一方面取决于当前的知识存量(A)。他假设新创意形成函数为

$$\dot{A} = \delta L_A A \tag{14.1}$$

上式中的δ是一个常数。由等式(14.1)可以推知新创意的增长率$\hat{A} \equiv \dot{A}/A = \delta L_A$。在平衡增长路径上所有变量的增长率都相同,因此长期经济增长率等于新创意增长率。同样道理,研发人员增长率和人口增长率相等,因此在平衡状态的动态均衡中研发人员数目是人口数目的一个固定比例:$L_A = \alpha L$。由此得到一个国家的长期经济增长率$g = \delta \alpha L$。对这个结论可以作如下解释:经济增长的动力是技术创新,技术创新的动力是对垄断利润的追求;而从新创意中可以获得的垄断利润取决于市场规模,也就是人口总量。

由于国际贸易意味着市场规模的扩大,因此从罗默模型中可以推

[①] 索罗因其对经济增长理论的贡献于1987年获得了诺贝尔经济学奖。

知贸易开放能够提高长期经济增长率。假定甲国的人口数为 L_1，乙国的人口数为 L_2。在封闭经济均衡中甲国的长期经济增长率为 $g_1 = \delta \alpha L_1$，而乙国的长期经济增长率为 $g_2 = \delta \alpha L_2$。而在自由贸易均衡中两个国家的长期经济增长率都提高到 $g = \delta \alpha (L_1 + L_2)$。贸易开放通过扩大新创意获利的市场规模推动了技术进步和经济增长。

罗默模型中关于长期经济增长率取决于经济规模这个结论受到了查尔斯·琼斯（Charles Jones）的质疑。琼斯在1995年发表的一篇文章中指出，美国的研发人员数目（L_A）在二战以后的几十年间迅速增长，而这并没有使美国的长期经济增长率得到提高，因此罗默所假设的新创意形成函数（14.1）在实证上得不到支持。琼斯假设新创意形成函数采用如下形式：

$$\dot{A} = \delta L_A A^{\varphi} \tag{14.2}$$

在这个式子中，φ 衡量现有知识存量（A）对创造新知识的影响程度。罗默假定 $\varphi = 1$，也就是说现有知识存量对新知识创造的边际影响力是恒定的。而琼斯认为 φ 必须小于1，也就是说现有知识存量对新知识创造的边际影响力是递减的。琼斯认为只有 $\varphi < 1$ 才和所观察到的研发人员增长并不导致长期经济增长率提高这一事实相符。但是这一看似微小的改动却使长期经济增长率的决定因素发生了根本的变化。考虑 $\varphi = 0$ 这个极端的情况。这时新创意形成函数为 $\dot{A} = \delta L_A$。在平衡增长路径上研发人员数目是人口数的一个固定比例，$L_A = \alpha L$。将 $L_A = \alpha L$ 代入 $\dot{A} = \delta L_A$ 并且等式两边都除以 A，我们得到新创意增长率 $\hat{A} \equiv \dot{A}/A = \delta \alpha L / A$。由此推知在平衡状态下技术进步率必然等于人口增长率，否则长期稳定均衡将不存在。① 所以在琼斯模型中，长期经济增长率变成了外生的人口增长率，它反映的是研究人员数量的增长率。罗默模型中长期经济增长率取决于人口规模（它反映了研发的规模）这个结论不再成立，由罗默模型所推导出的贸易开放对长期经济增长率的作用也不再成立。

琼斯模型看似否定了罗默模型，但实际上保留了罗默模型的精

---

① 进一步的讨论请参见 Jones（2002）。

髓。内生经济增长理论的精髓并不在于长期经济增长率的内生化,而在于技术创新过程的内生化。琼斯模型强调的是,包括贸易政策在内的经济政策不能影响长期经济增长率,但这些政策在一个国家的经济达到长期均衡点之前的转型阶段能够影响经济的增长率,而这个转型阶段可能足够长。由罗默和卢卡斯所开创的内生经济增长理论的最大贡献在于将技术进步的内生机制引入到了对于经济增长的分析中。而正是在内生经济增长模型的框架中我们才得以推导出国际贸易对经济增长的作用。

▌▌▌▌ 贸易开放对经济增长的作用

将国际贸易引入到内生经济增长模型中,需要考虑国家之间在商品贸易和技术转移等方面的关系。从众多的研究文章中,我们归纳出以下两个重要的结论。

第一,国际贸易对经济增长的贡献是和国际技术扩散密切相关的。世界上90%以上的技术创新活动发生在发达国家。国际贸易是国际技术扩散的一个重要渠道。如果没有技术的国际扩散,就很难解释为什么发展中国家能够获得长期经济增长。

第二,国际贸易对经济增长的作用和一个国家拥有的比较优势密切相关。假定产品生产能够带来技术溢出,而技术溢出量和产品的技术密度成正比。在这个假定下,国际贸易使发达国家专业化于技术密度较高的商品,由此推动了发达国家的技术进步。相反,国际贸易使发展中国家专业化于技术密度较低的商品,因而会损害这些国家的技术进步。

从上述两点可知,贸易开放既有通过促进国际技术扩散来提高一个国家技术进步率和经济增长率的正向作用,又有引导发展中国家更专业化于低技术含量产品从而降低其技术进步率和经济增长率的负向作用。这两种作用在理论上都是成立的,因此理论上并不能得出贸易开放必定促进经济增长这个结论。虽然有不少实证研究发现贸易开放对经济增长做出了贡献,但对这些研究所采用的方法仍然存在着很大的争议。①

■■■ 贸易开放和趋同假说

经济增长理论中有一个趋同假说:人均国民生产总值低的国家会比人均国民生产总值高的国家增长得快,从而各国的人均国民生产总值水平在长期趋同。图14.4的纵轴显示98个国家1960—1985年间的人均国民生产总值的年均增长率,而横轴显示1960年的人均国民生产总值水平(数据来自Penn World Table 6.1)。如果趋同假设成立,那么1960年时的穷国应该增长得较快,1960年时的富国应该增长得较慢,图14.4中的98个点应该分布在一条负斜率线左右。显然图14.4不支持趋同假说。虽然有一些1960年时的穷国在此后增长迅速,其中包括"东亚奇迹"国家和地区,但是也有许多穷国增长缓慢甚至是负增长。

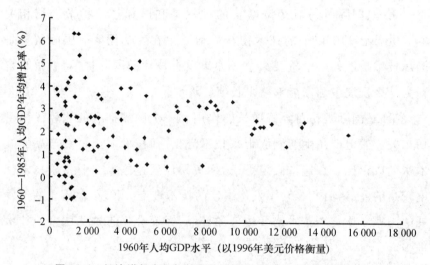

图14.4 经济增长率和初始经济水平的关系(98个国家和地区)

趋同假说对于美国各州和经合组织(OECD)成员国是成立的。图14.5显示美国48个州在1880—1990年人均收入的增长率(纵轴)和1880年人均收入的对数值(横轴)。我们看到1880年时较穷的州(例

---

① 参见 Rodriguez, Francisco and Dani Rodrik (2000), "Trade Policy and Economic Growth: A Skeptic's Guide to the Cross-National Evidence," *NBER Macroeconomics Annual 2000*, 261—325。

如北卡罗来纳 NC、南卡罗来纳 SC、佐治亚 GA)在之后的一个世纪中增长较快,而当年较富的州(例如内华达 NV、马萨诸塞 MT、亚利桑那 AZ)在之后的一个世纪中增长较慢,美国各州的人均收入逐渐趋同。

图 14.6 显示 20 个经合组织成员国在 1960—1985 年人均国民生产总值的年均增长率(纵轴)和 1960 年人均国民生产总值的对数值(横轴)。除了土耳其(TUR)外,这 20 个国家基本上处在一条负斜率线的周围。显然在经合组织国家中存在趋同:经济水平较低的国家(例如希腊 GRC 和葡萄牙 PRT)增长较快,而经济水平较高的国家(例如瑞士 CHE 和美国 USA)增长较慢。

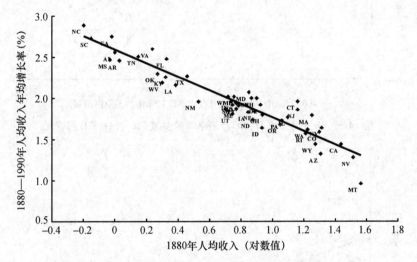

图 14.5 经济增长率和初始经济水平的关系(美国 48 个州)

为什么在美国各州之间和在经合组织国家之间存在经济水平的趋同现象?主要原因在于在这些经济体之间存在商品、劳动力、资本和信息的自由流动。据此推理,如果世界各国之间达到较高的开放程度,那么也可以实现经济水平的趋同。图 14.7 是萨克斯和沃纳(Sachs and Warner,1995)的研究结果。[①] 他们将世界上的国家分成两组:贸易开放组和贸易封闭组。在贸易开放组中他们发现存在经济水平的趋同现象(图 14.7),而在贸易封闭组中没有趋同现象(图 14.8)。由此推

---

① Sachs, Jeffrey D. and Andrew Warner (1995), "Economic Reform and the Process of Global Integration," *Brookings Papers on Economic Activity*, 1, 1—95.

断贸易开放是一个国家提高国民经济水平的重要条件。这个实证结果支持了贸易开放有助于经济增长的观点。

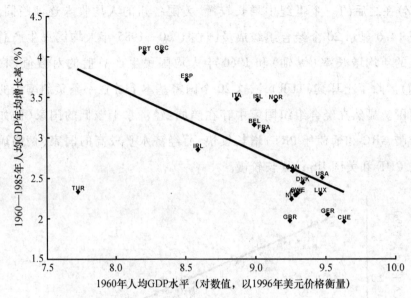

图 14.6　经济增长率和初始经济水平的关系（20 个 OECD 国家）

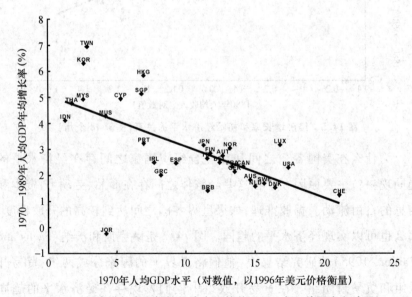

图 14.7　经济增长率和初始经济水平的关系（31 个开放国家和地区）

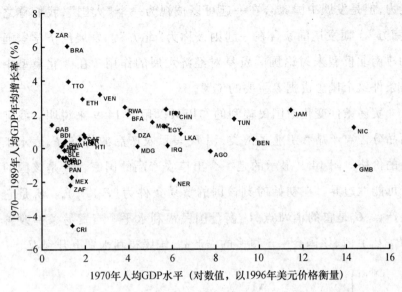

图14.8 经济增长率和初始经济水平的关系（39个封闭国家）

经济发展是比经济增长内涵更丰富的一个概念，不仅指收入水平的增长，而且指生活质量、福利水平、社会公平等诸方面的改善。世界上大多数的国家是发展中国家，它们不但人均收入水平较低，而且在经济和社会发展的其他各项指标方面也较落后。贸易政策如何影响这些国家的经济发展是一个重要的问题。

14.3 国际贸易和经济发展

贸易条件和国民福利

国民福利一般由全体国民从消费中获得的总效用来衡量。贸易条件是指一个国家出口商品的价格指数和进口商品的价格指数之比。如果一个国家出口商品的价格指数上升，或者进口商品的价格指数下降，那么该国国民实际享用的消费量就会提高，这种情况被认为是贸易条件改善带来的国民福利的改善。相反，如果一个国家的贸易条件恶化，那么该国的国民福利就会下降。对于一个开放的小国而言，由于其进出口商品的价格由世界市场所决定，因此它的贸易条件是给定的。虽然绝大多数发展中国家在世界贸易中不具备影响商品价格的能力,但是发展中国家合在一起可以被视为一个"大国",我们称之为"南方"。而发达国家合在一起则被称为"北方"。发展经济学家通过构建南北模型来讨论国际贸易对经济发展的作用。在南北模型中贸易条件这个概念占据着重要的位置。

贸易条件变化对国民福利的作用可以用图 14.9 来说明。我们将商品分为农产品和工业品两类,用 P_A 表示农产品的价格,P_B 表示工业品的价格。图 14.9 显示的是一个出口农产品的国家,FF 是该国的生产可能性边界。在初始时刻该国的贸易条件为 $(P_A/P_B)_0$。E_0 是它的生产点,C_0 是它的消费点,U_0 衡量国民福利水平。当贸易条件改善为 $(P_A/P_B)_1$ 时,该国会生产更多的农产品,国民福利水平上升到 U_1。

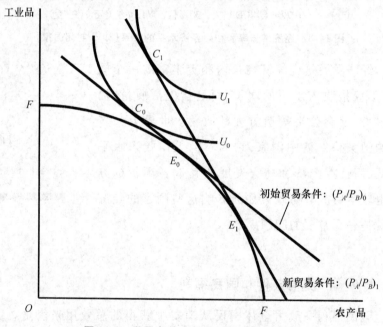

图 14.9 贸易条件变化对国民福利的影响

一个国家的经济增长一定会增进它的国民福利吗?巴格瓦蒂在 1958 年发表的一篇论文中指出了福利恶化型增长(immiserizing growth)的可能性。[①] 我们用图 14.10 来解释这种可能性。假设图中的发展中国家的经济增长表现为生产可能性边界从 FF 扩展到 GG。初

---

① Bhagwati, Jagdish N. (1958), "Immiserizing Growth: A Geometrical Note," *Review of Economic Studies*, 25, 201—205.

始时刻该国的贸易条件为$(P_A/P_B)_0$。经济增长的结果使得该国的农产品出口量增加。由于这个发展中国家(南方)是世界农产品市场上的大国,其出口量的增加造成世界农产品价格的下降,导致该国的贸易条件恶化。图中贸易条件的恶化表现为相对价格切线变得平坦。如果贸易条件恶化造成的国民福利损失超过经济增长带来的国民福利收益,那么经济增长的结果不是国民福利的提高,而是国民福利的下降,在图14.10中表现为国民福利水平从U_0下降到U_1。需要指出的是,尽管福利恶化型增长在理论上是存在的,但它能发生所要求满足的条件非常极端。因此在讨论现实世界的政策时一般不考虑这种理论上的可能性。

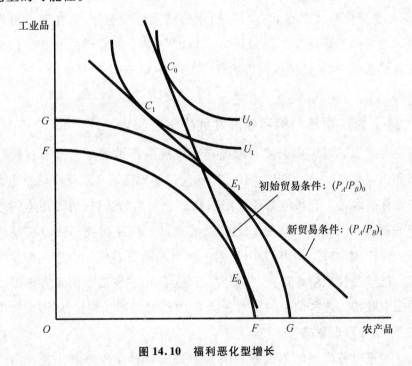

图 14.10 福利恶化型增长

对于贸易条件和经济发展的关系在二战以后曾经产生过一系列的理论。劳尔·普莱维什(Raul Prebisch)在20世纪60年代提出了"中心-外围"论,认为发达国家处于世界经济的中心,而发展中国家处于世界经济的外围,它们之间的贸易会不利于发展中国家,其表现之一是发展中国家贸易条件的恶化。其后汉斯·辛格(Hans Singer)对发展中国家贸易条件恶化的问题作了进一步的论证。他们的理论和实证引起了很大的争论(见专栏14.1),对于20世纪60年代和70年代发展中国家采取的贸易政策产生了一定的影响。

著名发展经济学家阿瑟·刘易斯(Arthur Lewis)在1954年构建了一个模型来分析发展中国家的贸易条件。[①] 他假设两个国家(南方和北方),三种商品(食品、钢铁和咖啡),一种生产要素(劳动力)。南方生产食品和咖啡,北方生产食品和钢铁。假设北方在食品生产上的劳动生产率高于南方。在自由贸易均衡中,北方出口钢铁,南方出口咖啡,而在钢铁和咖啡贸易中的逆差国会出口食品以取得贸易平衡。刘易斯假设在北方,食品生产效率的增长快于钢铁生产效率的增长;而在南方,咖啡生产效率的增长快于食品生产效率的增长。在这一假设下,一个单位的食品在北方可以换到的钢铁越来越少,而在南方可以换到的咖啡越来越多。结果南方出口的咖啡可以换到的北方出口的钢铁越来越少,由此造成南方的贸易条件持续恶化。[②]

贸易政策和经济发展战略

二战以后发展中国家采取的经济发展战略被划分为进口替代战略和出口导向战略。进口替代战略的理论基础是第9章所介绍的幼稚产业保护理论。这种战略通过限制制造业产品的进口,力图用本国生产的制造业产品来替代进口的制造业产品。但正如我们在分析幼稚产业保护理论时所指出的那样,对本国产品的贸易保护会造成很多问题。进口替代战略在亚洲、非洲和拉丁美洲很多发展中国家实施的结果是失败的。这些国家的技术进步率很低,经济增长缓慢,资源配置扭曲严重,寻租现象盛行。

与进口替代战略的失败相映衬的是出口导向战略的成功。出口导向战略是通过向世界市场出口产品来推动本国的工业化进程。在20世纪60年代和70年代,所谓亚洲"四小龙",即新加坡、中国香港、

[①] Lewis, W. A. (1954), "Economic Development with Unlimited Supplies of Labour," *The Manchester School of Economic and Social Studies*, 21, 139—191. 刘易斯因其在经济发展理论方面的研究获得了1979年的诺贝尔经济学奖。

[②] 另见伊曼纽尔(Emmanuel, 1972)用不平等交换的概念来讨论发展中国家贸易条件的理论。Emmanuel, A. (1972), *Unequal Exchange*. New York: Monthly Review Press.

韩国和中国台湾,通过生产和出口劳动密集型的制造业产品,使工业结构逐步升级,并取得了相当高的经济增长率。亚洲"四小龙"的成功被认为是出口导向发展战略的成功。在20世纪80年代以后,出口导向战略成为发展中国家经济发展战略的主流。继亚洲"四小龙"后,一批亚洲国家同样通过推动出口获得了快速的经济增长,其中尤其令人瞩目的是中国内地。从1978年前几乎封闭的经济,中国仅仅经过二十多年就进入了世界出口总额排名的前三位,出口占国民生产总值的比重接近40%。伴随着中国对外贸易的迅猛发展,中国经济实现了二十多年的持续高速增长。

发展中国家的经历显示经济增长和出口增长具有高度的相关性。但是两个经济变量的高度相关性并不证明两者之间存在因果关系。如果变量 A 既是经济增长的原因,又是出口增长的原因,那么经济增长和出口增长会呈正相关,但经济增长和出口增长之间可能没有任何关系。出口增长也可能是经济增长带来的结果,而不是经济增长的原因。对于亚洲经济奇迹在多大程度上与这些国家和地区的贸易政策相关仍然是一个有争议的问题(参见专栏14.2)。阿尔文·扬(Alwyn Young, 1995)用增长核算法分解了亚洲"四小龙"的经济增长率,结果发现绝大部分的经济增长是通过劳动力和资本投入的增长所获得的,而不是通过技术进步所获得的。高储蓄率带来的投资增长和教育带来的人力资本增长是东亚经济奇迹的主要原因。如果真是这样,那么贸易政策对于这些国家和地区经济增长的贡献就不像人们普遍认为的那么大了。对于东亚国家和地区的贸易政策的作用是否反映了市场开放的作用也存在很大的争议。一些学者认为这些国家和地区的贸易政策是和政府干预密切相关的,因此它们的成功证明的不是贸易开放促进了经济增长,而是政府干预型的贸易政策促进了经济增长。[①]

尽管存在着种种争论,但经济学界的主流意见是贸易开放政策对一个国家的经济发展是有利的,而进口替代型的内向战略是不利于经

---

① 参见 Rodriguez, Francisco and Dani Rodrik (2000), "Trade Policy and Economic Growth: A Skeptic's Guide to the Cross-National Evidence," *NBER Macroeconomics Annual 2000*, 261—325。

济发展的。贸易开放只是经济开放的一个部分。在经济全球化和信息化的时代，商品、技术、信息和生产要素的国际流动能够优化全球资源配置和提高经济效率。我们不应拘泥于学术上的争论而失去对这个趋势的认知。

14.4 讨论和总结

本章讨论了国际贸易的动态效应，特别是它对经济增长和经济发展的作用。和静态贸易收益相比，国际贸易所能带来的动态收益可能更大。贸易开放有助于对先进技术的吸收，贸易导致的专业化有助于生产效率的提高。另一方面，由于技术进步和效率提高的潜力在不同生产部门是不同的，因此贸易的动态效应和一个国家的比较优势密切相关；贸易导致的生产专业化有可能降低某些国家的技术进步潜力，不利于这些国家的经济增长。

理解国际贸易对经济增长的作用需要借助经济增长理论。本章介绍了20世纪90年代创立和发展起来的内生经济增长理论。由于生产要素边际收益递减律的作用，长期经济增长率取决于技术进步率。内生经济增长理论的贡献在于揭示了技术进步的内在机制。国际贸易扩大了技术应用的市场从而提高了技术创新的回报率，为技术创新提供了动力。国际贸易作为国际技术扩散的一个重要渠道提高了发展中国家的技术进步率，从而促进了这些国家的经济增长。虽然长期均衡中的经济增长率可能不取决于贸易政策，但发展中国家仍处在向长期均衡的转型过程中，在这个阶段中贸易政策会对经济增长产生重要影响。从理论上讲贸易开放也会产生一些不利于经济增长的效应，在实证上对贸易开放是否促进了经济增长也存在争议。但是经济学家今天的共识是，闭关锁国政策是不利于一个国家的经济增长和发展的。

专栏 14.1
关于贸易条件的争论

1949年,普雷维什(Raul Prebisch)和辛格(Hans Singer)不约而同地发现发展中国家的贸易条件存在长期恶化的趋势。国际贸易的利益在发达国家和发展中国家之间的分配既不均等,也不公平。他们的发现在学术界引起了一场关于贸易条件的争论。

普雷维什是阿根廷经济学家,曾经担任阿根廷中央银行行长。在担任行长时普雷维什注意到在1930年的大萧条期间,初级产品的价格下跌远远超过制成品,但他当时没能从理论上解释这一现象。之后的二十年,普雷维什关于贸易条件的思想逐步成型。1949年,时任联合国拉丁美洲经济委员会主席的普雷维什在一份题为《拉丁美洲的经济发展及其主要问题》的报告中系统和完整地阐述了"贸易条件恶化论"。普雷维什考察了1876—1938年间英国进出口商品的平均价格指数,发现一定数量的原材料在19世纪70年代所能购买到的制成品,到了20世纪30年代只能买到其64%了。普雷维什由此得出结论:发展中国家初级产品的贸易条件存在长期恶化的趋势。[①]

1949年,同在联合国任职的英国人辛格递交了一份题为《发展中国家和发达国家在战后的贸易价格关系》的研究报告,在独立研究的基础上得出了与普雷维什相同的结论:发展中国家初级产品出口价格呈长期下降趋势。[②] 有学者认为辛格完成研究的时间要比普雷维什稍早,但普雷维什对贸易条件恶化的原因分析得更深刻。学术界称这一理论为"普雷维什-辛格命题"(Prebisch-Singer Thesis)。

贸易条件恶化的原因是什么?普雷维什认为它是殖民时代遗留下来的国际分工的必然结果。英美等发达国家在工业革命之后相继

---

① Prebisch, Raul (1950), "The Economic Development of Latin America and Its Principal Problems," UN Document No. E/CN.12/89/Rev.1, Lake Success, N.Y.: United Natios. 该报告的第一版为西班牙语,完成于1949年。在西班牙语版报告的基础上,普雷维什于1950年递交了这份英文版报告。

② Singer, Hans (1949), "Post-war Price Relations in Trade between Under-developed and Industrialized Countries," UN Document No. E/CN.1/Sub.3/W.5., Lake Success, N.Y.: United Nations.

建立起资本主义工业体系,随后开始向世界其他地区扩张。它们向落后国家输出制成品,落后国家被迫参与以发达国家为中心的国际分工,承担初级产品的生产和出口任务。在这种国际分工下形成了"中心-外围"体系,发达国家处于世界经济体系"中心",而发展中国家则处于"外围"。中心是技术创新者和经济利益获得者,它向外围出售制成品;外围则是原材料供应者和技术模仿者,它用初级产品交换制成品。在"中心-外围"体系下,制成品与初级产品之间的分工并不像古典经济学家所说的那样是互利的,相反由于技术进步收益的分配不均,外围国家在国际分工之中明显处于不利地位。工业部门的技术进步导致要素收入增加,并使制成品价格提高;而初级产品部门的技术进步则导致初级产品价格的下降。这样处于中心的发达国家保有着自身技术进步的全部利益,而处于外围的发展中国家则将其技术进步的部分成果通过出口价格的下降转移到了中心国家。发达国家作为制成品的生产者和初级产品的消费者获得了双重好处,而发展中国家作为初级产品的生产者和制成品的消费者则受到双重损害。此外,初级产品的需求收入弹性大大低于制成品也是外围国家贸易条件长期恶化的重要原因之一。初级产品的需求收入弹性小于1,而制成品的需求收入弹性大于1,因此当实际收入增加时,对食品和原材料等初级产品的需求减少,而对制成品的需求增加,其结果是初级产品贸易条件的进一步恶化。

强调发展中国家贸易条件恶化的"普雷维什-辛格命题"一经提出立刻在学术界引起了一场有关贸易条件的争论。支持者如金德尔伯格(Charles P. Kindleberger)认为"辛格和普雷维什有关不发达国家贸易条件的观点在一个较彻底的统计研究中得到了证实"。[1] 而以维纳(Jacob Viner)和哈勃勒(Gottfried Haberler)为代表的另一方则对该理论展开了猛烈的批判。维纳指出农业并不等于贫困,工业也不等于富裕,一个国家在国际分工体系中的地位取决于它是在工业还是在农业中拥有比较优势。"普雷维什-辛格命题"中初级产品和制

---

[1] Kindleberger, Charles P. (1958), "The Terms of Trade and Economic Development," *Review of Economics and Statistics*, 40, Supplement, 72—85.

成品之间的贸易条件的比较没有考虑到两种产品在质量上的不同变化,因而是有偏差的。在1876—1938年间,制成品的质量有了很大的提高,而初级产品在质量上没有多少提高,在某些情况下是降低了。[①]

对"普雷维什-辛格命题"最全面和最彻底的批判来自哈佛大学教授哈伯勒。哈伯勒认为国际贸易的比较优势理论同样适用于发展中国家,国际分工和国际贸易在过去、现在和将来都是增进每个国家经济福利和提高其国民收入的基本因素之一。普雷维什和辛格以1876—1938年间英国每年的进出口贸易指数来代表同一时期原材料和制成品的世界价格是不合理的,不能由此得出"发展中国家贸易条件长期恶化"这样的一般性结论。哈伯勒认为普雷维什用来解释贸易条件恶化的两条主要理由,即工业国家对技术进步的垄断和恩格尔定律的作用,同样是不成立的。哈伯勒认为,在19世纪初期特别是在经济自由主义和自由贸易崛起以前,工业国家阻止机械设备和技术知识出口的企图确实存在;但在20世纪,制成品为许多国家所供应,制成品制造者之间的竞争要比100年前激烈得多。而恩格尔定律只适用于食品的需求而不适用于所有原材料的需求。[②]

"普雷维什-辛格命题"在20世纪50年代和60年代曾经非常流行,它是发展经济学家主张落后国家采用进口替代战略来实现工业化的重要依据之一。墨西哥、巴西和智利等拉美国家都曾实施过进口替代战略,但事实证明这一发展战略并不成功。而采取出口导向发展战略的一些东亚国家和地区却取得了举世瞩目的经济奇迹。

---

① Viner, Jacob (1952), *International Trade and Economic Development*, Glencoe: The Free Press, 71—143.
② Haberler, Gottfried (1961), "Terms of Trade and Economic Development," in Ellis, Howard S. and Henry C. Wallich (eds.), *Economic Development for Latin America*, New York: Stockton Press, 281—284. 转引自董国辉(2001),"普雷维什命题:历史与现实",载《拉丁美洲研究》2001年第3期。

专栏 14.2
关于东亚经济奇迹的争论

以日本和亚洲"四小龙"(韩国、中国台湾、中国香港、新加坡)为代表的东亚经济在20世纪60年代至90年代初取得了令世界瞩目的经济成就,人均GDP持续高增长,人民生活水平迅速提高,收入分配、教育和健康等一系列衡量社会发展的指标得到显著改善。这些东亚经济体所取得的骄人成绩被誉为"东亚奇迹"(见表14.1)。

表14.1 日本和亚洲"四小龙"的人均GDP增长率(%)

	1960—1970	1970—1980	1980—1990	1990—2000
日本	9.34	3.89	3.25	1.53
韩国	5.65	5.47	6.52	5.46
新加坡	7.37	7.70	5.25	4.76
中国香港	7.11	6.94	5.52	2.85
中国台湾	6.02	7.84	6.43	5.30
高收入国家	4.11	2.64	2.21	1.90
中等收入国家	3.16	3.60	1.34	2.07
低收入国家	1.72	1.01	1.97	2.22
全球平均	3.24	1.87	1.25	1.36

资料来源:世界银行。

东亚的这些经济体保持经济持续高速增长的秘诀是什么?由于这些经济体的经济高速增长都伴随着出口的迅速增加,不少学者认为出口导向发展战略是东亚实现经济奇迹的关键所在。1993年世界银行发表的《东亚的奇迹:经济增长和公共政策》在研究了日本、韩国、中国香港、中国台湾、新加坡、印度尼西亚、马来西亚和泰国等经济体的案例之后对东亚经济发展模式进行了总结。[①] 该报告认为东亚奇迹的2/3归功于物质和人力资本等生产要素投入的增加,另外1/3归功于要素生产率的提高。而要素生产率的提高在很大程度上得益于出口贸易刺激了对经济体外先进技术的吸收。世界银行对东亚国家和地区的出口导向政策大加赞扬,认为这一经验值得其他发展

---

① World Bank (1993), *East Asian Miracle: Economic Growth and Public Policy*, Washington D. C.: World Bank.

中国家借鉴。

　　世界银行的报告出版不久就受到了挑战。金和刘（Kim and Lau, 1994）的研究发现东亚经济体虽然经济增长迅速，但是技术进步的贡献度非常小，几乎可以忽略不计。① 扬（Young, 1995）在计算了亚洲"四小龙"的全要素生产率后指出它们的成功不在于要素生产率的提高，而在于它们对制造业的资本和劳动力投入的增加。② 克鲁格曼（Krugman, 1994）在《外交》杂志上撰文对东亚经济增长模式进行了严厉的批判，在国际上产生了很大的影响。③ 克鲁格曼从上述研究结果出发，指出东亚的高速经济增长"主要来自于汗水而不是灵感，来自于更努力的工作而不是更聪明的工作"，因此不存在所谓的奇迹。他引用索罗（Solow, 1957）的研究指出发达国家人均收入增长主要源于全要素生产率的提高，例如在美国的长期人均收入的增长中，技术进步起到了80%的作用。而东亚经济体和20世纪50年代的苏联一样，实现经济增长主要依靠的是劳动力和资本投入的增加，而不是效率的提高。这种单纯增加投入而不是提高效率的增长模式必然会遇到生产要素边际收益递减的制约，因而是不可持续的。在克鲁格曼看来，东亚经济不过是一群纸老虎而已。

　　在克鲁格曼撰文批判东亚经济增长模式后不久的1997年爆发了亚洲金融危机。一夜之间人们忘记了东亚新兴工业化国家和地区在过去三十年所取得的成就，而克鲁格曼对东亚经济增长模式的批判一时成为国际舆论的主流观点。但是在亚洲金融危机过后没有几年，东亚地区的经济得到迅速恢复，该地区的经济活力得以重现。东亚经济从奇迹到危机再到复苏，其四十年的发展经验值得世界其他发展中国家去思考和借鉴。

---

　　① Lau, Lawrence J. and Kim, Jong-IL (1994), "The Sources of Economic Growth of the Newly Industrializing Countries on the Pacific Rim," *Journal of the Japanese and International Economies*, 8, 235—271.
　　② Young, Alwyn (1995), "The Tyranny of Numbers: Confronting the Statistical Realities of the East Asian Growth Experience," *Quarterly Journal of Economics*, 110, 641—680.
　　③ Krugman, Paul (1994), "The Myth of Asia's Miracle," *Foreign Affairs*, 73(6), 62—78.

本章提要

1. 国际贸易通过促进经济增长能够带来动态贸易收益。虽然对于贸易政策是否影响长期均衡中的经济增长率存在争议,但发展中国家处在向长期均衡的转型阶段。在这一阶段贸易政策对经济增长能够产生重大影响。

2. 经济增长源于生产要素投入的增长和生产要素效率的提高。生产要素投入的作用受边际收益递减律的制约而不能持久。对于小国而言,贸易开放能够使其生产要素的边际收益由世界市场决定,从而摆脱边际收益递减律的制约。

3. 长期经济增长最终取决于生产要素效率的提高,后者主要取决于技术进步。国际贸易扩大了技术应用的市场从而增加了技术创新的动力。同时国际贸易促进了技术的国际扩散,加快了发展中国家技术水平的提高,由此促进了它们的经济增长和收入水平向发达国家收入水平的趋同。

4. 国际贸易的动态效应和一个国家的比较优势相关。对于在高技术产业拥有比较优势的国家,贸易开放使其高技术产业得到扩大和发展,有助于其技术进步和经济增长。而对于在高技术产业不拥有比较优势的国家,贸易开放会不利于高技术产业在这些国家的生存和发展,由此影响这些国家的技术进步和经济增长。从理论上讲,贸易开放对经济增长的净效应可能为负。虽然对于贸易的增长效应的实证结果有争议,但封闭经济不利于经济增长是当今经济学家的共识。

5. 贸易条件指一个国家出口商品的价格和进口商品的价格之比,它是影响国民福利的重要变量。在20世纪60年代有一些关于发展中国家贸易条件趋于恶化的理论和实证,对发展中国家采取进口替代战略产生了一定的影响。而一些东亚国家和地区的经济成功使出口导向战略在20世纪80年代以后成为主流。对于东亚经济高速增长中国际贸易的作用仍存在争议。

进一步阅读

理解国际贸易对经济增长和发展的作用需要掌握有关的经济增长和发展理论。经济增长理论的经典文献包括 Solow(1956,1957),Romer(1990),Lucas(1988)和 Jones(1995)。Jones(2002)是为本科生写的经济增长教材。Findlay(1984)在《国际经济学手册》第一卷中所撰写的文献综述能够帮助我们了解 20 世纪 80 年代之前的有关研究。Acemoglu(2009)最新撰写的《现代经济增长导论》第 19 章对 20 世纪 90 年代以后有关国际贸易和经济增长的研究作了综述。Krugman(1994)撰写的"亚洲奇迹的神话"一文解释了东亚经济增长模式的不可持续性,值得一读。

参考文献

Acemoglu, Daron (2009), *Introduction to Modern Economic Growth*, Princeton University Press.

Findlay, Ronald (1984), "Growth and Development in Trade Models," in R. W. Jones and P. B. Kenen (eds.), *Handbook of International Economics*, Vol. I, North Holland.

Jones, Charles I. (1995), "R&D-Based Models of Economic Growth," *Journal of Political Economy*, 103, 759—784.

Jones, Charles I. (2002), *Introduction to Economic Growth*, 2nd edition, W. W. Norton.

Krugman, Paul (1994), "The Myth of Asia's Miracle," *Foreign Affairs*, 73(6), 62—78.

Lucas, Robert E. (1988), "On the Mechanics of Economic Development," *Journal of Monetary Economics*, 22, 3—42.

Romer, Paul M. (1990), "Endogenous Technological Change," *Journal of Political Economy*, 98 (part I), S71—S102.

Solow, Robert M. (1956), "A Contribution to the Theory of Economic Growth," *Quarterly Journal of Economics*, 70, 65—94.

Solow, Robert M. (1957), "Technical Change and the Aggregate Production

Function," *Review of Economics and Statistics*, 39, 312—320.

练习与思考

一、概念题

1. 经济增长、经济发展
2. 资本深化
3. 全要素生产率
4. 内生经济增长
5. 趋同假说
6. 贸易条件
7. 福利恶化型增长
8. 进口替代战略、出口导向战略

二、判断题

1. 在动态的李嘉图模型中,一个国家的经济增长率会因为贸易开放而得到提高。

2. 在 HO 模型中,一个开放小国通过资本深化实现经济增长时,其劳动密集型产业会缩小。

3. 在索罗模型中,长期经济增长与包括贸易政策在内的经济政策无关。

4. 内生经济增长理论证明了贸易政策能够促进长期经济增长。

5. 因为贸易开放会导致发展中国家专业化于低技术含量的商品,因此贸易开放不能促进发展中国家的经济增长。

6. 各国之间在商品、劳动力、资本和信息等方面的交流越自由,它们之间的经济水平趋同会越明显。

7. 进口替代战略失败的一个主要原因是发达国家的产品更能满足发展中国家的需求。

8. 发展中国家的经济增长和出口增长高度相关,证明出口增长促进了经济增长。

三、选择题

1. 当一个开放小国的两种生产要素禀赋量以不同速度增长时

　A. 该国的比较优势会发生变化

　B. 该国的生产可能性边界会以不同比例向外扩展

　C. 该国密集使用增长较快的生产要素的那个部门的产量会得到较快增长

　D. 以上都正确

2. 以下哪个说法是正确的？

　A. 经济增长等同于经济发展

　B. 经济增长主要关注国民福利和收入分配

　C. 经济增长关注的是国民收入的长期增长

　D. 经济发展主要体现在人均国民生产总值这个指标上

3. 在索罗增长模型中，

　A. 资本和劳动力的边际产出递减

　B. 技术进步率的变化是外生的

　C. 没有技术进步时的长期经济增长率为零

　D. 以上都正确

4. 在内生经济增长模型中，

　A. 长期经济增长率取决于新创意增长率

　B. 贸易开放必然促进经济增长

　C. 技术进步是外生的

　D. 长期经济增长来自资本和劳动力的投入

5. 以下哪个观点是正确的？

　A. 贸易开放能够通过扩大技术应用的市场来提高各国的长期经济增长率

　B. 贸易开放能够通过促进国际技术扩散来提高各国的长期经济增长率

　C. 贸易开放能够通过促进生产专业化来提高各国的长期经济增长率

　D. 以上都正确

四、简答题

1. 动态的李嘉图模型和静态的李嘉图模型有什么相同点和不同点?
2. 索罗增长模型和内生经济增长模型有什么联系和区别?
3. 在罗默模型中国际贸易是通过什么渠道影响经济增长的?
4. 为什么说贸易开放对一个发展中国家的经济增长既有正效应,又有负效应?
5. 趋同假说的成立需要什么样的条件?
6. 贸易条件的变化对国民福利会产生怎样的影响?

五、综合题

1. 运用从本书中学到的理论,讨论进口替代战略和出口导向战略各自的理论依据。
2. 运用从本书中学到的理论,讨论东亚经济模式中国际贸易所起的作用。

后 记

2005年秋天北京大学出版社的林君秀女士邀请我写一本国际贸易教材。那时的我不知深浅,一口答应了。我对国际贸易学这个领域很熟悉。1982年进入复旦大学世界经济系读本科时,汪熙教授讲解了比较成本理论和里昂惕夫之谜,从他的课上我得到了国际贸易学的启蒙。1987年我完成了在中国人民大学举办的中美经济学培训项目("福特班")的学习,此后担任复旦大学"福特班"的助教。1988年在复旦大学举办的暑期班的专题正好是国际经济学,用的是克鲁格曼和奥伯斯法尔德的《国际经济学》第一版。正是在那次暑期班上我认识了来讲授国际贸易理论的芬德利(Ronald Findlay)教授。1990年我到美国哥伦比亚大学读博士,芬德利教授成为我的博士论文导师。在哥大的五年学习中我有幸从芬德利、巴格瓦蒂(Jagdish Bhagwati)和蒙代尔(Robert Mundell)等前辈大师那里汲取了传统国际贸易理论的精华,从罗德里克(Dani Rodrik)和麦克莱伦(John McLaren)等新生代学者那里学习了国际贸易的新理论和新方法,从和我的师兄(王建业,Alwyn Young, Don Davis, Theo Eicher)和同学(Pravin Kvishina, Vivek Dehejia)的交流中获得了很多对国际贸易问题的感悟。1995年我到佛罗里达大学工作,开始为本科生讲授国际贸易这门课,屈指算来教了足足有一千洋弟子。记得第一次上这门课时选修的学生只有二十来个,而后来这门课变得非常热门,每次都有七八十人。直至2003年最后一次为佛大学生上课,我从来没有用过电脑投影,完全是在黑板或白板上推演,让学生跟着我的讲解思路走。这种教学方法对于学生掌握国际贸易学的推理过程非常有效。在撰写这本教材时,我也是尽量采用这种方法。

因为有了这些"底蕴",所以我以为写本教材是举手之劳。2006年十一长假我开始动笔,一口气写了三章,似乎印证了我的感觉。然而此后的写作竟然一拖再拖,一直拖到2009年的今天,连北京奥运会都开完了,这样一本教科书竟然还没有完成,感觉是无颜见人,特别是北京大学出版社的林君秀女士和朱启兵先生。我不想没完没了地列出一堆理由,只能说人在江湖、身不由己啊!

终于可以写这篇后记了,真是有如释重负的感觉。这本国际贸易教材的蓝本是我在佛罗里达大学的授课提纲,当时推荐给学生的是克鲁格曼和奥伯斯法尔德的《国际经济学》,但我完全是根据自己的讲义来讲授这门课程的,当然也免不了会用一些这本教科书中的例子。在撰写现在这本教材时我确实花了一些功夫,将全书的结构作了较合理的规划,将我所知道的一些较新的研究成果有机地结合到了相关的章节之中。正如我在导言中所阐述的,这本教材的立足点是将国际贸易学的精华思想,特别是其主要结论的推导过程传授给大学生读者,而不是对国际贸易学的理论前沿作研究层面的介绍。

2003年我到中欧国际工商学院访问并于2004年正式加入中欧。回到了处于全球经济最激动人心的中国,我的思维宽度大大提高了,但也遗憾地告别了向大学生传授国际贸易知识的美好时光。所幸的是2006年7月参加了由海闻和丘东晓两位学长筹划的在北京大学举办的首届全国高校教师国际贸易理论培训班,得以结识来自全国各地的许多讲授国际贸易的老师,他们的好学和求知深深地打动了我,和他们的交流重新燃起了我对国际贸易这门学科的热情(此培训班2007年和2008年在上海财经大学又举办了两届)。同年我参加了在南开大学和复旦大学举行的国际贸易研讨会,以及在香港举行的全国高校国际贸易学科协作组会议,由此结识了一批中国优秀的国际贸易学者,在和他们的交流中我获益良多。我也受聘担任了厦门大学和上海交通大学的客座教授,受邀在多所大学为大学生做讲座。虽然参加这些活动挤占了完成这本教材的时间,但也让我保持了写作的激情。所以我要在此对所有相识相知的国内外老师和同学说一声谢谢!

本书的正文和附录由我一人撰写。专栏的初稿由刘瑛(南京大学博士生)和李薇薇(复旦大学硕士生)撰写,习题的初稿由钱能(复旦大学硕士生)完成,教学课件由卢亮亮(上海财经大学博士生)完成。胡宏莹(上海财经大学硕士生)对教材中的数字例子和附录中的数学推导作了核对。邱家欣做了部分文字和图表的输入工作。由研究助理们完成的所有初稿都由我进行了修订,所以我负全部文责。在此我对他们所做的工作表示深深的感谢!同时也要感谢中欧国际工商学院为我的写作提供了良好的工作条件和经费支持。

在撰写这本教材期间,我受邀审阅了费恩斯特拉(Robert Feenstra)和泰勒(Alan Taylor)的《国际经济学》本科教材的部分章节,该书已于2008年由沃思(Worth)出版社出版。之前我承担了费恩斯特拉的《国际贸易高级教程》(普林斯顿大学出版社2004年版)的主要审稿工作。在讲授国际贸易这门课程的过程中我曾经阅读过多本国际经济学教材。所有这些教材一定在某种程度上影响了我对国际贸易学讲授内容的选择和组织。虽然在撰写本书时我遵循原创的原则,包括书中的例子和图表都尽可能重新设计,但是本教材中的某些内容和其他教材中存在相似和重合之处不可能完全避免。在可能的情况下我都列出了文献出处。对所有列出的和无意中遗漏的参考文献的作者们我深表感谢!

我要特别感谢北京大学出版社的林君秀女士,感谢她对我迟迟不能交稿的宽容和对我完成本书的鼓励。同样要感谢北京大学出版社的朱启兵先生,他几次出差来上海都到我的学院和我沟通交流。我也要感谢本书的责任编辑郝小楠女士对文稿的细心审阅。本书的大部分章节是在假期中完成的,所以我也要特别感谢我的太太和女儿对我的宽容和支持。

许 斌

2009 年 5 月于上海

教师反馈及课件申请表

北京大学出版社以"教材优先、学术为本、创建一流"为目标,主要为广大高等院校师生服务。为更有针对性地为广大教师服务,提升教学质量,在您确认将本书作为指定教材后,请您填好以下表格并经系主任签字盖章后寄回,我们将免费向您提供相应教学课件。

书号/书名	
所需要的教学资料	教学课件
您的姓名	
系	
院/校	
您所讲授的课程名称	
每学期学生人数	_____ 人　　_____ 年级　　学时 _____
您目前采用的教材	作者:_____ 出版社:_____ 书名:_____
您准备何时用此书授课	
您的联系地址	
邮政编码	联系电话 　　　　　（必填）
E-mail（必填）	
您对本书的建议:	系主任签字 盖章

我们的联系方式:

北京大学出版社经济与管理图书事业部

北京市海淀区成府路 205 号,100871

联 系 人:　石会敏

电　　话:　010-62767312 / 62752926

传　　真:　010-62556201

电子邮件:　shm@pup.pku.edu.cn　em@pup.pku.edu.cn

网　　址:　http://www.pup.cn